निबन्धों की दुनिया

मुक्तिबोध

गजानन माधव मुक्तिबोध

एक

आधुनिक साहित्य के प्रमुख रचनाकारों में मुक्तिबोध का नाम अत्यन्त महत्त्वपूर्ण है। उनका पूरा नाम गजानन माधव मुक्तिबोध था। उनका जन्म 13 नवम्बर, 1917 को ग्वालियर रियासत के अन्तर्गत श्योपुर (जिला : मुरैना) में हुआ था। उनके पिता माधव राव ग्वालियर रियासत की पुलिस में सब-इंस्पेक्टर (दरोगा) थे। बड़े दबंग और ईमानदार। मुक्तिबोध के जन्म के समय वे श्योपुर में ही तैनात थे। उनकी माँ पार्वती बाई ईसागढ़ (बुन्देलखण्ड) के किसान परिवार की कन्या थीं। हिन्दीभाषी और छठी कक्षा तक शिक्षा प्राप्त। प्रेमचन्द उनके प्रिय लेखक थे। अपने एक लेख 'मेरी माँ ने मुझे प्रेमचन्द का भक्त बनाया' में मुक्तिबोध ने उन्हें बड़ी संवेदनशीलता से याद किया है। इस प्रकार उन्हें अपने पारिवारिक परिवेश से ही दो भाषाओं (हिन्दी और मराठी) का संस्कार मिला।

पिता की नौकरी तबादले वाली थी, अतः मुक्तिबोध की आरम्भिक शिक्षा विदिशा, सरदारपुर, उज्जैन आदि कई स्थानों पर हुई। 1931 में उन्होंने माधव कॉलेज उज्जैन से ग्वालियर बोर्ड की मिडिल परीक्षा पास की, फिर वहीं से 1935 में इण्टरमीडिएट परीक्षा। कॉलेज में उनके एक शिक्षक थे रमाशंकर शुक्ल 'हृदय'। 'कर्मवीर' में उनकी कविताएँ छप रही थीं। उन्हीं की प्रेरणा से मुक्तिबोध के मन में कविता के प्रति रुझान पैदा हुआ। 1935 में उनकी पहली कविता 'हृदय की प्यास' माधव कॉलेज की मैगजीन में प्रकाशित हुई। सहपाठी मित्रों में दो उल्लेखनीय नाम थे कवि वीरेन्द्र कुमार जैन और प्रभागचन्द्र शर्मा जो आगे चलकर 'कर्मवीर' के सहकारी सम्पादक बने। बी. ए. की पढ़ाई के लिए मुक्तिबोध ने इन्दौर के होल्कर कॉलेज में प्रवेश लिया। वीरेन्द्र कुमार जैन के माध्यम से यहाँ उनका परिचय प्रभाकर माचवे से हुआ जो इन्दौर के क्रिश्चियन कॉलेज में बी. ए. (अन्तिम वर्ष) के छात्र थे। 1935-36 के दौरान मुक्तिबोध की दस-बारह कविताएँ 'कर्मवीर', 'वाणी', 'वीणा'-जैसी पत्रिकाओं में प्रकाशित हुईं। इन कविताओं पर माखनलाल चतुर्वेदी और महादेवी वर्मा की रहस्यात्मक शैली का प्रभाव प्रत्यक्ष है। 1938 में उन्होंने आगरा विश्वविद्यालय से द्वितीय श्रेणी में बी. ए. पास किया।

पिता की इच्छा थी कि मुक्तिबोध पढ़-लिखकर वकील बनें, या फिर पुलिस की नौकरी में जाएँ। किन्तु मुक्तिबोध को यह मंजूर न था। बी. ए. करते ही

वे जुलाई 1938 में बड़नगर के मिडिल स्कूल में अध्यापक हो गए। चार महीने बाद वे बड़नगर छोड़कर शुजालपुर मंडी के शारदा शिक्षा सदन में शिक्षक नियुक्त हुए। सदन के हैडमास्टर थे डॉ. नारायण विष्णु जोशी। बर्गसों और फ्रायड-ऐडलर-युंग के अध्येता। तभी उन्होंने सामाजिक विषमता, कुल-परिवार की परवाह किए बिना शान्ताजी से प्रेम-विवाह किया। विवाह के बाद अगस्त 1939 में वे उज्जैन के दौलतगंज मिडिल स्कूल में लग गए। तब तक आगरा के सेंट जॉन्स कॉलेज से एम. ए. (दर्शनशास्त्र) करके प्रभाकर माचवे माधव कॉलेज उज्जैन में शिक्षक होकर आ गए थे। फिर तो गाँधी, मार्क्स, फ्रायड, ऐडलर, युंग और फ्रांसीसी तथा रूसी उपन्यासों को लेकर दोनों मित्रों में लम्बी चर्चाएँ होतीं। लगभग दो वर्ष बाद अक्टूबर 1941 में वे पुनः शुजालपुर मण्डी वापस आ गए। अक्टूबर में ही नेमिचन्द्र जैन उसी स्कूल में आ चुके थे। सेंट जॉन्स कॉलेज (आगरा) से एम. ए. (अंग्रेजी) करते समय वे अपने गुरु प्रकाशचन्द्र गुप्त के प्रभाव के तहत, मार्क्सवाद को अपना बौद्धिक आधार बना चुके थे। एक 'अनुभव-सिद्ध, व्यवस्थित तत्त्व-प्रणाली अथवा जीवन-दर्शन' पाने की दुर्दम प्यास आरम्भ से ही मुक्तिबोध के मन में थी। नेमिजी के साहचर्य में क्रमशः 'उनका झुकाव मार्क्सवाद की ओर हुआ' और उन्हें एक 'अधिक वैज्ञानिक, अधिक मूर्त और अधिक तेजस्वी दृष्टिकोण' प्राप्त हुआ। आरम्भ में, साहित्यिक माध्यम के रूप में, हिन्दी और मराठी को लेकर भी उनके दिमाग में द्वन्द्व था। एक ओर 'हिन्दी का नवीन सौन्दर्य काव्य' था, दूसरी ओर मराठी साहित्य का मानवतावादी उपन्यास-लोक। अन्ततः उन्होंने 'हिन्दी के सौन्दर्य-लोक' को ही अपना क्षेत्र चुना। अक्टूबर 1942 के 'भारत छोड़ो' आन्दोलन में शारदा सदन बन्द हो गया। फिर तो सारा 'शीराजा बिखर गया'। 1941-42 के दौर में रचित मुक्तिबोध की कुछ कविताएँ 'तारसप्तक' (1943) में प्रकाशित हुईं। 'तारसप्तक' के कवियों में मुक्तिबोध का नाम पहला है और यह क्रम काफी संकेतगर्भी सिद्ध हुआ।

नवम्बर 1942 में मुक्तिबोध नागपुर के मॉडल हाई स्कूल में अध्यापक हो गए। 1942 में ही उन्होंने नागपुर में प्रगतिशील लेखक संघ की स्थापना की। 1944 के अन्त में फासिस्ट-विरोधी सम्मेलन किया जिसके अध्यक्ष राहुल सांकृत्यायन थे। स्कूल में वेतन बहुत कम था। साथ ही वे शान्ताजी को संयुक्त परिवार की तकलीफों से निजात दिलाना चाहते थे। अगस्त 1945 में वे वायुसेना की नौकरी करने बंगलौर पहुँचे किन्तु डेढ़ ही हफ्ते में वापस आ गए। वहाँ कठोर अनुशासन था और परिवार नहीं रख सकते थे। श्रीपत राय को सरस्वती प्रेस में एक आदमी की जरूरत थी। नेमिचन्द्र जैन ने मुक्तिबोध का नाम सुझाया। सितम्बर 1945 में मुक्तिबोध सरस्वती प्रेम में काम करने के लिए बनारस पहुँच गए। काम था पांडुलिपियों का संशोधन और सम्पादन। उन्होंने सोचा था कि 'हंस' से जुड़कर अभिव्यक्ति का अवसर मिलेगा। किन्तु यहाँ काम का बोझ बहुत ज्यादा था। श्रीपत राय भी उनके काम से खुश नहीं थे। हारकर 1946 के अन्त में मुक्तिबोध जबलपुर

चले गए और वहाँ डी. एन. जैन स्कूल में अध्यापक हो गए। जबलपुर में भी उन्होंने प्रगतिशील लेखक संघ की स्थापना की। अक्टूबर 1948 में मध्य प्रदेश सरकार के सूचना और प्रसारण विभाग में पत्रकार के रूप में उनकी नियुक्ति हो गई और वे जबलपुर छोड़कर नागपुर आ गए। यहाँ वेतन भी कुछ ज्यादा था। 1953 में उन्होंने नागपुर विश्वविद्यालय से द्वितीय श्रेणी में एम. ए. (हिन्दी) पास कर लिया। अक्टूबर 1954 में वे आकाशवाणी नागपुर के प्रादेशिक समाचार विभाग में आ गए। आमतौर पर इसमें तीन साल का अनुबन्ध रहता था। किन्तु मुक्तिबोध की छवि एक वामपंथी लेखक की थी। अतः उन्हें एक साल के अनुबन्ध पर रखा गया। एक साल बीतने पर मासिक अनुबन्ध की नौबत आ गई। ऊपर से 1956 में उनका तबादला कर दिया। प्रतिमास नवीकरण की शर्त पर वे भोपाल जाने को तैयार नहीं हुए। अक्टूबर 1956 में उनकी नियुक्ति 'नया खून' के सम्पादक के रूप में हो गई। यहाँ वे लगभग डेढ़ वर्ष रहे। इस छोटी-सी अवधि में मुक्तिबोध ने इस पत्र को क्रान्तिकारी तेवर प्रदान किया।

जून 1958 में मुक्तिबोध राजनाँदगाँव के दिग्विजय कॉलेज में प्राध्यापक नियुक्त हो गए। उनके जीवन के अन्तिम छह वर्ष यहीं बीते। यहाँ पहुँचकर उनकी परिस्थिति कुछ सुधरी। यहीं उन्होंने अपनी महत्त्वपूर्ण आलोचना-कृति 'कामायनी : एक पुनर्विचार' (1961) को अन्तिम रूप दिया। यह उनके जीवनकाल में प्रकाशित एकमात्र पुस्तक है। 1950 के आसपास 'कामायनी : एक अध्ययन' शीर्षक से मुद्रित होने के बावजूद यह प्रकाशित-वितरित न हो सकी थी। 1952-53 के बाद से ही उनकी कविताओं ने अपना रूपाकार बढ़ा लिया। अब वे 'प्रदीर्घ' हो उठीं। उनका प्रकाशन भी एक समस्या थी। इनका लाभ यह हुआ कि 'परिस्थिति अब विस्तृत हो गई'। दृष्टि में फैलाव आया और इसने 'विश्व-दृष्टि' का रूप ग्रहण किया। एक नया और जीवन्त यथार्थ सामने आया। इस यथार्थ में 'संघर्षशील मनुष्य की अनगिनत परिस्थितियाँ, मनःस्थितियाँ और वस्तुस्थितियाँ' थीं। उनमें एक 'विश्व स्वप्न' है और 'विश्व के क्रान्तिकारी अनुभवों का खजाना' भी है। इस दौर की सर्वश्रेष्ठ उपलब्धि उनकी प्रसिद्ध कविता 'अँधेरे में' है जो निराला की 'राम की शक्ति पूजा' के बाद हिन्दी की दूसरी महान कविता है। इस दौर में उन्होंने कुछ अत्यन्त श्रेष्ठ आलोचनात्मक निबन्ध और पुस्तक-समीक्षाएँ भी लिखीं। रचना और आलोचना को वे एक-दूसरे का पूरक मानते थे क्योंकि उनके अनुसार 'मार्मिक आलोचन-दृष्टि के बिना कवि-कर्म अधूरा है'। किन्तु कवि-समीक्षक होने में जो जोखिम है उसका भी उन्हें पूरा अहसास था : 'मैं कवि होने के साथ-ही-साथ आलोचक भी हूँ और जो कवि आलोचक भी होता है उसकी ऐसी-की-तैसी हो जाती है'।

जीवन के अन्तिम दौर में मुक्तिबोध ने यह समझ लिया था कि साधारण श्रेणी के लोगों का जीवन अस्तित्व-संघर्ष में ही समाप्त होना है। व्यक्ति-स्वातन्त्र्य की स्थिति उन्हीं लोगों के लिए सम्भव है जो इस स्वातन्त्र्य का प्रयोग करने

के लिए पुष्ट आर्थिक आधार रखते हों जिससे वे 'परिवार सहित मानवोचित जीवन' व्यतीत कर सकें। नेमिचन्द्र जैन के नाम अपने एक पत्र में उन्होंने लिखा था : 'नेमि बाबू, मेरी कहानी बड़ी उदास है; कहने से क्या लाभ!' इस पंक्ति को पढ़कर बरबस निराला की प्रसिद्ध पंक्ति 'दुख ही जीवन की कथा रही' का स्मरण हो आता है। आर्थिक विपन्नता दूर करने के उद्देश्य से उन्होंने 1962 में 'भारत : इतिहास और संस्कृति' शीर्षक से इतिहास की एक पुस्तक लिखी। पुस्तक मध्य प्रदेश के हायर सेकेण्डरी पाठ्यक्रम में बतौर रैपिड रीडिंग पढ़ाई जानी थी। मध्य प्रदेश शासन द्वारा पुस्तक स्वीकृत भी हो गई। किन्तु निजी प्रकाशक की स्पर्धा-ईर्ष्या-द्वेष के चलते 19 सितम्बर 1962 को मध्य प्रदेश शासन के एक आदेश के तहत इसे प्रतिबन्धित कर दिया गया। उच्च न्यायालय ने भी अपने 16 अप्रैल, 1963 के निर्णय में राज्य सरकार के इस कदम को उचित ठहराया। यह आघात मुक्तिबोध के लिए मारक सिद्ध हुआ। भयानक दुःस्वप्न आने लगे। फरवरी 1964 में शरीर के बाएँ हिस्से में पक्षाघात हो गया। इलाज से कोई फायदा न होते देख 26 जून, 1964 को उन्हें दिल्ली के अखिल भारतीय आयुर्विज्ञान संस्थान में भर्ती कराया गया जहाँ 11 सितम्बर, 1964 को उनका निधन हो गया। इस प्रकार निराला की परम्परा को जारी रखते हुए आधुनिक हिन्दी साहित्य की एक महान प्रतिभा का त्रासद अन्त हुआ।

दो

मुक्तिबोध बहुमुखी प्रतिभा के धनी रचनाकार थे। कवि, उपन्यासकार और कहानीकार के साथ-साथ वे एक महत्त्वपूर्ण आलोचक और विचारक भी थे। प्रस्तुत पुस्तक मुक्तिबोध के चुने हुए आलोचनात्मक लेखों का संकलन है। जैसाकि विषय-सूची से स्पष्ट है, इस संकलन में चार क्षेत्रों से सम्बन्धित लेख शामिल हैं : सैद्धान्तिक समीक्षा, रचना-प्रक्रिया, नयी कविता और व्यावहारिक समीक्षा। चुनाव करते समय कोशिश यह रही है कि पुस्तक उनके निबन्धों का प्रतिनिधि संकलन बन सके। स्थान की सीमा की वजह से उनके कुछ प्रदीर्घ निबन्धों (जैसे 'समाज और साहित्य' या 'समीक्षा की समस्याएँ') को शामिल नहीं किया जा सका हालाँकि मुक्तिबोध की आलोचना में उनका वही महत्त्व है जो कविता के अन्तर्गत प्रदीर्घ कविताओं का।

सैद्धान्तिक आलोचना के क्षेत्र में मुक्तिबोध का कार्य पर्याप्त गम्भीर है। व्यावहारिक समीक्षा की तुलना में यह परिमाण में भी अधिक है। 'साहित्य में प्राप्त नयी स्थिति को सामने रखते हुए सैद्धान्तिक विश्लेषण के कार्य' को वे बहुत जरूरी मानते थे। संरचनात्मकता में इतिहास और समाजशास्त्र का विनियोग करके उन्होंने अपनी आलोचना-पद्धति का विकास किया। विवेचन में संश्लिष्टता और सम्पूर्णता लाने के लिए संरचनात्मकता और उसमें व्याप्ति एवं गतिशीलता

का संचार करने के लिए इतिहास। 'सौन्दर्यशास्त्र' शब्द को उन्होंने रूपवाद की परिधि से बाहर निकाला और उसे सामाजिक चिन्ता से सम्बद्ध किया। 'नए साहित्य का सौन्दर्यशास्त्र' पुस्तक उनके इस प्रयास का महत्त्वपूर्ण दस्तावेज है।

मुक्तिबोध के अनुसार काव्य-रचना केवल एक व्यक्तिगत-मनोवैज्ञानिक प्रक्रिया नहीं है। वह एक 'सांस्कृतिक प्रक्रिया' है। वह सांस्कृतिक प्रक्रिया इसलिए है कि लेखक अपने भावावेगों के साथ जीवन-मूल्य भी प्रकट करता है। यह जीवन-मूल्य व्यक्ति की अपनी देन नहीं, समाज या वर्ग की देन हैं। आलोचक में भी यह मूल्य-भावना आवश्यक है क्योंकि 'मूल्य-भावना के बिना आलोचना-क्रम असम्भव है।' वह सांस्कृतिक प्रक्रिया इसलिए भी है कि रचनाकार अपने अन्तःकरण में स्थित भाव-समुदाय को निज-विशिष्ट भूमि से ऊपर उठाकर सर्वसामान्य भूमि पर प्रतिष्ठित करता है। वह 'निज-विशिष्ट को सर्व-विशिष्ट बनाकर' प्रकट करता है।

निज-विशिष्ट को सर्व-विशिष्ट बनाने में लेखक की 'विश्व-दृष्टि' की महत्त्वपूर्ण भूमिका होती है। मुक्तिबोध के अनुसार लेखक को तीन क्षेत्रों में एक-साथ संघर्ष करना होता है : (1) तत्त्व के लिए संघर्ष; (2) अभिव्यक्ति को सक्षम बनाने के लिए संघर्ष; और (3) दृष्टि-विकास के लिए संघर्ष। इनमें तीसरे का सम्बन्ध 'थियरी' या 'विश्व-दृष्टि के विकास' से है। 'विश्व-दृष्टि' मुक्तिबोध की आलोचनात्मक शब्दावली का केन्द्रीय शब्द है। लेखक की आत्म-सत्ता या उसका व्यक्तित्व यही है। यही संवेदनात्मक अर्थात 'जीवनानुभव पर आधारित' ज्ञान-व्यवस्था है। इस दृष्टि के बिना लेखक व्यापक जीवन-जगत की व्याख्या नहीं कर सकता। संरचना-निर्मिति का आधार भी यही है। रचना में जो समाज आता है वह इसी विश्व-दृष्टि से गुजरकर आता है। इस दृष्टि के आधार पर ही लेखक 'अपने युग की विवेक-चेतना को मूर्तिमान' करता है। विश्व-दृष्टि का विकास तब तक सम्भव नहीं है जब तक 'मानवता के भविष्य-निर्माण के संघर्ष में' लेखक की आस्था न हो। यह विश्व-दृष्टि लेखक के भाव-कोष में क्रान्तिकारी परिवर्तन ला देती है। मुक्तिबोध के शब्दों में 'अनुभव-प्रसूत ज्ञान-व्यवस्था या विश्व-दृष्टि भाव-सम्पदा में भूचाल पैदा कर देती है।' साथ ही यह भावों के ज्वार को अनुशासित भी रखती है।

विश्व-दृष्टि या ज्ञान-व्यवस्था जीवनानुभव का अंग बनकर संवेदनात्मक रूप ग्रहण करती है। इस प्रकार संवेदना विश्व-दृष्टि से जुड़कर ज्ञानात्मक बनती है। श्रेष्ठ रचना के लिए यह जरूरी है कि उसमें व्यक्त संवेदना ज्ञानात्मक हो और ज्ञान संवेदनात्मक। 'संवेदनात्मक ज्ञान' और 'ज्ञानात्मक संवेदना' को हिन्दी की आलोचनात्मक शब्दावली का अंग बनाने का श्रेय मुक्तिबोध को है। विश्व-दृष्टि के अभाव में रचना असम्बद्ध घटनाओं का पुंज भर बनकर रह जाएगी। उसमें भाव-समुदाय सम्पूर्ण व्यक्तित्व का संभार लेकर प्रकट नहीं होगा। अनेक नए कवियों में संवेदनात्मक प्रतिक्रिया तो दिखाई देती है किन्तु वह 'अनुभव-प्रसूत ज्ञान-व्यवस्था का अंग' प्रतीत नहीं होती। इसका कारण है उनमें विश्व-दृष्टि का अभाव। ऐसे

कवि 'निज-समस्या' में उलझकर रह जाते हैं। उनमें निज-समस्या मानव-समस्या का रूप ग्रहण नहीं कर पाती। उसे कोई 'व्यापक महत्त्व और व्यापक परिप्रेक्ष्य' नहीं मिल पाता। मुक्तिबोध के अनुसार सही मायनों में 'आत्मचेतस' होने के लिए 'विश्वचेतस' होना जरूरी है--विश्व-दृष्टि का विकास जरूरी है।

विश्व-दृष्टि या विचारधारा के रूप में मुक्तिबोध ने मार्क्सवाद को ग्रहण किया। 1940-43 के आसपास ही नए रचनाकारों में एक वैज्ञानिक विश्व-दृष्टि की खोज आरम्भ हुई थी--ऐसी दृष्टि जो 'व्यक्तिगत-सामाजिक समस्याओं से लगाकर अन्तरराष्ट्रीय समस्याओं तक का' वैज्ञानिक उत्तर दे सके। 1941 के आसपास ही मुक्तिबोध मार्क्सवाद के प्रभाव-वृत्त में आए थे। किन्तु मार्क्सवाद उनके लिए कोई रूढ़ दर्शन या विचार-प्रणाली नहीं था। इस विचारधारा का उन्होंने रचनात्मक उपयोग किया--जैसाकि एक रचनाकार को करना चाहिए। उन्होंने सर्वत्र मानव-यथार्थ को अपना दिशा-निर्देशक माना। और यह मानव-यथार्थ कोई रूढ़ या जड़ इकाई नहीं है। यह सतत परिवर्तनशील है। यह यथार्थ यदि कहीं उन्हें अपनी सैद्धान्तिक प्रतिबद्धताओं के विरोध में जाता दिखाई दिया तो उन्होंने यथार्थ को अपने सैद्धान्तिक साँचों में फिट करने की कोशिश नहीं की। इसके विपरीत उन्होंने उन साँचों को ही नवीन यथार्थ के आलोक में संशोधित-परिवर्तित-विकसित करने का प्रयास किया। इसीलिए कहीं-कहीं ऐसा लग सकता है कि वे मार्क्सवाद का विरोध कर रहे हैं। ऐसे स्थलों पर वे प्रायः मार्क्सवाद के व्यावहारिक रूपों में आई विकृतियों और संकीर्णताओं का विरोध करते हैं--ये विकृतियाँ चाहे रूसी किस्म के मार्क्सवाद से सम्बद्ध हों या फिर भारतीय किस्म के मार्क्सवाद से।

यहाँ अज्ञेय और मुक्तिबोध के सैद्धान्तिक निबन्धों की तुलना दिलचस्प होगी। अज्ञेय के निबन्ध पढ़ते समय प्रायः हमें यह लगता है कि उनके हाथ हाल ही में कोई सूत्र लग गया है जिसका वे पल्लवन कर रहे हैं। किन्तु यह पल्लवन हमें बहुत दूर तक नहीं ले जा पाता। इसके विपरीत मुक्तिबोध एक बड़ा 'आर्क' बनाते हैं और हमें लम्बी यात्रा पर ले जाते हैं। इन निबन्धों में बड़ी बेचैनी और बड़ी कशमकश है। कविता की तरह उनकी आलोचना भी निरन्तर खोज में संलग्न बेचैन मन की अभिव्यक्ति है। इन दोनों रचनाकारों में जो अन्तर है वह उनकी भिन्न विश्व-दृष्टि की वजह से पैदा हुआ है। इस विश्व-दृष्टि के सम्यक बोध के बिना कविता का गहन विश्लेषण सम्भव नहीं है।

तीन

कविता के गहन विश्लेषण का अर्थ है उसकी रचना-प्रक्रिया का विश्लेषण। मुक्तिबोध के अनुसार रचना-प्रक्रिया का विश्लेषण आलोचक के कर्तव्य-कर्म का अनिवार्य अंग है या होना चाहिए--उसकी विचारधारा चाहे जो हो। इसीलिए उनकी मान्यता है कि जो आलोचना 'रचना-प्रक्रिया को देखे बिना' की जाती

है वह 'आलोचक के अहंकार से निष्पन्न' होती है। मुक्तिबोध के अनुसार रचना-प्रक्रिया के तीन प्रधान क्षणों के मनोविज्ञान का अध्ययन किए बिना 'सौन्दर्यानुभव' का विश्लेषण भी सम्भव नहीं है।

रचना-प्रक्रिया सृजन की मनोवैज्ञानिक प्रक्रिया है। इसका प्रथम आख्यान 'एक साहित्यिक की डायरी' के 'तीसरा क्षण' लेख में मिलता है : 'कला के तीन क्षण होते हैं...पहला क्षण है जीवन का उत्कट तीव्र अनुभव-क्षण। दूसरा क्षण है इस अनुभव का अपने कसकते-दुखते हुए मूलों से पृथक हो जाना और एक ऐसी फैण्टेसी का रूप धारण कर लेना मानो वह फैण्टेसी आँखों के सामने ही खड़ी हो। तीसरा क्षण है इस फैण्टेसी के शब्द-बद्ध होने की प्रक्रिया का आरम्भ और उस प्रक्रिया की परिपूर्णावस्था तक की गतिमानता।' 'कलात्मक अनुभव' निबन्ध में मन की तीन अवस्थाओं का वर्णन है। यह सृजन की पूर्वपीठिका है। कलात्मक सृजन के तीन क्षण बाद की अवस्थाएँ हैं। 'काव्य की रचना-प्रक्रिया', 'वस्तु और रूप' और 'आधुनिक कविता की दार्शनिक पार्श्वभूमि' शीर्षक निबन्धों में रचना-प्रक्रिया और इसके तीनों क्षणों का अधिक विस्तृत और सांगोपांग विवेचन है। यह विषय मुक्तिबोध को इतना प्रिय था कि उनके शेष निबन्धों और शेष साहित्य में, यहाँ तक कि कविता और कथासाहित्य में भी, रचना-प्रक्रिया से सम्बन्धित महत्त्वपूर्ण अन्तःसूत्र मिलेंगे।

रचना-प्रक्रिया के सन्दर्भ में तीन क्षणों की चर्चा नयी नहीं है। जहाँ भी और जब भी इस बारे में विचार हुआ है, प्रत्यक्ष या परोक्ष रूप से इन तीन क्षणों का उल्लेख अवश्य किया गया है। वर्ड्सवर्थ की प्रसिद्ध परिभाषा में रचना-प्रक्रिया के इन तीन चरणों का उल्लेख है : पहला, मनोवेगों (feelings) का सहज उच्छलन; दूसरा, शान्ति के क्षणों में भाव (emotion) का पुनःस्मरण; और तीसरा, कविता में उसकी अभिव्यक्ति। वर्ड्सवर्थ से पहले ड्राइडन ने भी कवि-कल्पना या रचनाशीलता के तीन चरण माने हैं : उद्भावना, कल्पना और अभिव्यक्ति। पहले चरण में 'वस्तु के आकस्मिक अंकुरण' का भाव निहित है। दूसरा चरण है कल्पना अर्थात् उस वस्तु का रूपान्तरण, उसे गढ़ना, या संरचना-निर्मिति। यह अंशतः बुद्धि (विवेक) का काम है, अंशतः कल्पना का। विवेक संरचना को आकार देता है, कल्पना इसमें जीवन्तता का संचार करती है। कल्पना का काम जब सम्पन्न हो जाता है तभी उसे शब्दबद्ध करने—'अर्थपूर्ण और ध्वन्यात्मक शब्दावली में विभूषित करने' का चरण आता है। 'ध्वन्यात्मक' विशेषण में यह संकेत निहित है कि ऐसे शब्दों का संधान किया जाए या उनका विन्यास इस रूप में हो जो उद्भावित वस्तु की मनोदशा को व्यंजित करने में समर्थ हो। 'उद्भावना में कवि-कल्पना की तीव्रता दिखाई देती है, कल्पना में नवनवोन्मेष और अभिव्यक्ति में सटीकता।' इस प्रकार ड्राइडन का रचना-प्रक्रिया सम्बन्धी चिन्तन संक्षिप्त किन्तु सारगर्भित है और काफी सम्भावना है कि मुक्तिबोध किसी स्रोत से इससे परिचित रहे हों। अपने 'रहस्यवाद' वाले निबन्ध में आचार्य शुक्ल

ने लिखा है : 'भावुक जब कल्पना-सम्पन्न और भाषा पर अधिकार रखने वाला होता है तभी कवि होता है।' शुक्लजी के इस कथन में भी सृजन के तीनों क्षणों का अन्तर्भाव है। आत्मबद्ध दशा के 'परिहार' (जिसका सम्बन्ध दूसरे क्षण से है) पर आचार्य शुक्ल ने जोर दिया है। मुक्तिबोध ने भी इसकी विस्तार से चर्चा की है।

मुक्तिबोध पर अपने विस्तृत और सारगर्भित लेख में रामविलास शर्मा ने उनकी रचना-प्रक्रिया के विषय में इतना भर कहा है : 'रचना-प्रक्रिया के बारे में मुक्तिबोध के चिन्तन पर भाववादी विचारकों का प्रभाव है।' ('नयी कविता और मुक्तिबोध का पुनर्मूल्यांकन', 'नयी कविता और अस्तित्ववाद', पृ. 253)। इसका कारण यह है कि रचना-प्रक्रिया पर जो भी विचार हुआ है वह प्रायः आत्मपरक कविता को ध्यान में रखकर ही। मुक्तिबोध भी इस तथ्य से बखूबी परिचित थे। उन्होंने लिखा है कि हिन्दी में रचना-प्रक्रिया के विवेचन का सिलसिला नयी कविता के दौर में शुरू हुआ। कभी 'आधुनिकता' के नाम पर और कभी 'सौन्दर्य' के नाम पर यह काम हाथ में लिया गया। ऐसे विवेचनों का प्रमुख उद्देश्य था समसामयिक काव्य का डिफेंस। किन्तु उसे प्रस्तुत इस रूप में किया गया मानो वे किसी 'सार्वभौम सत्य का सार्वकालिक आख्यान' हों। मुक्तिबोध के अनुसार प्रगतिशील काव्य-दृष्टि के विरोध में, नयी काव्य-प्रवृत्ति में प्रकट 'स्व' के महत्त्व को स्थापित करने के लिए, काव्य रचना-प्रक्रिया के विश्लेषण की ओर प्रवृत्ति हुई। किन्तु आगे चलकर ज्यों ही प्रगतिशील प्रवृत्ति क्षीण होने लगी, कवि या समीक्षक रचना-प्रक्रिया के विश्लेषण से विमुख हो गए। मुक्तिबोध के शब्दों में 'यह विमुखता लाभकर नहीं, हानिकर है।' मुक्तिबोध ने रचना-प्रक्रिया को जीवन की समानान्तर प्रक्रिया के रूप में प्रतिष्ठित किया। उनकी मूल चिन्ता थी कि क्या किया जाए जिससे नयी कविता का सतहीपन दूर हो और वह 'वैविध्यपूर्ण जीवन-क्षेत्र का प्रतिनिधित्व' कर सके। साथ ही उसमें आत्मपरकता के 'खरे और भरे रंग' भी हों। इसके लिए ऐसी रचनाओं का विश्लेषण वांछनीय था जिसमें व्यापक और वैविध्यपूर्ण जीवन का चित्रण हो और जिसमें कवि के सम्पूर्ण व्यक्तित्व की संलग्नता हो। इस प्रकार मुक्तिबोध ने रचना-प्रक्रिया के विश्लेषण को वैविध्यपूर्ण जीवन के व्यापक परिप्रेक्ष्य से सम्बद्ध करके प्रगतिशील आलोचना का अस्त्र बनाया।

चार

छायावाद के बाद नयी कविता हिन्दी काव्य की महत्त्वपूर्ण धारा के रूप में प्रतिष्ठित हुई। नयी कविता और साथ ही मुक्तिबोध की कविता को समझने के लिए उनका नयी कविता-सम्बन्धी विवेचन पर्याप्त मूल्यवान है। सैद्धान्तिक समीक्षा, व्यावहारिक समीक्षा, रचना-प्रक्रिया आदि से जुड़े समीक्षा के सभी पक्षों

पर विचार करते समय सर्वत्र विवेचन के केन्द्र में नयी कविता ही रही। अपने नयी कविता-सम्बन्धी विवेचन-चिन्तन के माध्यम से मुक्तिबोध ने अपने आपको एक महत्त्वपूर्ण कवि-समीक्षक के रूप में प्रतिष्ठित किया।

आचार्य रामचन्द्र शुक्ल ने छायावाद पर यह आरोप लगाया था कि इसने कविता की अर्थभूमि को संकुचित कर दिया। छायावाद के बाद प्रगतिवाद और प्रयोगवाद आए किन्तु उनकी उपलब्धि सीमित रही। 'प्रगतिवाद ने मनुष्य-जीवन का केवल राजनीतिक पक्ष पठाया, उसने सम्पूर्ण मनुष्य को अपना काव्य-विषय नहीं बनाया।' ('काव्य : एक सांस्कृतिक प्रक्रिया') 'तारसप्तक' के कवि प्रायः प्रगतिवादी रुझानों के थे। कालान्तर में उनमें से अधिकांश नयी कविता के हस्ताक्षर बने। अज्ञेय और मुक्तिबोध दोनों 'तारसप्तक' के कवि थे। आगे चलकर वे नयी कविता के शलाका पुरुष के रूप में स्थापित हुए। 'तारसप्तक' के बाद जो कवि आए वे सहज ही इस नयी धारा का अंग बनते गए। अतः छायावाद के बाद जिस काव्य ने अपने व्यक्तित्व को सही मायनों में स्थापित किया वह नयी कविता ही है। इस काव्य में बड़े व्यक्तित्व तो ज़्यादा नहीं हैं किन्तु कवियों की संख्या काफी बड़ी है। इसमें पिछले काव्य की तुलना में विविधता भी अधिक है और विरोधी धाराओं को समाहित करने की शक्ति भी। कुल मिलाकर इसकी अर्थभूमि पर्याप्त विस्तृत है।

अर्थभूमि के इस विस्तार के बावजूद नयी कविता को लम्बी अवधि तक विरोधी आलोचना का शिकार होना पड़ा। परम्परागत काव्य-बोध से जुड़े आलोचक इसे कविता ही मानने को तैयार नहीं थे। इसी विरोधी आलोचना से आहत होकर नए कवियों ने स्वयं अपने ऊपर इस काव्य की समीक्षा का दायित्व लिया और इस नूतन काव्य के महत्त्व को स्पष्ट किया। यही वजह है कि नयी कविता के रचनाकारों में खासी संख्या ऐसे कवियों की है जो कवि होने के साथ-साथ आलोचक भी हैं। इस दिशा में भी ज्यादा महत्त्वपूर्ण कार्य अज्ञेय और मुक्तिबोध का है। अज्ञेय ने सप्तकों की सम्पादकीय भूमिकाओं और विविध निबन्धों में अपनी और समसामयिक कवियों की काव्य-दृष्टि को स्पष्ट किया और इस प्रकार आधुनिक भावबोध को सम्प्रेषणीय बनाने में मदद दी।

मुक्तिबोध ने आलोचना-कर्म का यह दायित्त्व और भी गम्भीरता से वहन किया। उनकी मान्यता थी कि नयी कविता छायावाद के बाद हिन्दी काव्य की सबसे महत्त्वपूर्ण धारा है। इसमें वस्तु और शिल्प की पर्याप्त विविधता है और इसने निश्चय ही कविता की अर्थभूमि का अभूतपूर्व विस्तार किया है। कुल मिलाकर यह बहुत बड़ी चीज है जो हिन्दी काव्य में हमारी आस्था को पुष्ट और दृढ़ करती है। अतः कविता की विविधता के अनुरूप आलोचना की पद्धति और तकनीक में भी सुधार होना चाहिए ताकि उसमें व्यक्त संश्लिष्ट अनुभव की 'सम्पूर्णता की जटिलता' और 'जटिलता की सम्पूर्णता' की व्याख्या हो सके। उन्होंने अपने प्रतिमान तो काफी हद तक नयी कविता से लिए किन्तु अपनी या

अपने युग की कविता की वकालत करना उनका लक्ष्य नहीं था। इसीलिए उन्होंने नयी कविता की समृद्धि के साथ-साथ उसकी सीमाओं का भी निर्देश किया। नयी कविता के अन्तर्गत समाज-निरपेक्ष सौन्दर्यवादी कवियों की 'आधुनिक भावबोध' सम्बन्धी धारणा का उन्होंने खण्डन किया और इसे शीतयुद्ध की राजनीति की 'साहित्यिक शाखा' बताया। उनकी राय में 'प्रगतिवादी विचारधारा को खदेड़कर बाहर करने' के उद्देश्य से ही यह 'शीतयुद्ध की गोलंदाजी' की गई थी। इसी प्रकार जन-साधारण के उत्पीड़न-अनुभवों की उपेक्षा के लिए 'लघु मानव' का सिद्धान्त सामने लाया गया था। नयी कविता की सबसे बड़ी कमजोरी उन्होंने यह बताई कि उसके अधिकांश कवियों में 'किसी विकसित विश्व-दृष्टि' या 'किसी सांगोपांग विचारधारा' का अभाव है। इस विश्व-दृष्टि के बिना व्यापक जीवन-जगत की व्याख्या असम्भव है। इस विश्व-दृष्टि के विनियोग से उनकी व्यावहारिक आलोचना में एक नवीन दीप्ति और तेजस्विता दिखाई देती है।

पाँच

वास्तविक आलोचना व्यावहारिक आलोचना ही है। मुक्तिबोध की अधिकांश महत्त्वपूर्ण कविताएँ और सैद्धान्तिक लेख उनके जीवनकाल में प्रकाशित नहीं हुए थे। उनकी व्यावहारिक समीक्षाएँ इस मायने में विशिष्ट हैं कि प्रायः सभी उनके सामने ही प्रकाशित हो गई थीं। अतः उनका शिल्प अधिक समृद्ध है। इसीलिए उनकी व्यावहारिक समीक्षा के आधार पर यदि हम उनकी सैद्धान्तिक मान्यताओं को समझने का प्रयास करें तो ज्यादा स्पष्ट तस्वीर सामने आएगी। बहुत कम ऐसे आलोचक होंगे जिनकी सैद्धान्तिक और व्यावहारिक आलोचना में ऐसी अनुरूपता हो जैसी कि हमें मुक्तिबोध में देखने को मिलती है। इसका मतलब यह नहीं कि उनके पास आलोचना-प्रतिमानों का एक सामान्य साँचा है जिसे वे हर रचना पर घटाते चलते हैं। वास्तव में वे सामान्य और विशिष्ट दोनों पक्षों को सामने रखते हैं। चाहे रचना हो या आलोचना, मौजूदा सभ्यता-समीक्षा हमेशा उनके चिन्तन के केन्द्र में रही। रचना का एक तो वैयक्तिक-मनोवैज्ञानिक पक्ष है, दूसरा ऐतिहासिक-समाजशास्त्रीय। दोनों ही पक्ष जरूरी हैं। किसी एक पर अतिरंजित बल देने से रचना का प्रभाव क्षीण हो जाएगा। 'अन्धायुग' की समीक्षा में उन्होंने भारती की आलोचना इसीलिए की है कि उसमें वैयक्तिक-मनोवैज्ञानिक पक्षों को तो ध्यान में रखा गया है किन्तु लेखक के मनोलोक में ऐतिहासिक-समाजशास्त्रीय 'शक्तियों की स्थिति की जानकारी या ज्ञान-संवेदना का अभाव' है। उनका 'वैचारिक अन्तरंग छायावादी' है। उनकी मुक्ति-कल्पना में 'सामाजिक रूपान्तर के किसी ठोस वैज्ञानिक आधार' का अभाव है। सुमित्रानन्दन पन्त के सन्दर्भ में समस्या दूसरी है। उनमें अन्तर्मुखता का अभाव है : 'पन्तजी अन्तर्मुख कवि नहीं हैं—अथवा उनकी अन्तर्मुखता बहुत क्षीण है।'

किन्तु 'अन्तर्मुखता के बिना अपने ही भावों का स्पष्ट दर्शन, उनकी जटिलता और समग्रता का आकलन, तथा उनकी विश्लेषित और संश्लेषित अभिव्यक्ति असम्भव है।' यथार्थ से उनके अन्तःकरण का जो सम्बन्ध है वह 'द्वन्द्वात्मक-संघर्षात्मक' नहीं है। वह अधिकतर मनोमय ही है। कर्म से ज्ञान संवेदनात्मक बनता है, और 'कर्म ही से बौद्धिक विश्लेषण-शक्ति बढ़ती है।' कर्म का अर्थ है 'जीवन-संघर्ष'। निराला, प्रसाद, यहाँ तक कि महादेवी की तुलना में भी पन्त का जीवन-संघर्ष क्षीण है। 'कामायनी' के रचनाकार प्रसाद की समस्या तीसरी है। प्रसाद में आत्मपरकता या अन्तर्मुखता भी है और ऐतिहासिक-सामाजिक दृष्टि भी। फिर भी मुक्तिबोध कामायनी को श्रेष्ठ रचना नहीं मानते। यहाँ खोट है विश्व-दृष्टि में। प्रसाद की विश्व-दृष्टि में वर्चस्व है उनके पारिवारिक और वर्गीय संस्कारों का जो कि मूलतः सामन्ती थे। उनके नाटकों में और कथासाहित्य में इन संस्कारों के अधिक प्रकाशन का अवसर नहीं था क्योंकि ये दोनों यथार्थवादी विधाएँ हैं। किन्तु कविता में उनके अवचेतन को व्यक्त होने का मौका अधिक था। इस प्रकार हम देखते हैं कि मुक्तिबोध की व्यावहारिक समीक्षा का मूल ढाँचा यद्यपि एक ही है, किन्तु आलोच्य रचना के अनुसार उस ढाँचे के अन्तर्तत्त्व बदल जाते हैं। इसका कारण यह है कि किसी भी रचना की आलोचना करते समय आलोचक को लेखक की समस्या का पुनर्निर्माण करना होता है। वह लेखक की कार्य-पद्धति पर चलता है, स्वयं अपनी कार्य-पद्धति उस पर आरोपित नहीं करता। रचनाकार में जो महत्त्व 'ईमानदारी' का है वही समीक्षक में चरित्र का : 'समीक्षक को भी चरित्र की उतनी ही आवश्यकता है जितनी कि लेखक को ईमानदारी की।' ('समीक्षा की समस्याएँ')

मुक्तिबोध उन विरल रचनाकारों में हैं जिनकी सभी रचनाएँ एक ही रचना का विस्तार मालूम होती हैं। आप उनकी कविताएँ पढ़िए, कहानियाँ पढ़िए, डायरी पढ़िए या फिर आलोचना पढ़िए, लगता है कि हर रचना दूसरी रचना के बोध को समृद्ध कर रही है। उनकी किसी भी रचना को सही मायनों में समझने के लिए उनकी अन्य सभी रचनाओं को पढ़ना होगा। इस तरह का बोध ऐसे रचनाकार में ही सम्भव है जिसकी रचनाओं में एक सम्पूर्ण और समन्वित व्यक्तित्व का प्रतिफलन हो। और मुक्तिबोध ऐसे ही रचनाकार हैं।

—कृष्णदत्त शर्मा

अनुक्रम

साहित्य-चिन्तन

साहित्य के दृष्टिकोण

साहित्य को किस दृष्टि से देखना चाहिए?—इसके उत्तर के लिए हम उन सभी दृष्टियों पर विचार कर लें जिनसे अब तक लोग साहित्य को देखते आए हैं। हम उन दृष्टियों की साधारण गणना न कर उन दृष्टियों के मूल पर भी सोचते चलें, और इसी तरह उनके सापेक्ष महत्त्व को भी निश्चित करते चलें।

साधारणतया साहित्य के दो पहलू रहे हैं। एक तो वह जिससे मनोरंजन हो और दूसरा वह जिससे हम अधिक मानवीय होते चलें। पहला केवल मनोरंजन ही मनोरंजन है, उसके आगे कुछ नहीं और दूसरा किसी आदर्श को लेकर चलता है।

पुराने समय में भी एक साहित्य केवल मनोरंजन के लिए लिखा जाता था, जिसमें वर्ण-चमत्कार और वर्णन-चमत्कार का बाहुल्य था, और दूसरा वह था जिसमें रसोद्रेक का उद्देश्य मनुष्य को अधिकाधिक मानवीय करते चलना था। चूँकि मनोरंजक साहित्य का उद्देश्य अत्यन्त सामयिक है, इसलिए हम दूसरे प्रकार के साहित्य पर, जिसमें किसी आदर्श को लेकर चलना होता है, विचार करते चलें। और इन्हीं आदर्शों पर विचार करते हुए हमें उन सभी दृष्टियों का पता चल जाएगा जिनसे साहित्य देखा जाता है।

यूरोप में उपन्यास-साहित्य ने साहित्य को विविध कल्पना (Conceptions) को जन्म दिया। खासकर फ्रांस साहित्यिक विचारधारा का सबसे अधिक जिम्मेवार है। रोमांस, जिसमें सामयिक मनोरंजक साहित्य अधिकांश में था, फ्रांस के उपन्यासों का मुख्य विषय रहा। रोमांस, जैसा कि वह शेली में या कालिदास में पाया जाता है, अपनी सचाई के कारण, अपनी आन्तरिक भाव-प्रवणता के कारण आदर्श की ओर ही उन्मुख है। दूसरी तरह का रोमांस, जो अधिक बाहरी है और केवल हमारी कल्पना को ही तृप्त करता है, साहित्यिक आदर्श के निकट नहीं है। कुछ-कुछ इसी तरह का रोमांस फ्रांस में प्रचलित रहा। कथा-कहानियों में स्त्री-पुरुष-प्रेम, जिसको असलियत से कोई सीधा वास्ता नहीं था, कल्पना को तृप्त करने के लिए लिखा गया।

---

* **'कमला'** (जून 1941) में प्रकाशित। 'नये साहित्य का सौन्दर्यशास्त्र' में संकलित।

इसी तरह के रोमांस लिखते-लिखते प्रेमी और प्रेमिका को अधिक वास्तविक रूप मिलता गया। जैसे उनके स्नेह-भंग के कारणों में सामाजिक परिस्थिति और कौटुम्बिक मतभेद आदि थे। इस तरह रोमांस के साथ-ही-साथ समाज-चित्रण और व्यक्ति-चित्रण आया।

साहित्य काल्पनिक आधार छोड़कर अधिक वास्तविक भूमि पर आता गया। फिर भी काल्पनिक और वास्तविकता का इतना भेद नहीं था जितना वह अब है। इस सम्मिश्र साहित्य प्रकार का सुन्दर उदाहरण लॉर्ड बायरन का कथा-काव्य 'डॉन-जुआन' है।

परन्तु साहित्य ने फिर पलटा खाया और रोमांस-स्कूल के खिलाफ जबरदस्त विद्रोह हुआ। परिणाम था—यथार्थवाद का प्राबल्य।

आश्चर्य की बात है कि जिस तरह जर्मनी ने यूरोप के दार्शनिक-विचार-जगत् का नेतृत्व किया उसी तरह फ्रांस साहित्यिक विचारधारा का अग्रदूत रहा।

फ्रांस के इस यथार्थवाद का बहुत प्रभाव पड़ा, और रूस का उपन्यास-साहित्य भी इससे अछूता न रह सका, किन्तु पैरिस की सोसाइटी वैसे भी फैशनेबुल थी। इस फैशनेबुल समाज का वर्णन करना एक बात हो गई, जिसमें बाह्य सौन्दर्य का काफी ख्याल रखा गया। इसके विरुद्ध स्कूल उठ खड़ा हुआ जिसने निम्न श्रेणी या दलित-पीड़ित कुरूप लोगों के जीवन का चित्रण किया। ये दोनों स्कूल आपस में एक-दूसरे से नहीं मिले।

पहले यथार्थवादी स्कूल में फैशनेबुल लोगों के रीति-रिवाज का चित्रण अधिक रहा और दूसरे यथार्थवादी स्कूल में कुरूपता का ही अधिक वर्णन रहा। दोनों स्कूल अपने आधिक्य में एकांगी हो गए, और परिणामतः असलियत से सम्बन्ध खो बैठे। एक तीसरा यथार्थवादी स्कूल और हुआ जिसमें मनुष्य की काम-सम्बन्धी बातों का खुले-आम वर्णन किया गया और 'प्राइवेट लाइफ' ही सामने अधिक आया। यह स्कूल भी साधारणतः उच्च-श्रेणीय नागरिक जीवन का चित्रण करता रहा और प्रकृतिवादी (Naturalistic) स्कूल कहलाया। इसके अनुसार व्यभिचार इत्यादि नैतिक रीति से ठीक है क्योंकि मनुष्य में वासना स्वाभाविक है। अतएव, यह स्कूल नैतिकता के खिलाफ था।

आदर्शवादी स्कूल का जन्म भी यहीं से शुरू होता है। अनैतिक का नैतिक के प्रति विद्रोह नैतिकता की उन्नति और उसके परिष्कार का कारण है। यह स्कूल प्रधानतः इंग्लैंड में पनपा। नैतिक आदर्श को लेकर ही कई उपन्यास लिखे गए। कलाकारों का अपना नैतिक चिन्तन हुआ। इस स्कूल के मुख्य लेखक माने जा सकते हैं, जार्ज ईलियट, मेरिडिथ वगैरह। परिणामतः आदर्शवादी उपन्यासों की कमजोरी का प्रधान कारण है बौद्धिक या कभी-कभी (जैसे मेरी कॉरेली में) धार्मिक या नैतिक आदर्शों का कला के साथ विषम सन्तुलन।

इस उपदेशवादी या आदर्शवादी साहित्य के खिलाफ बगावत की कलावाद ने। इस स्कूल ने 'कला कला के लिए' का सिद्धान्त स्वीकार किया। इसमें बाह्य सौन्दर्य की ओर अधिक ध्यान था। साहित्यिक टेकनीक विशेष रूप से विकसित हुआ और साहित्य का उद्देश्य मनोरंजन माना गया।

यह कलावाद प्राण-हीन था और जल्दी ही खत्म हो गया। इससे अधिक तुष्ट और सप्राण इब्सेन का सामाजिक साहित्य था। इब्सेन से बहुत लोग प्रभावित हुए। बर्नार्डशॉ और गॉल्सवर्दी ने समाज की आलोचना की। इधर विज्ञान और भौतिक सभ्यता ने समाज में नयी समस्याएँ उत्पन्न कीं। साहित्य इन समस्याओं से अछूता नहीं रह सका। इन पर विचार उपन्यासों और अन्य रचनाओं द्वारा किया गया। परिणामतः प्रचारवादी स्कूल खड़ा किया गया। फ्रॉयड के मनोवैज्ञानिक अन्वेषणों से साहित्य भी प्रभावित हुआ और तब से शुद्ध मनोवैज्ञानिक साहित्य का जन्म हुआ।

इतना लिख जाने पर यह न समझना चाहिए कि किसी भी तरह का लेखन इन स्कूलों में बँध गया है। जीवन किसी भी दायरे में बँध नहीं सकता। और जहाँ-जहाँ जीवन के प्रति सचाई प्रकट की गई है वहाँ-वहाँ कला अपने सम्पूर्ण सौन्दर्य के साथ प्रकट हुई है। किन्तु जहाँ किसी 'वाद' या बौद्धिक विश्वास से जीवन को देखा गया है वहाँ जीवन की ताजगी और उसका प्रवाह-संगीत लुप्त हो गया है। जिस तरह यथार्थवाद के सुन्दर-से-सुन्दर नमूने मिलते हैं, मध्यकालीन-विक्टर ह्यूगो के 'लामिजरेबुल्स' (Les Miserables) या आधुनिक-मॉक्सिम गोर्की के 'मदर' (Mother) में, उसी तरह आदर्शवाद के भी सुन्दर-से-सुन्दर नमूने मिलते हैं।

परन्तु लोग आलोचना करते समय किसी खास 'वाद' के दायरे में बाँधकर ही साहित्य को देख पाते हैं। यह तरीका एकदम गलत है। साहित्य के 'वाद' दार्शनिक या वैज्ञानिक प्रणालियाँ नहीं हैं, वे केवल साहित्य के दृष्टिकोण हैं।

कोई भी दृष्टिकोण, यानी कोई भी साहित्यिक वाद तभी तक ठीक है जब तक वह जीवन की चेतना से परिपूर्ण है। यथार्थवाद जिसे आजकल वर्गवादी प्रगतिवादी कहते हैं, तभी तक ठीक है जब तक उसका लेखक अपनी स्फूर्ति वास्तविक स्थिति से पाता है। प्रश्न स्फूर्ति का ही है केवल ग्रामीण स्थिति देख-भर लेने से, या गाँवों के वातावरण में लेखक के रहने से सच्चे यथार्थवादी साहित्य का जन्म नहीं हो सकता, जब तक लेखक की आत्मा ग्रामीणता में स्वयं नहीं पनपती और वहाँ की क्रिया-प्रतिक्रिया से प्रवहनशील होकर साहित्य में नहीं उतरती। आँरी बारब्यूस एक सच्चा प्रतिवादी कलाकार था, क्योंकि उसकी क्रान्ति की भावना के पीछे उसका स्वयं का जीवन था, जो कि उसके आस-पास की परिस्थिति से पूर्ण-सुसंगत और उसका प्रतिनिधित्व करता था।

जिस तरह सामाजिक व्यथा से जाग्रत मानवी आत्मा यथार्थवादी हो जाती है, उसी तरह अपनी सम्पन्न परिस्थिति में अपनी भावनाओं के मनोहर कोष से चेतन मानवी-आत्मा भावना-प्रधान और कल्पना-प्रधान, जिसे रोमैंटिक कहते हैं, हो जाती है। वास्तव में देखा जाए तो रोमांस और यथार्थवाद में केवल परिस्थिति का भेद है। यथार्थवादी भी उतना ही भावना-प्रधान, ओजमय हो सकता है जितना कि शैली। परन्तु उसका दृष्टिकोण बहिर्मुख है, बाह्य वास्तविकता के संघर्ष से उत्पन्न उसकी भावनाएँ हैं और रोमैंटिक कलाकार का दृष्टिकोण अपने आन्तरिक जगत् के प्रति है। वह स्वयं अपना ही कलाकार है।

प्रतिक्रिया-युग में हम देख पाते हैं कि यथार्थवादी रोमैंटिक के प्रति द्वेषभाव से देखता है परन्तु यह गलत है। मनुष्य की प्रकृति में क्या रोमांस का स्थान नहीं है? रोमांस तो प्रवहमान जीवन-धारा का Self-assertion है। जिस तरह वसन्त ऋतु में वृक्षों के अन्दर तरुण ओज फूल-पत्तियों का सृजन करता है वैसे ही वही तरुण ओज स्त्री-पुरुष के अन्तर्जगत् में रोमांस उत्पन्न करता है, उनके स्वस्थ शरीर में वह नव-जीवन बनकर बहने लगता है।

परन्तु व्यक्ति जितना सामाजिक है, उतना ही वैयक्तिक। कभी-कभी यथार्थवाद को भी कविता लिखने की सूझती है और कल्पना-प्रधान कलाकार को कहानियाँ और लेख। जब भावना-प्रधान प्राणी बाह्य वास्तविकता की ओर मुड़ता है और अपनी सहज ईमानदारी से वशीभूत होकर उसके प्रति अपने को जिम्मेवार ठहराता है, तभी से उस साहित्य की उत्पत्ति है जिसे हम आदर्शवादी साहित्य कह सकते हैं, क्योंकि वह जीवन पर सोचने लगता है, जीवन की Tragedies, उसके विरोध और निसंगतियाँ उसके मन में बैठ जाती हैं। वह उनके विचारों से किसी तरह छुटकारा नहीं पा सकता। वह उन पर सोचता है, कुछ निष्कर्षों पर आता है और उन सबका चित्रांकन करता है। इस विशेष प्रकार का कलाकार जीवन को समस्त रूप में ग्रहण करने की चेष्टा करता है और यहीं उसका महत्त्व है। हार्डी, रोम्याँरोलाँ, शरद ऐसे ही कलाकारों में से हैं।

हमने इन तीन मुख्य वादों पर ही अधिक प्रकाश डाला है। शेष दृष्टिकोण समझने में अधिक कठिनाई का सामना नहीं करना पड़ता। दूसरे, जगत् का समस्त साहित्य अधिकतर इन तीन विभागों में ही बाँटा जाता है।

पर क्या कारण है, युग के साथ-साथ कला परिवर्तित होती चलती है? इसके मुख्य हेतु दो हैं—प्रथम आन्तरिक और दूसरा बाह्य। बाह्य परिस्थिति जिस तरह बदलती चलती है उसी तरह साहित्यिक धारा भी अपनी दिशा बदलती है। इसके उदाहरण आपको किसी भी अच्छे साहित्य में दृष्टिगोचर होंगे। हम इसको अधिक-से-अधिक बाह्य से प्रतिक्रिया कहेंगे। पर एक ऐसी भी प्रतिक्रिया है जो आन्तरिक जगत् में होती है जिसके कारण साहित्य की आन्तरिक धारा में हलचल

उत्पन्न होती है।

कला तभी तक जीती-जागती रहती है जब तक कि लेखक का वर्ण्य वस्तु के प्रति भावात्मक सम्बन्ध हो। जिस प्रकार सोचना या विचार करना ज्ञान प्राप्त करने के लिए एक साधन है, उसी प्रकार भावना कभी जीवन का ज्ञान प्राप्त करने का एक कलात्मक साधन है। भावनानुभूत ज्ञान ही कला का विषय है, परन्तु जब हम कला का सच्चा दृष्टिकोण छोड़कर किसी दूसरे क्षेत्र में चले जाते हैं, तब हम धीरे-धीरे प्रतिक्रिया का आह्वान करते हैं। उदाहरणतः कबीर जब तक अपने रंग में मस्त होकर जीवन का ज्ञान सुनाता है, तभी तक वह कलाकार है, पर जब वह हमें उसके बौद्धिक-दार्शनिक निर्गुण-वाद के प्रति आस्था रखने के लिए आग्रह करता-सा दीख पड़ता है, वहीं वह कला का दृष्टिकोण छोड़कर दार्शनिक दृष्टिकोण के क्षेत्र में उतर आता है जिसके अलग नियम हैं और मूल्यांकन के अलग Standard हैं। उसी तरह पद्माकर शृंगार के सावन और उसके उपकरणों का Catalogue पेश करते हैं। यहाँ भी वही दोष है।

एक दूसरे प्रकार की आन्तरिक प्रतिक्रिया तब शुरू होती है जब भावनानुभूति के नाम पर हम उन्हीं भावनाओं को दुहराते रहते हैं जो निष्प्राण हो गई हैं, जहाँ जीवन की गति कुण्ठित हो गई है। इस प्रकार साहित्य में बासीपन की उत्पत्ति होती है, जिसके विरुद्ध प्रतिक्रिया फौरन शुरू हो जाती है, क्योंकि जीवन एक जगह रुका नहीं रह सकता।

क्यों एक कलाकार दूसरे कलाकार से ऊँचा कहा जाता है? क्यों Walt Whitsman या Browning को लोग Tennyson से ऊँचा समझते हैं? कबीर क्यों बिहारी से ऊँचा है?

इस प्रश्न का उत्तर देते समय हमें साहित्य में 'सतह' का भी परिचय हो जाता है। कौन किस सतह से बोलता है, यह सवाल है। रवीन्द्रनाथ जिस सतह से बोलते हैं, जिस व्यापक जीवन के सर्वोच्च बिन्दु पर वे खड़े होकर देश-देशान्तर के जन-समुदाय के सामने अपने को प्रकट करते हैं, उस स्थान से अन्य अनुगामी कलाकार नहीं बोल पाते। उतना ही उनमें बौनापन है जितना कि रवीन्द्र में ऊँचाई।

साहित्य का मूल्यांकन निश्चित करते समय इस 'सतह' का ध्यान रखना ही पड़ता है। कवि का शब्द-चयन, छन्दोरचना, प्रकृतिवर्णन, स्वभाव-चित्रण अत्यन्त सुन्दर होते हुए भी (जैसे कि टेनिसन में है) यदि ऊँची सतह नहीं है, तो वह उच्च कलाकार नहीं कहला सकता।

आत्म-वक्तव्य

एक

मालवे के विस्तीर्ण मनोहर मैदानों में से घूमती हुई क्षिप्रा की रक्त-भव्य साँझें और विविध-रूप वृक्षों की छायाएँ मेरे किशोर कवि की आद्य सौन्दर्य-प्रेरणाएँ थीं। उज्जैन नगर के बाहर का यह विस्तीर्ण निसर्ग-लोक उस व्यक्ति के लिए जिसकी मनोरचना में रंगीन आवेग ही प्राथमिक हैं, अत्यन्त आत्मीय था।

उसके बाद इन्दौर में प्रथमतः ही मुझे अनुभव हुआ कि यह सौन्दर्य ही मेरे काव्य का विषय हो सकता है। इसके पहले उज्जैन में स्वर्गीय रमाशंकर शुक्ल के स्कूल की कविताएँ—जो माखनलाल स्कूल की निकली हुई शाखा थी—मुझे प्रभावित करती रहीं, जिनकी विशेषता थी बात को सीधा न रखकर उसे केवल सूचित करना। तर्क यह था कि उससे वह अधिक प्रबल होकर आती है। परिणाम यह था कि अभिव्यंजना उलझी हुई प्रतीत होती थी। काव्य का विषय भी मूलतः विरह-जन्य करुणा और जीवन-दर्शन ही था। मित्र कहते हैं, कि उनका प्रभाव मुझ पर से अब तक नहीं गया है। इन्दौर में मित्रों के सहयोग और सहायता से मैं अपने आन्तरिक क्षेत्र में प्रविष्ट हुआ और पुरानी उलझन-भरी अभिव्यक्ति और अमूर्त्त करुणा छोड़कर नवीन सौन्दर्य-क्षेत्र के प्रति जागरूक हुआ। यह मेरी प्रथम आत्म-चेतना थी।

उन दिनों भी एक मानसिक संघर्ष था। एक ओर, हिन्दी का यह नवीन सौन्दर्य-काव्य था, तो दूसरी ओर, मेरे बाल-मन पर मराठी साहित्य के अधिक मानवतामय उपन्यास-लोक का भी सुकुमार परन्तु तीव्र प्रभाव था। तॉल्स्तॉय के मानवीय समस्या-सम्बन्धी उपन्यास या महादेवी वर्मा? समय का प्रभाव कहिये या वय की माँग, या दोनों, मैंने हिन्दी के सौन्दर्य-लोक को ही अपना क्षेत्र चुना; और मन की दूसरी माँग वैसे ही पीछे रह गई जैसे अपने आत्मीय राह में पीछे रहकर भी साथ चले चलते हैं।

मेरे बाल-मन की पहली भूख सौन्दर्य, और दूसरी विश्व मानव का सुख-दुःख—इन दोनों का संघर्ष मेरे साहित्यिक जीवन की पहली उलझन थी। इसका स्पष्ट वैज्ञानिक समाधान मुझे किसी से न मिला। परिणाम था कि इन अनेक

आन्तरिक द्वन्द्वों के कारण एक ही काव्य-विषय नहीं रह सका। जीवन के एक ही बाजू को लेकर मैं कोई सर्वाश्लेषी दर्शन की मीनार खड़ी न कर सका।

साथ ही जिज्ञासा के विस्तार के कारण कथा की ओर मेरी प्रवृत्ति बढ़ गई। इसका द्वन्द्व मन में पहले से ही था। कहानी-लेखन आरम्भ करते ही मुझे अनुभव हुआ कि कथा-तत्त्व मेरे उतना ही समीप है जितना काव्य। परन्तु कहानियाँ मैं बहुत ही थोड़ी लिखता था, अब भी कम लिखता हूँ। परिणामतः, काव्य को मैं उतना ही समीप रखने लगा जितना कि स्पन्दन। इसीलिए काव्य को व्यापक करने की, अपनी जीवन-सीमा से उसकी सीमा को मिला देने की चाह दुर्निवार होने लगी। और मेरे काव्य का प्रवाह बदला।

दूसरी ओर, दार्शनिक प्रवृत्ति—जीवन और जगत् के द्वन्द्व—जीवन के आन्तरिक द्वन्द्व—इन सबको सुलझाने की, और एक अनुभव-सिद्ध व्यवस्थित तत्त्व-प्रणाली अथवा जीवन-दर्शन आत्मसात् कर लेने की, दुर्दम प्यास मन में हमेशा रहा करती। आगे चलकर मेरी काव्य की गति को निश्चित करनेवाला सशक्त कारण यही प्रवृत्ति थी। सन् 1935 में काव्य आरम्भ किया था, सन् 1936 से 1938 तक काव्य के पीछे कहानी चलती रही। 1938 से 1942 तक के पाँच साल मानसिक संघर्ष और बर्गसोनीय व्यक्तिवाद के वर्ष थे। आन्तरिक विनष्ट शान्ति के और शारीरिक ध्वंस के इस समय में मेरा व्यक्तिवाद कवच की भाँति काम करता था। बर्गसों की स्वतन्त्र क्रियमाण 'जीवन-शक्ति' (elan vital) के प्रति मेरी आस्था बढ़ गई थी। परिणामतः, काव्य और कहानी नए रूप प्राप्त करते हुए भी अपने ही आसपास घूमते थे, उनकी गति ऊर्ध्वमुखी न थी।

सन् 1942 के प्रथम और अन्तिम चरण में मैं एक ऐसी विरोधी शक्ति के सम्मुख आया, जिसकी प्रतिकूल आलोचना से मुझे बहुत-कुछ सीखना था। शुजालपुर की अर्द्ध-नागरिक रम्य एकस्वरता के वातावरण में मेरा वातावरण भी—जो मेरी आन्तरिक चीज है—पनपता था। यहाँ लगभग एक साल में मैंने पाँच साल का पुराना जड़त्व निकालने की सफल-असफल कोशिश की। इस उद्योग के लिए प्रेरणा, विवेक और शान्ति मैंने एक ऐसी जगह से पाई, जिसे पहले मैं विरोधी शक्ति मानता था।

क्रमशः मेरा झुकाव मार्क्सवाद की ओर हुआ। अधिक वैज्ञानिक, अधिक मूर्त्त और अधिक तेजस्वी दृष्टिकोण मुझे प्राप्त हुआ। शुजालपुर में पहले-पहले मैंने कथा-तत्त्व के सम्बन्ध में आत्मविश्वास पाया। दूसरे, अपने काव्य की अस्पष्टता पर मेरी दृष्टि गई। तीसरे, नए विकास-पथ की तलाश हुई।

यहाँ यह स्वीकार करने में मुझे संकोच नहीं कि मेरी हर विकास-स्थिति में मुझे घोर असन्तोष रहा, और है। मानसिक द्वन्द्व मेरे व्यक्तित्व में बद्धमूल है। यह मैं निकटता से अनुभव करता आ रहा हूँ कि जिस भी क्षेत्र में मैं हूँ

वह स्वयं अपूर्ण है, और उसका ठीक-ठीक प्रकटीकरण भी नहीं हो रहा है। फलतः, गुप्त अशान्ति मन के अन्दर घर किए रहती है। मैं कलाकार की 'स्थानान्तरगामी प्रवृत्ति' (माइग्रेशन इंस्टिंक्ट) पर बहुत जोर देता हूँ। आज के वैविध्यमय, उलझन से भरे, रंग-बिरंगे जीवन को यदि देखना है, तो अपने वैयक्तिक क्षेत्र से एक बार तो उड़कर बाहर जाना ही होगा। बिना उसके, इस विशाल जीवन-समुद्र की परिसीमा, उसके तट-प्रदेशों के भूखण्ड, आँखों से ओट ही रह जाएँगे। कला का केन्द्र व्यक्ति है, पर उसी केन्द्र को अब दिशाव्यापी करने की आवश्यकता है। फिर युग-सन्धि काल में कार्यकर्त्ता उत्पन्न होते हैं, कलाकार नहीं, इस धारणा को वास्तविकता के द्वारा गलत साबित करना ही पड़ेगा।

मेरी कविताओं के प्रान्त-परिवर्तन का कारण है यही आन्तरिक जिज्ञासा। परन्तु इस जिज्ञासु-वृत्ति का वास्तव (ऑब्जेक्टिव) रूप अभी तक कला में नहीं पा सका हूँ। अनुभव कर रहा हूँ कि वह उपन्यास द्वारा ही प्राप्त हो सकेगा। वैसे काव्य में जीवन के चित्र की—यथा वैज्ञानिक 'टाइप' की—उद्भावन की, अथवा तीव्र विचार की, अथवा शुद्ध शब्द-चित्रात्मक, कविता हो सकती है। इन्हीं के प्रयोग मैं करना चाहता हूँ। पुरानी परम्परा बिलकुल छूटती नहीं है, पर वह परम्परा है मेरी ही और उसका प्रसार अवश्य होना चाहिए।

जीवन के इस वैविध्यमय विकास-स्रोत को देखने के लिए इन भिन्न-भिन्न काव्य-रूपों को, यहाँ तक कि नाट्य-तत्त्व को, कविता में स्थान देने की आवश्यकता है। मैं चाहता हूँ कि इसी दिशा में मेरे प्रयोग हों।

मेरी ये कविताएँ अपना पथ ढूँढ़नेवाले बेचैन मन की ही अभिव्यक्ति हैं। उनका सत्य और मूल्य उसी जीवन-स्थिति में छिपा है।

दो*

अपनी जिन्दगी के पिछले वर्षों की ओर मुड़कर देखना सम्मोहक भले ही हो, वह काफी मुश्किल काम है। मुश्किल इसलिए कि हम आगत में प्राप्त भावनाओं की दृष्टि से विगत की ओर देखने लगते हैं, जिससे होता यह है कि हम विगत की प्रकृति, उसके अन्तःस्वभाव के प्रति अन्याय करने की ओर प्रवृत्त भी हो सकते हैं। यह सम्भावना, निःसन्देह, एक ऐसा खतरा है जिस पर ध्यान जाना और जिससे सँभलकर रहना जरूरी है। जीवन नित्य विकासमान है। किन्तु, विकास की वर्तमान अवस्था से आच्छन्न होकर, विगत की प्रयासशील प्रगति के...[यहाँ पाण्डुलिपि

*'तारसप्तक' के द्वितीय संस्करण के लिए लिखित किन्तु अप्रकाशित वक्तव्य। रचनाकाल सम्भवतः 1963। 'मुक्तिबोध रचनावली' (खण्ड 5) में पहली बार प्रकाशित।

में दो पृष्ठ अप्राप्य हैं।—सं.] संघर्षशील और परिवर्तनशील विश्व की चेतना थी, किन्तु साथ ही, उनका प्रथम और अन्तिम आश्रय, अधिकतर, उनका अपना 'व्यक्ति' था, और इस प्रथम और अन्तिम के बीच जगत् पसरा हुआ था।

उनका अपना एक आदर्शवाद था। उस आदर्श के तत्त्व विभिन्न कवियों के लिए भले ही भिन्न-भिन्न रहे हों, उनमें से कइयों ने अपने-अपने आदर्शों की प्रेरणा से अपने स्वार्थों के पैरों पर कुल्हाड़ी मार ली थी। दूसरे शब्दों में, वे उसी जमाने में तथाकथित सांसारिक सफलता प्राप्त कर सकते थे। किन्तु उनकी जीवन-जगत्-सम्बन्धी संवेदना उन्हें अपने-अपने वर्ग से और समाज से सामंजस्य स्थापित नहीं करने देती थी। 'शिक्षा-विवाह-नौकरी-सफलता-यश' के क्रमशः विकसित होते हुए ढर्रेबाज रास्ते पर वे नहीं चले। फलतः, वे बेबनाव और अनबने के एक लम्बे दौर में से गुजरे। उन्होंने अपनी जिन्दगी में अजीबोगरीब खतरे उठाए। उन्हें असाधारण परिस्थितियों और मनःस्थितियों का सामना करना पड़ा। वे 'काव्य में प्रयोग' के पूर्व, वस्तुतः, अपने-आप पर ही प्रयोग कर रहे थे, अपनी जिन्दगी पर ही प्रयोग कर रहे थे। जब वे अपने जीवन को ही संस्थापित न कर सके तो वे साहित्यिक क्षेत्र में अपने को कैसे प्रस्थापित करते! शायद उन्हें उसका मोह भी न था। असल में, उनमें से अधिकतर अपने पितृ-गृह को त्याग चुके थे। वे दो पीढ़ियों के संघर्ष के एक ध्रुव थे। और उस संघर्ष की धारा में सामाजिक, राजनीतिक और व्यक्तिगत संघर्ष आ मिले थे। जीवन अपनी सचेत सर्व-साधारणता में असाधारण हो उठा था, उसकी अनवस्था में एक व्यवस्था उत्पन्न हो रही थी। जिज्ञासा, सम्मोह, साहस, कौतूहल, निष्ठा और तत्परता ज़िन्दगी को नए-नए क्षेत्रों में ले जाती। कभी यह जिन्दगी शिखर पर चढ़ जाती और मजा आ जाता। कभी वह निचले अँधेरे खड्डे में जा गिरती, और नैराश्यमूलक उत्तेजना सर पर सवार हो जाती। अपने-अपने व्यक्तित्व-चरित्र और स्वभाव के अनुसार, 'तारसप्तक' के कवि अपना-अपना संघर्ष कर रहे थे।

'तारसप्तक' का वह जमाना था। तब उस वेदना के पास कोई लाउडस्पीकर न था, कोई मंच न था, कोई प्रवक्ता भी न था, पब्लिसिटी के कोई साधन भी न थे। 'तारसप्तक' के कवि, एक-दूसरे से अलग-अलग, पृथक्-पृथक्, एक-दूसरे से दूर और स्वतन्त्र रूप से, अपनी-अपनी मौलिक शैलियों को ढाल रहे थे। केवल नम्रता के वशीभूत होकर ही उन्होंने अपने काव्य को 'प्रयोग' कहा था।

यद्यपि 'तारसप्तक' दुनिया को आकर्षित न कर सका, उसकी कविताओं का जमाना बहुत ही महत्त्वपूर्ण युग था। सन् 1939 से लेकर 1942 तक की मेरी कुछ कविताएँ उसमें संगृहीत हैं। सन् '43 में वह पुस्तक प्रकाशित हुई। 'दूसरा सप्तक' के प्रकाशन तक का काल नयी कविता के लिए अन्धकार-युग था। किन्तु वह अन्धकार युग बहुत ही ज्योतिष्मान था। वे बड़ी कठिनाइयों के दिन थे। वह बहुत ही साहस

का जमाना था। यद्यपि 'तारसप्तक' के कवि अलग-अलग जगह रहते थे, फिर भी वे, अदृश्य संवेदना के सूत्रों से परस्पर बँधे हुए थे।

'तारसप्तक' की मेरी कविताएँ मुझे अभी भी प्रिय हैं। उनमें मौलिक द्रव्य का कच्चापन और अनगढ़पन है। उनमें कहीं चुनौती का, कहीं निष्ठा का, कहीं प्रश्न और जिज्ञासा का, कहीं संघर्ष का स्वर है। 'तारसप्तक' की मेरी कविताओं के विषय अभी भी नए हैं। अगर मैं यह बताऊँ कि वे कविताएँ मुझे क्यों प्रिय हैं, तो उसमें मेरी ही तारीफ़ हो जाएगी। केवल इतना कह दूँ कि मेरी इन कविताओं में से केवल नैराश्यमूलक कविताओं को लेकर ही मेरी कठोर आलोचना की गयी। यह गलत था।

किन्तु मेरी वर्तमान काव्य-प्रवृत्तियों के रूप-गुण 'तारसप्तक' की कविताओं में नहीं पाए जाते। जिसे मैंने 'अन्धकार युग' कहा है वह मेरे लिए काफी महत्त्वपूर्ण रहा है। सन् 1943 के जमाने से लेकर सन् 52-53 के काल-खण्ड में जो जीवन-ज्ञान मुझे प्राप्त हुआ, वह नहीं होना चाहिए था। मानव-मूल्य गिरते जा रहे थे, मनुष्य-सम्बन्ध गँठीले और उलझे हुए हो रहे थे, छोटी-छोटी और अत्यन्त तुच्छ बातों के लिए घनघोर संघर्ष हो रहा था। महत्त्व, प्रतिष्ठा, पद-प्राप्ति के पीछे बड़ी-बड़ी 'प्रतिभाएँ' पड़ी हुई थीं। 'तारसप्तक' की कविताओं के जमाने में ही, हमने अपने आसपास जो जीवन-जगत् पाया था, उसके कण्ठ-रोधक रूप-स्वरूप के प्रति हमने अस्वीकार का भाव जताया था। किन्तु आगे चलकर तो परिस्थिति और भी बिगड़ गई। अवसरवादी सामंजस्य करने का हमारा स्वभाव न था। किन्तु अब तो जीने ही के लाले पड़ गए थे।

मानव-सम्बन्धों की इस गिरावट के जमाने में, मेरी कविता की सारी इमेजरी—बिम्ब-माला—विकसित हुई। उसमें घने और काले, लाल और नीले, जामनी और बैंगनी रंग हैं। इन कविताओं में से अधिकांश अप्रकाशित हैं। यह इमेजरी कहाँ से कैसे पैदा हुई, यह कहना मुश्किल है। केवल इतना कहना चाहूँगा कि मनुष्य-सम्बन्धों की भीषण गिरावट के बीच, मनुष्य-दीप्ति के जो प्रकाशमान दृश्य मेरे सामने आए, उन्हीं के सहारे मेरा जीवन आगे बढ़ता रहा। दृश्य और अदृश्य सहस्रों कोमल स्पर्शों ने संयुक्त रूप से मन की रचना कर डाली। ये स्पर्श जिन ज्वलन्त जनों के हैं, वे कम नहीं, अनगिन हैं। उन्हीं के सहारे अनवस्था व्यवस्था-बद्ध करने लगी। वेदना सोचने के लिए बाध्य हुई। संवेदना डिफ़रेंशियल कैलक्युलस होने लगी। तब कहीं उसे मालूम हुआ कि ऋजु-रेखा, वस्तुतः, वक्र-रेखा का ही एक विशिष्ट उदाहरण मात्र है, और प्रकृति एक-धन-एक-बराबर-दो के गणितिक नियम को, अनिवार्यतः, स्वीकार नहीं करती।

तो मतलब यह है कि 'तारसप्तक' की कविताओं के अनन्तर, मनुष्य-सम्बन्धों की गिरावट के भीषण दृश्यों के बीच भी, मुझे कोई ध्रुव-सा प्राप्त हो गया था।

तत्कालीन कविताओं में, जो 'नया साहित्य', 'प्रतीक' तथा 'हंस' में प्रकाशित हुईं, इस तथ्य का स्पष्ट इंगित है। राजनीतिक-सामाजिक क्षेत्र के अधःपतन-सम्बन्धी कविता, जो मैंने बंगाल के अकाल पर लिखी, 'नया साहित्य' में प्रकाशित हुई। इसी सम्बन्ध में एक कविता 'हंस' में भी निकली, जो तीन-तीन पंक्तियों की है। इसी भीषण परिवेश में, इस स्याह परिपार्श्व में, मेरे मन के भीतर ग्लानि, दुःख, और व्यक्तिगत जीवन के सम्बन्ध में निराशा का भाव रहना स्वाभाविक ही था। ऐसी ही किसी भीषण मनःस्थिति में, इलाहाबाद के 'प्रतीक' में मेरी एक कविता प्रकाशित हुई, जो मुझे अभी भी अत्यन्त प्रिय है। वह है, 'मुझे पुकारती हुई पुकार खो गयी कहीं।' एक बेकार का मनोवैज्ञानिक चित्र प्रस्तुत करती हुई एक कविता 'हंस' में प्रकाशित हुई। वह भी मेरी अत्यन्त प्रिय कविताओं में से है। परिवार के भीतर उत्पीड़न, शोषण, विषमता और अत्याचार के जो दृश्य दिखाई देते हैं, उनसे विक्षुब्ध होकर मैंने एक कविता लिखी थी, 'किसी से'। इस शीर्षक के अधीन वह कविता 'हंस' में प्रकाशित हुई। वे सब कविताएँ, जो 'तारसप्तक' के प्रकाशन के अनन्तर निकली हैं, उस जमाने की हैं जब विक्षोभ मेरा एक स्थायी भाव हो गया था। उन दिनों 'दूसरा सप्तक' के कवि इधर-उधर छिटपुट दिखायी देते थे।

यद्यपि, आगे के वर्षों में धीरे-धीरे मेरी कविता के काले रंग घुलने लगे, किन्तु मेरी इमेजरी बढ़ती ही गई। विषय भी विभिन्न और विस्तृत होते गए। यहाँ तक कि सन् 52-53 के आगे मेरी कविताओं ने अपना रूपाकार बढ़ा लिया। यद्यपि पहले की कविताएँ बहुत छोटी न थीं, किन्तु अब की तो, वस्तुतः, प्रदीर्घ हो उठीं।

यह सब क्यों हुआ? इमेजरी क्यों बढ़ने लगी? विषय क्यों विस्तृत हुए? कविताएँ क्यों प्रदीर्घ हो उठीं? इसका उत्तर देना मेरे बस का काम नहीं है। मेरे लिए, वस्तुतः, यह एक सवाल ही है।

मैं उन सौभाग्यशाली व्यक्तियों में से हूँ, जिसे अपने गली-कूचों में रहनेवालों का स्नेह प्राप्त हुआ। वे मेरी ही भाँति छोटी-छोटी हस्तियाँ हैं। किन्तु उनके पेचीदा संघर्ष, अथाह प्रेम करने का उनका हार्दिक सामर्थ्य, और बौद्धिक जिज्ञासा के साथ-ही-साथ, उनकी साहसिक पहल, उनकी रोमैण्टिक कल्पना, उनकी राजनीतिक आशा-आकांक्षाएँ, उनके समाजनैतिक स्वप्न मेरे चारों ओर चक्कर लगाने लगे। मेरी परिस्थिति अब विस्तृत हो गई, वह फैलकर मैदान बन गई, मैदान बनकर फैलती हुई वह पूरी पृथ्वी बन गई। मेरी चहारदीवारी अब पीछे-पीछे हटने लगी और क्षितिज में विलीन होती हुई दिखाई दी। चेहरे अब सुन्दर हो उठे। मनोहर ज्योति से चमकती आँखें अब मुझसे बातचीत करने लगीं। उनमें से एक अरुण दीप्तिमान मुख ने मेरे व्यक्तित्व पर लगे हुए जमाने के रहे-सहे कीचड़ को भी धो डाला। मैं एकबारगी मुक्त और स्वतन्त्र हो उठा।

यह एक नया जीवन्त वास्तव था। इस वास्तव में संघर्षशील मनुष्य की अनगिनत परिस्थितियाँ, मनःस्थितियाँ और वस्तुस्थितियाँ थीं। उन्हें कुछ व्यापक सामान्यीकरणों में ढालकर काव्य-रूप देने की आवश्यकता थी। मैंने उस दिशा में शक्ति-भर कोशिश की है। प्रदीर्घ कविताएँ उसी की उपज हैं। मैं चाहता हूँ कि आगे इसी काव्य-प्रकार को और भी अधिक सुधारूँ। उसमें अधिक दीप्ति और प्रकाश लाऊँ। मैंने इन्हीं विचारों से प्रेरित होकर एक लम्बी प्रणय-सम्बन्धी कविता भी लिखी है।

यह बात सन्देह के परे है कि सच्चा आशावाद मनुष्य की ज्वलन्त वास्तविक ऊष्मा से उत्पन्न होता है, केवल भविष्य-स्वप्न से नहीं।

आज की परिस्थितियाँ ऐसी हैं कि जब कष्ट-ग्रस्त मानव-श्रेणी को अपने उद्धार का रास्ता स्वयं अपने हाथों बनाना होगा। निःसन्देह, इस मानव-श्रेणी की राजनीति और समाजनीति टुच्ची-ओछी स्वार्थग्रस्त राजनीति नहीं है। उसके पास न केवल एक विश्व-स्वप्न है, वरन् विश्व के क्रान्तिकारी अनुभवों का एक खजाना भी है। भले ही हिन्दी साहित्य में इस परम्परा का व्यापक विकास न हुआ हो, किन्तु इस परम्परा की प्रेरणा कुछ हृदयों को तो आकुल कर ही सकती है।

आज के मेरे-जैसे कवि के सामने मुख्य प्रश्न यह नहीं है कि शिल्प का विकास किस प्रकार किया जाए, वरन् यह है कि जीवन तथा हृदय पर नित्य आघात-प्रत्याघात करनेवाले कारणों को किस प्रकार समेटा जाए। उन्हें किस प्रकार काव्य में रूपबद्ध किया जाए। वास्तविकता तो यह है कि आज के जमाने में मेरे लिए मुख्य प्रश्न कॉण्टेंट की कमी और शिल्प के आधिक्य का नहीं, वरन् कॉण्टेंट के अतिरेक और शिल्प की अपर्याप्तता का है। इसीलिए, मेरी मुख्य समस्या यह है कि कॉण्टेंट के वैविध्य को किस प्रकार समेटा जाए, किस प्रकार उसे रूपबद्ध किया जाए।

'तारसप्तक' के इस नए संस्करण में, मैं अपनी एक ताजा कविता सम्मिलित कर रहा हूँ। उसके सम्बन्ध में एक विशेष निवेदन यह है कि इस कविता में जान-बूझकर जो रूपक बाँधा गया है, वह साभिप्राय और सोद्देश्य है। भारत के कुछ सक्रिय राजनीतिक क्षेत्रों में—जिसका कि मुझे व्यक्तिगत निजी अनुभव है—जनता को ढोर समझा जाता है। साथ ही उससे भय भी अनुभव किया जाता रहा है। हाँ, यह रुख या भाव अखबारों से, मंच से, नहीं प्रकट किया जाता, अथवा ड्राइंगरूमों में भी नहीं बताया जाता। यह भाव प्रकट किया जाता है, निजी बैठकों में, निजी मण्डली में। शासक-वर्गों के इस लोक-भाव से विक्षुब्ध होकर ही, 'लकड़ी का रावण' शीर्षक कविता लिखी गई है। हाँ, कविता की शैली नितान्त आत्मपरक है, और तथाकथित प्रगतिशील व्याख्याकार यह अर्थ लगा सकते हैं कि मैं उस भावना का भागी हूँ। किन्तु कोई भी मर्मज्ञ पाठक इस कविता के वस्तु-सत्य तक सहज पहुँचकर निर्णय कर सकता है।

तीन[*]

पिछले बीस वर्षों में न मालूम कितनी बातें घटित हुई हैं। वे सबके सामने हैं। मेरी अपनी जिन्दगी जिन तंग गलियों में चक्कर काटती रही, उन्हें देखते हुए यही मानना पड़ता है कि साधारण श्रेणी में रहनेवाले हम लोगों को अस्तित्व-संघर्ष के प्रयासों में ही समाप्त होना है। मेरा अपना प्रदीर्घ अनुभव बताता है कि व्यक्ति-स्वातन्त्र्य की वास्तविक स्थिति केवल उनके लिए है जो उस स्वातन्त्र्य का प्रयोग करने के लिए सुपुष्ट आर्थिक अधिकार रखते हों, जिससे कि वे परिवार-सहित मानवोचित जीवन व्यतीत कर सकें, और साथ ही व्यक्ति-स्वातन्त्र्य का ऐसा प्रयोग भी कर सकें जो विवेकपूर्ण हो और लक्ष्योन्मुख हो। अपने जीवन के आर्थिक आधार को दृढ़ और सुपुष्ट करने के लिए व्यक्ति के व्यवसायीकरण का मार्ग भी सामने आता है। मेरे लेखे यह अत्यन्त अनुचित मार्ग है और कम-से-कम मैं उसे कभी स्वीकार नहीं कर पाया; लेकिन वह मार्ग तो सामने आता ही है और व्यवसायीकरण-व्यापारीकरण का दबाव तो तीव्रतर होता जाता है। सच तो यह है कि व्यक्ति की सच्ची आत्म-परीक्षा, उसकी आध्यात्मिक शक्ति की परीक्षा, का सबसे प्रधान समय, उस इम्तिहान का सबसे नाजुक दौर, यही आज का युग है।

जीवन और परिवेश की विषमता की यह स्थिति आभ्यन्तर लोक में भी दुःस्थिति उत्पन्न करती है, यह एक दारुण सत्य है। मैं कहूँ कि यह मेरा अपना भी सत्य है। परिणामतः, स्वाधीनता के इस युग में मेरी कविता सघन बिम्ब-मालिकाओं में अधिकाधिक प्रकट होने लगी। अचानक अन्तर्मुख दशाएँ और भी दीर्घ और गहन होती गईं। किन्तु यह भी एक तथ्य है कि इस आत्मग्रस्तता के बावजूद और शायद उसको साथ लिए-लिए मेरा आत्म-संवेदन समाज के व्यापकतर छोर छूने लगा। कविता का कलेवर भी दीर्घतर होता गया। परिणामतः, मेरी कविताएँ कदाचित् मासिक पत्र-पत्रिकाओं में प्रकाशन के योग्य भी नहीं रह गईं।

यहाँ जो नयी कविता दी जा रही है, और जो सन् 1963 की ही रचना है, अपेक्षाकृत छोटी है। इससे और छोटी रचनाएँ शायद मैं अब लिख नहीं सकता। भाव-प्रकृतियों के खयाल से यह कविता मेरा प्रायः सर्वांगीण प्रतिनिधित्व करती है। जैसाकि शीर्षक से ही स्पष्ट है, वह मेरी इस टिप्पणी को और आगे बढ़ाती है और कदाचित् उसके बाद यह टिप्पणी भी अनावश्यक हो जाती है।

---

1. तारसप्तक के दूसरे संस्करण (1966) में प्रकाशित। रचनाकाल 1963

साहित्य में जीवन की पुनर्रचना*

साहित्यिक कलाकार, अपनी विधायक कल्पना द्वारा, जीवन की पुनर्रचना करता है। जीवन की यह पुनर्रचना कलाकृति बनती है। कला में जीवन की जो पुनर्रचना होती है, वह सारतः उस जीवन का प्रतिनिधित्व करती है, कि जो जीवन इस जगत् में वस्तुतः जिया या भोगा जाता है–लेखक द्वारा तथा अन्यों द्वारा। जिया या भोगा जानेवाला यह जो व्यापक जीवन है, वह जितना आन्तरिक है, उतना ही बाह्य। बाह्य और आन्तरिक के बीच स्पष्ट रेखा खींचना मुश्किल है, यद्यपि हमें बौद्धिक आकलन की सुविधा की दृष्टि से भेद तो करना ही पड़ता है। किन्तु आन्तरिक और बाह्य का यह भेद प्रकार-भेद नहीं। उससे तो केवल यह सूचित होता है कि प्रकाश-क्षेपक यन्त्र किस स्थान पर और किस कोण में रखा हुआ है। एक कोण से देखने पर जो आन्तरिक है, वह दूसरे कोण से देखने पर बाह्य प्रतीत होगा।

यह जीवन जब कल्पना द्वारा पुनर्रचित होता है, तब उस पुनर्रचित जीवन में, तथा जगत्-क्षेत्र में जिये और भोगे जानेवाले जीवन में, गुणात्मक अन्तर उत्पन्न हो जाता है। पुनर्रचित जीवन जिये और भोगे जानेवाले जीवन से सारतः एक होते हुए भी स्वरूपतः भिन्न होता है। यदि पुनर्रचित जीवन वास्तविक जीवन से निःसारतः एक हो, तो वह पुनर्रचित जीवन निष्फल है। पुनर्रचित जीवन और वास्तविक जीवन के बीच जो अलगाव होता है, जो पृथक स्थिति होती है, उस अलगाव और पृथक् स्थिति के कारण ही कला में एक अमूर्तीकरण और सामान्यीकरण उत्पन्न होता है। यह कैसे? मैं अपने ख्याल को और साफ करना चाहता हूँ।

यह अमूर्तीकरण इसलिए उत्पन्न होता है कि जीवन की पुनर्रचना जिये और भोगे जानेवाले जीवन से सारतः एक होते हुए भी उससे कुछ अधिक होती है। यह बात महत्त्व की है कि जीवन की यह पुनर्रचना जिस वास्तविक जीवन से सारतः एक है, और जिसका वह प्रतिनिधित्व करती है, वह पुनर्रचना सचमुच जिये और भोगे जानेवाले या जिये या भोगे गए जीवन की वास्तविकताओं के साथ ही, तत्समान सारी वास्तविकताओं, तत्सदृश सब सम्भावनाओं, का भी प्रतिनिधित्व करती है।

*रचनाकाल सम्भवतः 1959 के बाद। 'मुक्तिबोध रचनावली' (खण्ड 5) में पहली बार संकलित।

जिया और भोगा जानेवाला जीवन विशिष्ट वस्तु है। इस विशिष्ट से (जीवन की पुनर्रचना में) सामान्य की ओर जाया जाता है। इसका फल यह होता है कि कला का प्रभाव सार्वकालिक सार्वजनिक हो जाता है, कि न केवल एक देश की कलाकृति दूसरे देश में लोकप्रिय हो जाती है, वरन् यह भी कि दूसरे देश के अतीत काल की कलाकृति एक देश के वर्तमान काल में भी लोकप्रिय हो जाती है। इस प्रकार, देशकालातीत स्थिति प्राप्त कर कलाकृति शाश्वत साहित्य का अंग बन जाती है।

आइए, जीवन की पुनर्रचना की प्रक्रिया को फिर से दुहराएँ : (1) वास्तविक जिये और भोगे जानेवाले जीवन से जीवन की पुनर्रचना का सारतः एक होकर भी उससे अलग होना और अलग होकर भी सारतः एक होना; (2) कलाकृति जिस जीवन का बिम्बात्मक या भावात्मक प्रतिनिधित्व कर रही है, उस जीवन के समान सारी वास्तविकताओं और तत्सदृश सब सम्भावनाओं का भी प्रतिनिधित्व करना, दूसरे शब्दों में, सामान्यीकरण होना।

विलगीकृत होकर सार-रूप रहने की स्थिति ऐब्स्ट्रैक्शन है। विशिष्ट से सामान्य रूप धारण करने की स्थिति जेनेरेलाइजेशन है। इस ऐब्स्ट्रैक्शन और जेनेरेलाइजेशन की स्थिति के फलस्वरूप कला की अपनी स्वतन्त्र सत्ता, स्वतन्त्र इयत्ता, स्वतन्त्र गति-नियम स्थापित हो जाते हैं। स्वभाव तथा स्वगति के नियमों में बँधे यथार्थ-बिम्ब यथार्थवादी शिल्प के अनुसार होते हैं। यथार्थवादी शिल्पवाली जीवन की पुनर्रचना फैण्टेसी द्वारा की गई जीवन-पुनर्रचना से भिन्न होती है। स्टीफान त्स्वाइग के उपन्यास, एक विशेष देश-काल-परिस्थिति में प्राप्त वास्तविक जीवन का, पुनर्रचित रूप हैं, किन्तु यह पुनर्रचित रूप प्रातिनिधिक हो उठा है तत्समान सारी वास्तविकताओं और तत्सदृश सारी सम्भावनाओं का। इसलिए, यह कहा जाएगा कि स्टीफ़ान त्स्वाइग के उपन्यास तत्समान सारी वास्तविकताओं और तत्सदृश सारी सम्भावनाओं का सामान्यीकरण है—यानी कि स्टीफान त्स्वाइग की कल्पना द्वारा पुनर्रचित जीवन, अपने मूल वास्तविक जीवन का प्रतिनिधित्व तो करता ही है, साथ ही वह तत्समान सारी सम्भावनाओं और तत्सदृश सारी वास्तविकताओं का भी प्रतिनिधित्व करता है—भले ही वास्तविकताओं और सम्भावनाओं की हमें अपने मन में कल्पना ही क्यों न करना पड़े।

जिया और भोगा जानेवाला जीवन एक विशिष्ट वस्तु है। जीवन की पुनर्रचना की प्रक्रिया के दौरान में इस विशिष्ट को सामान्य में रूपान्तरित किया जाता है। किन्तु, यह सामान्य उपस्थित कैसे होता है? जिये और भोगे जानेवाले जीवन से पुनर्रचित जीवन की जो सारभूत एकात्मकता है, उस सारभूत एकात्मकता के आधार पर ही, और उसके कारण ही और उसके द्वारा ही, विशिष्ट में सामान्य का तेज प्रोद्भासित होता है, अन्यथा नहीं। पुनर्रचित जीवन से वास्तविक जीवन

का जो अलगाव है, उस अलगाव द्वारा सामान्य स्थापित नहीं होता, नहीं ही हो सकता। इसके विपरीत, वास्तविक जीवन से पुनर्रचित जीवन का जो सारभूत अभेद है, जो सारभूत एकात्मकता है, उससे सामान्य प्रस्तुत होता है।

विलगीकरण की क्रिया, वस्तुतः, कला के आत्म-रूप स्थापन की क्रिया है। सारभूत एकात्मकता, स्थापित होने, स्थापित होते रहने के बीच आप-ही-आप पैदा होती रहती है। सारभूत एकात्मकता विलगीकरण की क्रिया के बिना असम्भव है। किन्तु सारभूत एकात्मकता स्थापित की जाती है, जीवन-पुनर्रचना की विधायक-शक्ति, कल्पना-वृत्ति के सूत्र-संचालन करनेवाले संवेदनात्मक उद्देश्य द्वारा, कि जो उद्देश्य कलाकृति के प्रसार में शुरू से आखीर तक समाया रहता है। विलगीकरण तो कला के आत्म-रूप स्थापन से उत्पन्न होता है।

वास्तविक जीवन-जगत् में, जिसकी कि कलाकृति बिम्ब-रूप है, डूबते रहने से ही उस अनुभवात्मक ज्ञान-दृष्टि का विकास होता रहता है, कि जो अनुभवात्मक ज्ञान-दृष्टि, संवेदनात्मक उद्देश्य की अंगभूत होकर उन संवेदनात्मक उद्देश्यों द्वारा होनेवाले कल्पना-परिचालन के कार्य में सहायता करती है। ज्ञान दृष्टि तथा अनुभवात्मक जीवन-ज्ञान के वास्तविक चबूतरे पर खड़े होकर ही, संवेदनात्मक उद्देश्य अपनी-अपनी विविध प्रतिक्रियाएँ अथवा प्रक्रियाएँ प्रस्तुत करते हैं। ज्ञान की भूमि का जो प्रसार है, उस प्रसार का क्षेत्र ही संवेदनात्मक उद्देश्यों का कार्य-क्षेत्र है। उस ज्ञान-क्षेत्र के प्रसार के परे और उससे अतीत संवेदनात्मक उद्देश्य हैं ही नहीं। संवेदनात्मक उद्देश्य अन्तःस्थित इच्छा-शक्ति की तृप्ति के और बाह्य से सामंजस्य-स्थापना की प्रवृत्ति के विविध कार्यों के एकीभूत और उदात्तीकृत रूप से युक्त रहते हैं। ये संवेदनात्मक उद्देश्य या तो बाह्य में काट-छाँट उपस्थित करके अपनी तृप्ति करते हैं, अथवा उससे अपनी अनुकूलता स्थापित करते हैं। वे संवेदनात्मक उद्देश्य मानव व्यवहार में, वाक्-सरणि में तथा कलाकृतियों में, तरह-तरह से, स्पष्टतः अथवा प्रतीकात्मक रूप से, प्रकट होते रहते हैं।

दूसरे शब्दों में, संवेदनात्मक उद्देश्य आभ्यन्तर तथा बाह्य की क्रिया-प्रति के प्रवाह में, बाह्य से सामंजस्य-स्थापन की प्रक्रिया में, या तो बाह्य की काट-छाँट करते हैं, या आभ्यन्तर की, अथवा दोनों की साथ-साथ। इच्छा-तृप्ति तथा बाह्य से सामंजस्य-विधान की परस्पर विरोधी द्विविध क्रियाओं की उदात्तीकृत एकात्मकता को धारण करनेवाले ये संवेदनात्मक उद्देश्य, अपनी पूर्ति की दिशा में सक्रिय रहते हुए, मनुष्य के बाल्यकाल से ही उस जीवन-ज्ञान का विकास करते हैं, कि जिस जीवन-ज्ञान के बिना उन संवेदनात्मक उद्देश्यों की पूर्ति ही नहीं हो सकती। ये संवेदनात्मक उद्देश्य, इच्छा-तृप्ति के विकास के, तथा बाह्य से सामंजस्य-स्थापन के, कार्य की परस्पर-भिन्न तथा बहुधा परस्पर-विरोधी प्रक्रिया को एकात्मक उदात्तीकृत बनाते हुए, इच्छा-पूर्ति और सामंजस्य-विधान के द्विविध कार्यों का जो

कौशल प्राप्त करते हैं, उस कौशल का दूसरा नाम बुद्धि है। यह बुद्धि की प्रारम्भिक अवस्था है।

जिस प्रकार समाज में कार्य-विभाजन होता है, उसी तरह बुद्धि का अपना कार्य अलग होते हुए भी [वह] जीवन-रक्षा के उस सर्व-सामान्य उद्देश्य में अपना योग देती है, कि जिस सामान्य उद्देश्य की पूर्ति में कल्पना तथा भावना का भी योग होता है। अतएव, उस जीवन-रक्षा के सर्व-सामान्य उद्देश्य की भूमि पर ये सभी वृत्तियाँ, परस्पर-सन्निविष्ट, परस्पर-सहायक तथा परस्पर-शिक्षक और परस्पर-संस्कारक होते हुए, उस जीवन-ज्ञान का विकास करती हैं, कि जिस ज्ञान-राशि की सहायता से मनुष्य, अपने संवेदनात्मक उद्देश्यों से परिचालित होते हुए, अपने व्यक्तित्व-चरित्र को, बाह्य परिस्थिति को, तथा जीवन-रक्षा के उपादान जिस वर्ग में उसे प्राप्त होते हैं उस वर्ग के हितों की ओर अग्रसर करनेवाले मूल्यों को, विशेष रूपाकार प्रदान करता है, या प्रदान करना चाहता है, प्रदान करने का प्रयत्न करता रहता है।

संक्षेप में, संवेदनात्मक उद्देश्यों द्वारा (अत्यन्त व्यापक अर्थ में, जीवन-रक्षा के लिए, जीवन-विकास के लिए) बुद्धि का जन्म होता है। संवेदनात्मक उद्देश्य वास्तविक जगत् [में], जो कि व्यक्ति के लिए मुख्यतः अपना वर्ग-जगत् होता है, अपनी पूर्ति के पथ का निर्माण करने के लिए जीवन-कौशल का विकास करते हैं।

इस जीवन-कौशल का दूसरा नाम है बुद्धि। संक्षेप में, बुद्धि का पितृत्व यदि संवेदनात्मक उद्देश्यों के पास है, तो उसका मातृत्व कार्यानुभवों के पास है। विलगीकरण (ऐब्स्ट्रैक्शन), सामान्यीकरण और संश्लेषण, अर्थात् सामान्यीकरणों के सामान्यीकरण, द्वारा बुद्धि अपना कार्य करती है। और बुद्धि के इस कार्य में, बुद्धि द्वारा सहायता-प्राप्त कल्पना और भावना, उसी बुद्धि से सहयोग करती है। इस प्रकार बुद्धि की पृथक् सत्ता और पृथक् पथ का विकास होते हुए भी, उसके पथ के विकास में सम्पूर्ण अन्तःवृत्तियाँ (भावना, कल्पना) योग देती हैं। ध्यान में रखने की बात है कि बुद्धि के कुछ विशुद्ध क्षेत्रों—जैसे, गणितशास्त्र, भौतिक शास्त्र, ज्योतिर्विद्या आदि—में भी बुद्धि की छलाँग कल्पना के सहयोग से होती है। किन्तु यह कल्पना बुद्धि द्वारा सुसंस्कृत और सुशिक्षित होकर ही वैसा कर सकती है। हाँ, शास्त्रीय क्षेत्रों में भावना की वृत्ति प्रच्छन्न होती है। संक्षेप में, जीवन-ज्ञान की उपलब्धि में तीनों वृत्तियों का सहयोग होता है, और ये तीनों वृत्तियाँ एक-दूसरे से प्रभावित, परिष्कृत और शिक्षित होती हैं। संवेदनात्मक उद्देश्यों तथा कार्यानुभवों द्वारा उत्पन्न यह जो बुद्धि है, वह क्षेत्र-भेदानुसार अलग-अलग रूप ले लेती है।

हम इस बात को और स्पष्ट करना चाहते हैं। अपराध-व्यवसाय से जीनेवाला व्यक्ति, अपने संवेदनात्मक उद्देश्यों तथा कार्यानुभवों द्वारा, बुद्धि का एक विशेष

ढंग से विकास करता है। ऐसे व्यक्ति भी मानव-मनोविज्ञान का अध्ययन करते हैं, मानव-व्यवहार का अध्ययन करते हैं। मानव की विश्वास-वृत्ति का लाभ उठाते हुए, तथा उसकी दूसरी कमजोरियों से फायदा उठाते हुए, वे अपने कार्य में अग्रसर होते हैं। उनके अपने संवेदनात्मक उद्देश्यों तथा कार्यानुभवों के अनुसार, उनके पास भी जीवन-ज्ञान की एक विकसित और उन्नत व्यवस्था क़ायम हो जाती है। इस जीवन-ज्ञान का वे समुचित उपयोग करते हैं—यहाँ तक कि वे दण्ड से भी बच जाते हैं। संक्षेप में, उनके अपने संवेदनात्मक उद्देश्यों और कार्यानुभवों द्वारा, उनके पास भी जीवन-ज्ञान की एक उन्नत व्यवस्था है। यदि यह व्यवस्था अधूरी या कमजोर हुई, अथवा उसका अनुशासन ठीक-ठीक न हुआ, तो उन्हें धोखा खाना पड़ता है। दो अपराध-व्यवसाय-कर्ताओं के जीवन-ज्ञान की अपनी-अपनी व्यवस्थाओं में, अपने-अपने कार्यानुभवों तथा संवेदनात्मक उद्देश्यों के अनुसार, भेद हो जाता है, यद्यपि उन दो जीवन-ज्ञान व्यवस्थाओं में बहुत कुछ समानता भी रहती है।

संक्षेप में, जीवन-ज्ञान की प्राप्ति में तीनों वृत्तियों का सजग सहयोग होता है। संवेदनात्मक उद्देश्यों तथा कार्य-अनुभवों द्वारा ही बुद्धि का विकास होकर, यह बुद्धि कल्पना तथा भावना को शिक्षित करके, सुसंस्कृत तथा परिष्कृत करके, आगे बढ़ाती है। इसी प्रकार सुशिक्षित कल्पना तथा सुशिक्षित भावना, विकसित तथा परिपुष्ट जीवन-ज्ञान के आधार पर, कार्य करती जाती है। तीनों अन्तर्वृत्तियों की क्रियाशीलता के फलस्वरूप जो जीवन-ज्ञान उत्पन्न होता है, वह स्वयं एक क्रियाशील शक्ति बन जाता है। यह जीवन-ज्ञान, एक विकसित तथा परिपुष्ट व्यवस्था में परिणत होकर, सारे व्यक्तित्व के कार्य की आधारशिला बन जाता है। तीनों अन्तःवृत्तियों की सक्रियता से उत्पन्न जीवन-ज्ञान-व्यवस्था के आधार पर खड़े होकर, बुद्धि, भावना और कल्पना, एक-दूसरे से सहयोग करती हुई अपना-अपना कार्य करती हैं।

कल्पना का कार्य है मूर्त-विधान करना। अन्तर्निहित संवेदनात्मक उद्देश्यों द्वारा परिचालित होकर ही कल्पना अपना कार्य करती है। ये संवेदनात्मक उद्देश्य जिस जीवन-ज्ञान-व्यवस्था के मूर्त्त स्तर पर खड़े होकर कार्य कर रहे हैं, उस व्यवस्था के तत्त्वों का यथायोग्य उपयोग करते हुए कल्पना अपना मूर्त्त-विधान उपस्थित करती है। न केवल यह, संवेदनात्मक उद्देश्य स्वयं अपनी पूर्ति के लिए बुद्धि का सहारा लेते हैं, जीवन-ज्ञान-व्यवस्था का भरपूर उपयोग करते हैं, तथा बुद्धि कल्पना और भावना, तीनों का सहयोग लेते हुए कार्य करते हैं। अतएव, इस पूरी प्रक्रिया में कल्पना-शक्ति स्वयं जीवन-ज्ञान-व्यवस्था के प्रतिकूल न जाकर वरन् उसकी सहायता प्राप्त करती हुई, उससे सुसंस्कृत और परिष्कृत [होती] हुई, साथ ही बुद्धि की सहायता लेती हुई, उससे शिक्षित और प्रशिक्षित होती हुई,

इसके अतिरिक्त भावना के रंग में डूबकर आगे बढ़ती हुई, वह अपना मूर्त्त विधान करती है।

संक्षेप में, कल्पना के मूर्त्त-विधान के या बिम्ब-माला के दो प्रमुख कार्य होते हैं : (1) व्याख्यात्मक, (2) प्रातिनिधिक। मूर्त्त-विधान, एक ओर, जीवन की सारभूत विशेषताओं का प्रतिनिधित्व करता है, तो, दूसरी ओर, वह उस जीवन की व्याख्या के रूप में प्रस्तुत होता है। व्याख्यात्मकता और प्रातिनिधिकता एक ही सिक्के के दो पहलू हैं। दोनों के पीछे संवेदनात्मक उद्देश्य समाया रहता है। उससे विरहित होकर दोनों के अस्तित्व की सम्भावना मुश्किल है।

जीवन की पुनर्रचना कल्पना द्वारा होती है। कल्पना वह माध्यम है जिसके द्वारा संवेदनात्मक उद्देश्य जीवन की पुनर्रचना करते हैं। इसलिए, वास्तविक जीवन से पुनर्रचित जीवन की पृथक्ता तथा स्वरूप-भेद तो हो ही जाता है। संक्षेप में, कल्पना पुनर्रचित जीवन का स्वरूप-स्थापन करती है, और उसे वास्तविक जीवन को कोटि से हटा देती है। किन्तु साथ ही, यह पुनर्रचित जीवन वास्तविक जिये और भोगे गये जीवन से सारभूत एकता रखता है। जिये और भोगे गये वास्तविक जीवन से सारभूत एकता रखते हुए भी, पुनर्रचित जीवन तत्समान सारी वास्तविकताओं और तत्सदृश सारी सम्भावनाओं का प्रतिनिधित्व करता है। इस प्रकार, उसमें सामान्य का आविर्भाव होता है। किन्तु यह सामान्यीकरण है काहे का? जिये और भोगे गए वास्तविक जीवन के अतिरिक्त, और उसको शामिल करके, तत्समान सारी वास्तविकताओं और सारी सम्भावनाओं का—चाहे वे किसी भी देश-काल की क्यों न हों, अथवा पीछे गए या आनेवाले मनुष्यों के हृदय में ही वे क्यों न कल्पित हुई हों। किन्तु, सामान्य का यह धरातल तब प्राप्त होता है, जब पुनर्रचित जीवन जिये और भोगे गये जीवन से सारभूत एकता रखे। अर्थात्, कलाकार का कर्तव्य है कि वह अपने संवेदनात्मक उद्देश्य के अनुसार, स्वयं के विशिष्ट में डूबे, जिये और भोगे गए जीवन के वास्तविक विशिष्ट से एकात्म हो, कि जिस विशिष्ट को वह अपने संवेदनात्मक उद्देश्यों के अनुसार प्रस्तुत करना चाहता है। कलाकार जीवन की पुनर्रचना द्वारा विशिष्ट ही उपस्थित करना चाहता है। किन्तु, कला के अन्तर्नियमों में बँधकर उस विशिष्ट में, विशिष्ट का स्वरूप विकसित होकर, परिणत होकर, सामान्य के रूप में प्रोद्भासित होता है। किन्तु यह सामान्य विशिष्ट का ही सीमा-विरहित रूप है। अतएव कलाकार का धर्म है कि वह अपने विशिष्ट की गहराइयों को पहचाने और उसे प्रस्तुत करे।

जीवन की पुनर्रचना में, वास्तविक जिये और भोगे गए जीवन से जो सारभूत एकता स्थापित होती है, उस सारभूत एकता को हम और स्पष्ट करना चाहते हैं। हम यह बता चुके हैं कि बुद्धि, ज्ञान, भावना के परस्पर सहयोग से जीवन-ज्ञान विकसित होता है। संवेदनात्मक उद्देश्यों द्वारा परिचालित होकर ही कल्पना

मूर्त्तविधान करती है। और ये संवेदनात्मक उद्देश्य जीवन-ज्ञान-व्यवस्था की सुदृढ़ पीठिका पर उपस्थित होकर ही कार्य करते हैं। साथ ही, वे जीवन-ज्ञान-व्यवस्था की इस पीठिका द्वारा नियन्त्रित भी होते हैं।

बुद्धि-कल्पना-भावना के परस्पर सहयोग से, तथा सहयोग के कारण, और अपने परस्पर-प्रभाव के फलस्वरूप, उनमें से प्रत्येक में जो परिणति हुई है उससे, और इन तीनों वृत्तियों के कार्यों द्वारा, जीवन-ज्ञान-व्यवस्था बनती है। किन्तु इन तीनों वृत्तियों के कार्य-व्यवहार के तथा जीवन-ज्ञान-विकास के मूल उत्स, संवेदनात्मक उद्देश्यों और वास्तविक जगत् में उनकी पूर्ति के प्रयत्नों, और उस प्रयत्न के दौरान में प्राप्त होनेवाले अनुभव और ज्ञान में, समाहित हैं। दूसरे शब्दों में, इच्छा-तृप्ति और बाह्य से सामंजस्य-विधान के द्विविध (कभी-कभी परस्पर-विरोधी) कार्यों की एकता के निर्वाह से जीवन-ज्ञान उत्पन्न होता है, किन्तु उस जीवन-ज्ञान की प्राप्ति संवेदनात्मक उद्देश्यों के अनुसार होती है।

संक्षेप में, जिये और भोगे गए वास्तविक जीवन के सारभूत सूत्र, उसकी सारभूत विशेषताएँ और सारभूत बिम्ब, इच्छा-तृप्ति और बाह्य से सामंजस्य-विधान के द्विविध (तथा कभी-कभी परस्पर-विरोधी) कार्यों की एकता के निर्वाह के प्रयत्नों के दौरान में संकलित, सम्पादित और संशोधित होते हैं।

हमारे आस-पास बहुत जीवन बिखरा हुआ है, फैला हुआ है। सर्वत्र उसके दृश्य प्रसारित हैं। किन्तु उनमें से हमारे लिए वही महत्त्वपूर्ण है, कि जो हमारी इच्छातृप्ति के कार्य तथा बाह्य से सामंजस्य-विधान के कार्य पर अनुकूल या प्रतिकूल प्रभाव डालते हों, अथवा हमारे उद्देश्यों को अग्रसर या पश्चसर करते हों। दूसरे शब्दों में, हम उनका संकलन करते हैं, हमसे वह संकलन हो जाता है। इस संकलन से ही हमारा जीवन क्षेत्र बनता है। किन्तु, इस जीवन-क्षेत्र में अनेकों मानव-सम्बन्ध, मानव-मूल्य, अनेकों कार्य-व्यवहार, अनेकों घटनाएँ, जिनके सूत्र केवल हमारे जीवन-क्षेत्र में ही नहीं उसके बाहर तक फैले रहते हैं—उनकी क्रिया पर एक हद तक ही हमारा प्रभाव होता है। यह जीवन-क्षेत्र वास्तविक जीवन-जगत् का अंग है। उस वर्ग-जगत् का अंग है कि जो विशेष काल-परिस्थिति में विशेष रूप धारण करता है। अतएव हमें अपने जीवन-क्षेत्र के अनुभवों से, तथा व्यापक जीवन-जगत् के ज्ञान से, उस ज्ञान-दृष्टि का विकास करना पड़ता है, कि जिससे हमें इच्छा-तृप्ति के और बाह्य से सामंजस्य-विधान के कार्य में सहायता प्राप्त हो। फलतः, हमें अपने जीवन-क्षेत्र से बाहर निकलकर जीवन-जगत् में फैलना पड़ता है। और व्यापक जीवन-जगत् का ज्ञान प्राप्त करके अपने जीवन-क्षेत्र में लौट आना पड़ता है। और फिर पुनः, जीवन-ज्ञान की वृद्धि के साथ-साथ, अपने जीवन-क्षेत्र को अपने सामर्थ्य के अनुसार व्यापक से व्यापकतर करना पड़ता है।

यही नहीं, बाह्य से सामंजस्य-विधान की प्रवृत्ति तथा इच्छा तृप्ति के प्रयत्न,

इन दोनों ने मनुष्य को अपने से ऊपर उठने, अपने से परे जाने की वृत्ति को इतना बलवान बना दिया है, कि हम अपने तात्कालिक हितों की बलि देकर दूरतर लक्ष्य प्राप्त करने का प्रयत्न करते हैं, और व्यक्तिगत स्वार्थ से परे उठकर सामान्य मानवीय आदर्शों की प्राप्ति का प्रयत्न करते हैं। किन्तु, ये सामान्य आदर्श उस जीवन-जगत् से उठे होते हैं, कि जो हमारा जीवन-जगत् है, जो हमारा परिवेश है, जो हमारा वर्ग है। किन्तु, सामान्य मानवीय आदर्शों को उन विशेष मानव-सम्बन्धों के हितों की पूर्ति करनी पड़ती है, कि जिन मानव-सम्बन्धों के क्षेत्र में हम पैदा हुए हैं, और जिनमें और जिनके बीच में रहकर हमने अपने जीवन-ज्ञान और दृष्टि का विकास किया है। दूसरे शब्दों में, मानव-सम्बन्धों के हित प्रधान हैं और आदर्श गौण। अतएव, आदर्शों को इस प्रकार ढाला और रचा जाता है कि जिससे कि मानव-सम्बन्ध, वस्तुतः, एक समाज के भीतर के विभिन्न वर्गों के आपसी सम्बन्ध, तथा वर्ग के भीतर के परस्पर मानव-सम्बन्ध, बने रहें और उन्नत हों। जो भी भावात्मक विश्व-चित्र उपस्थित किया जाता है, और उसकी जो फिलॉसफ़ी बनाई जाती है—अर्थात् यह समष्टि-चित्र और उसके भीतर समायी हुई दृष्टि की व्यापकता—वस्तुतः अपने तथा वर्ग के एकीभूत दृष्टिकोण से देखे जाने की स्थिति से उत्पन्न है। यह बात भूलने की नहीं है।

यह पहले ही बता चुके हैं कि कला जीवन की पुनर्रचना है, किन्तु कवि के संवेदनात्मक उद्देश्यों के अनुसार वह पुनर्रचना की जाती है। ये संवेदनात्मक उद्देश्य उस दृष्टि से सम्पन्न हैं, कि जो दृष्टि कवि ने अपने अनुभवात्मक ज्ञान द्वारा तथा परम्परा द्वारा प्राप्त की है। उसके संवेदनात्मक उद्देश्यों के पास जो जीवन-ज्ञान है—चाहे वह अनुभवात्मक हो अथवा परम्परायित हो—उस जीवन-ज्ञान के तत्त्वों का उपयोग करते हुए कल्पना अपने चित्र प्रस्तुत करती है। संवेदनात्मक उद्देश्यों द्वारा संचालित होकर कल्पना जीवन की पुनर्रचना करती है, अतएव, इस पुनर्रचना के कार्य के दौरान में वास्तविक जीवन की व्याख्या तो आप-ही-आप हो जाती है। जीवन-दृष्टि-सम्पन्न संवेदनात्मक उद्देश्यों के पास यदि दृष्टि-दोष है, तो वह दोष भी कल्पना-विधान में प्रस्तुत होगा। संक्षेप में, जीवन-दृष्टि और संवेदनात्मक उद्देश्यों की सारी क्षमताएँ और निर्बलताएँ जीवनज्ञान के अधूरे-सधूरेपन, अच्छे-बुरेपन और सही-गलतपन के सारे रंग, संवेदनात्मक उद्देश्यों में से बहते हुए, कल्पना-विधान में फैल जाएँगे। उसी प्रकार, यह भी ध्यान में रखने की बात है कि कल्पना के महल की ईंटें वास्तविक जीवन में जिये गये तत्त्व ही हैं। अनुभव, जीवन-दृष्टि, ज्ञान-व्यवस्था, आदि-आदि बातों में से कल्पना अपने तत्त्व ग्रहण करती है, और उनकी जोड़-तोड़ करके अपने आकार बनाती है। संक्षेप में, जीवन की पुनर्रचना कवि के संवेदनात्मक उद्देश्यों के अनुसार, उसकी जीवन-दृष्टि और जीवन-ज्ञान के अनुसार, बनती है।

मध्ययुगीन भक्ति-आन्दोलन का एक पहलू*

मेरे मन में बार-बार यह प्रश्न उठता है कि कबीर और निर्गुण पन्थ के अन्य कवि तथा दक्षिण के कुछ महाराष्ट्रीय सन्त तुलसीदासजी की अपेक्षा अधिक आधुनिक क्यों लगते हैं? क्या कारण है कि हिन्दी-क्षेत्र में जो सबसे अधिक धार्मिक रूप से कट्टर वर्ग है, उनमें भी तुलसीदासजी इतने लोकप्रिय हैं कि, उनकी भावनाओं और वैचारिक अस्त्रों द्वारा, वह वर्ग आज भी आधुनिक दृष्टि और भावनाओं से संघर्ष करता रहता है? समाज के पारिवारिक क्षेत्र में इस कट्टरपन को अब नये पंख भी फूटने लगे हैं। खैर, लेकिन यह इतिहास दूसरा है। मूल प्रश्न जो मैंने उठाया है उसका कुछ-न-कुछ मूल उत्तर तो है ही।

मैं यह समझता हूँ कि किसी भी साहित्य का ठीक-ठीक विश्लेषण तब तक नहीं हो सकता जब तक हम उस युग की मूल गतिमान सामाजिक शक्तियों से बननेवाले सांस्कृतिक इतिहास को ठीक-ठीक न जान लें। कबीर हमें आपेक्षिक रूप से आधुनिक क्यों लगते हैं, इस मूल प्रश्न का मूल उत्तर भी उसी सांस्कृतिक इतिहास में कहीं छिपा हुआ है। जहाँ तक महाराष्ट्र की सन्त-परम्परा का प्रश्न है, यह निर्विवाद है कि मराठी सन्त-कवि, प्रमुखतः, दो वर्गों से आए हैं, एक ब्राह्मण और दूसरे ब्राह्मणेतर। इन दो प्रकार के सन्त-कवियों के मानव-धर्म में बहुत कुछ समानता होते हुए भी, दृष्टि और रुझान का भेद भी था। ब्राह्मणेतर सन्त-कवि की काव्य-भावना अधिक जनतन्त्रात्मक, सर्वांगीण और मानवीय थी। निचली जातियों की आत्म-प्रस्थापना के उस युग में, कट्टर पुराणपन्थियों ने जो-जो तकलीफ़ें इन सन्तों को दी हैं, उनसे ज्ञानेश्वर-जैसे प्रचण्ड प्रतिभावान सन्त का जीवन अत्यन्त करुण कष्टमय और भयंकर दृढ़ हो गया। उनका प्रसिद्ध ग्रन्थ 'ज्ञानेश्वरी' तीन सौ वर्षों तक छिपा रहा। उक्त ग्रन्थ की कीर्ति का इतिहास तो तब से शुरू होता है जब वह पुनः प्राप्त हुआ। यह स्पष्ट ही है कि समाज के कट्टरपन्थियों ने इन सन्तों को अत्यन्त कष्ट दिया। इन कष्टों का क्या कारण था? और ऐसी क्या बात हुई कि जिस कारण निम्न जातियाँ अपने सन्तों को लेकर राजनीतिक, सामाजिक, सांस्कृतिक क्षेत्र में कूद पड़ीं?

मुश्किल यह है कि भारत के सामाजिक-आर्थिक विकास के सुसम्बद्ध इतिहास के लिए आवश्यक सामग्री का बड़ा अभाव है। हिन्दू इतिहास लिखते नहीं थे,

---

*'नयी दिशा' (मई 1955) में प्रकाशित। 'नयी कविता का आत्मसंघर्ष' में संकलित।

मुस्लिम लेखक घटनाओं का ही वर्णन करते थे। इतिहास-लेखन पर्याप्त आधुनिक है। शान्तिनिकेतन के तथा अन्य पण्डितों ने भारत के सांस्कृतिक इतिहास के क्षेत्र में बहुत अन्वेषण किए हैं। किन्तु सामाजिक-आर्थिक विकास के इतिहास के क्षेत्र में अभी तक कोई महत्त्वपूर्ण काम नहीं हुआ है।

ऐसी स्थिति में हम कुछ सर्वसम्मत तथ्यों को ही आपके सामने प्रस्तुत करेंगे।

(1) भक्ति-आन्दोलन दक्षिण भारत से आया। समाज की धर्मशास्त्रवादी, वेद-उपनिषद्वादी शक्तियों ने उसे प्रस्तुत नहीं किया, वरन् आलवार सन्तों ने और उनके प्रभाव में रहनेवाले जनसाधारण ने उसका प्रसार किया।

(2) ग्यारहवीं सदी से महाराष्ट्र की गरीब जनता में भक्ति-आन्दोलन का प्रभाव अत्यधिक हुआ। राजनीतिक दृष्टि से, यह जनता हिन्दू-मुस्लिम दोनों प्रकार के सामन्ती उच्चवर्गीयों से पीड़ित रही। सन्तों की व्यापक मानवतावादी वाणी ने उन्हें बल दिया। कीर्तन-गायन ने उनके जीवन में रस-संचार किया। ज्ञानेश्वर, तुकाराम आदि सन्तों ने गरीब किसान और अन्य जनता का मार्ग प्रशस्त किया। इस सांस्कृतिक आत्म-प्रस्थापना के उपरान्त सिर्फ एक और कदम की आवश्यकता थी।

वह समय भी शीघ्र ही आया। गरीब उद्धत किसान तथा अन्य जनता को अपना एक और सन्त, रामदास, मिला और एक नेता प्राप्त हुआ, शिवाजी। इस युग में राजनीतिक रूप से महाराष्ट्र का जन्म और विकास हुआ। शिवाजी के समस्त छापेमार युद्धों के सेनापति और सैनिक समाज के शोषित तबकों से आए। आगे का इतिहास आपको मालूम ही है–किस प्रकार सामन्तवाद टूटा नहीं, किसानों की पीड़ाएँ वैसी ही रहीं, शिवाजी के उपरान्त राजसत्ता उच्च वंशोत्पन्न ब्राह्मणों के हाथ पहुँची, पेशवाओं (जिन्हें मराठे भी जाना जाता रहा) ने किस प्रकार के युद्ध किए और वे अंग्रेजों के विरुद्ध क्यों असफल रहे, इत्यादि।

(3) उच्चवर्गीयों और निम्नवर्गीयों का संघर्ष बहुत पुराना है। यह संघर्ष निस्सन्देह धार्मिक, सांस्कृतिक, सामाजिक क्षेत्र में अनेकों रूपों में प्रकट हुआ। सिद्धों और नाथ-सम्प्रदाय के लोगों ने जनसाधारण में अपना पर्याप्त प्रभाव रखा, किन्तु भक्ति-आन्दोलन का जनसाधारण पर जितना व्यापक प्रभाव हुआ उतना किसी अन्य आन्दोलन का नहीं। पहली बार शूद्रों ने अपने सन्त पैदा किए, अपना साहित्य और अपने गीत सृजित किए। कबीर, रैदास, नाभा सिंपी, सेना नाई, आदि-आदि महापुरुषों ने ईश्वर के नाम पर जातिवाद के विरुद्ध आवाज बुलन्द की। समाज के न्यस्त-स्वार्थवादी वर्ग के विरुद्ध नया विचारवाद अवश्यम्भावी था। वह हुआ, तकलीफें हुईं। लेकिन एक बात हो गई।

शिवाजी स्वयं मराठा क्षत्रिय था। किन्तु भक्ति-आन्दोलन से, जाग्रत जनता के कष्टों से, खूब परिचित था, और स्वयं एक कुशल संगठक और वीर सेनाध्यक्ष

था। सन्त रामदास, जिसका उसे आशीर्वाद प्राप्त था, स्वयं सनातनी ब्राह्मणवादी था, किन्तु नवीन जाग्रत जनता की शक्ति से खूब परिचित भी था। सन्त से अधिक वह स्वयं एक सामन्ती राष्ट्रवादी नेता था। तब तक कट्टरपन्थी शोषक तत्त्वों में यह भावना पैदा हो गई थी कि निम्नजातीय सन्तों से भेदभाव अच्छा नहीं है। अब ब्राह्मण-शक्तियाँ स्वयं उन्हीं सन्तों का कीर्तन-गायन करने लगीं। किन्तु इस कीर्तन-गायन के द्वारा वे उस समाज की रचना को, जो जातिवाद पर आधारित थी, मजबूत करती जा रही थी। एक प्रकार से उन्होंने अपनी परिस्थिति से समझौता कर लिया था। दूसरे, भक्ति-आन्दोलन के प्रधान सन्देश से प्रेरणा प्राप्त करनेवाले लोग ब्राह्मणों में भी होने लगे थे। रामदास, एक प्रकार से, ब्राह्मणों में से आए हुए अन्तिम सन्त हैं, इसके पहले एकनाथ हो चुके थे। कहने का सारांश यह कि नवीन परिस्थिति में यद्यपि युद्ध-सत्ता (राजसत्ता) शोषित और गरीब तबकों से आए हुए सेनाध्यक्षों के पास थी, किन्तु सामाजिक क्षेत्र में पुराने सामन्तवादियों और नए सामन्तवादियों में समझौता हो गया था। नए सामन्तवादी कुनबियों, धनगरों, मराठों और अन्य गरीब जातियों से आए हुए सेनाध्यक्ष थे। इस समझौते का फल यह हुआ कि पेशवा ब्राह्मण हुए, किन्तु युद्धसत्ता नवीन सामन्तवादियों के हाथ में रही।

उधर सामाजिक-सांस्कृतिक क्षेत्र में निम्नवर्गीय भक्तिमार्ग के जनवादी सन्देश के दाँत उखाड़ लिए गए। उन सन्तों को सर्ववर्गीय मान्यता प्राप्त हुई, किन्तु उनके सन्देश के मूल स्वरूप पर कुठाराघात किया गया, और जातिवादी पुराणधर्म पुनः निःशंक भाव से प्रतिष्ठित हुआ।

(4) उत्तर भारत में निर्गुणवादी भक्ति-आन्दोलन में शोषित जनता का सबसे बड़ा हाथ था। कबीर, रैदास आदि सन्तों की बानियों का सन्देश, तत्कालीन मानों के अनुसार, बहुत अधिक क्रान्तिकारी था। यह आकस्मिकता न थी कि चण्डीदास कह उठता है :

शुनह मानुष भाई,
शवार ऊपरे मानुष शत्तो
ताहार उपरे नाई।

इस मनुष्य-सत्य की घोषणा के क्रान्तिकारी अभिप्राय कबीर में प्रकट हुए। कुरीतियों, धार्मिक अन्धविश्वासों और जातिवाद के विरुद्ध कबीर ने आवाज उठाई। वह फैली। निम्न जातियों में आत्मविश्वास पैदा हुआ। उनमें आत्म-गौरव का भाव हुआ। समाज की शासक-सत्ता को यह कब अच्छा लगता? निर्गुण मत के विरुद्ध सगुण मत का प्रारम्भिक प्रसार और विकास उच्चवंशियों में हुआ। निर्गुण मत के विरुद्ध सगुणमत का संघर्ष निम्न वर्गों के विरुद्ध उच्चवंशीय संस्कारशील

अभिरुचिवालों का संघर्ष था। सगुण मत विजयी हुआ। उसका प्रारम्भिक विकास कृष्णभक्ति के रूप में हुआ। यह कृष्णभक्ति कई अर्थों में निम्नवर्गीय भक्ति-आन्दोलन से प्रभावित थी। उच्चवर्गीयों का एक भावुक तबका भक्ति-आन्दोलन से हमेशा प्रभावित होता रहा, चाहे वह दक्षिण भारत में हो या उत्तर भारत में। इस कृष्णभक्ति में जातिवाद के विरुद्ध कई बातें थीं। वह एक प्रकार से भावावेशी व्यक्तिवाद था। इसी कारण, महाराष्ट्र में, निर्गुण मत के बजाय निम्नवर्ग में, सगुण मत ही अधिक फैला। सन्त तुकाराम का विठोबा एक सार्वजनिक कृष्ण था। कृष्णभक्तिवाली मीरा 'लोकलाज' छोड़ चुकी थी। सूर कृष्ण-प्रेम में विभोर थे। निम्नवर्गीयों में कृष्णभक्ति के प्रचार के लिए पर्याप्त अवकाश था, जैसा महाराष्ट्र की सन्त परम्परा का इतिहास बतलाता है। उत्तर भारत में कृष्णभक्ति-शाखा का निर्गुण मत के विरुद्ध जैसा संघर्ष हुआ वैसा महाराष्ट्र में नहीं रहा। महाराष्ट्र में कृष्ण की शृंगार-भक्ति नहीं थी, न भ्रमरगीतों का जोर था। कृष्ण एक तारणकर्ता देवता था, जो अपने भक्तों का उद्धार करता था, चाहे वह किसी भी जाति का क्यों न हो। महाराष्ट्रीय सगुण कृष्णभक्ति में शृंगारभावना, और निर्गुण भक्ति, इन दो के बीच कोई संघर्ष नहीं था। उधर उत्तर भारत में, नन्ददास वगैरह कृष्णभक्तिवादी सन्तों की निर्गुण मत-विरोधी भावना स्पष्ट ही है। और ये सब लोग उच्चकुलोद्‌भव थे। यद्यपि उत्तर भारतीय कृष्णभक्तिवाले कवि उच्चवंशीय थे, और निर्गुण मत से उनका सीधा संघर्ष भी था, किन्तु हिन्दू समाज के मूलाधार यानी वर्णाश्रम-धर्म के विरोधियों के जातिवाद-विरोधी विचारों पर सीधी चोट नहीं की थी। किन्तु उत्तर भारतीय भक्ति-आन्दोलन पर उनका प्रभाव निर्णायक रहा।

एक बार भक्ति-आन्दोलन में ब्राह्मणों का प्रभाव जम जाने पर वर्णाश्रम धर्म की पुनर्विजय की घोषणा में कोई देर नहीं थी। ये घोषणा तुलसीदासजी ने की थी। निर्गुण मत में निम्नजातीय धार्मिक जनवाद का पूरा जोर था, उसका क्रान्तिकारी सन्देश था। कृष्णभक्ति में वह बिलकुल कम हो गया, किन्तु फिर भी निम्नजातीय प्रभाव अभी भी पर्याप्त था। तुलसीदास ने भी निम्नजातीय भक्ति स्वीकार की, किन्तु उसको अपना सामाजिक दायरा बतला दिया। निर्गुण मतवाद के जनोन्मुख रूप और उसकी क्रान्तिकारी जातिवाद-विरोधी भूमिका के विरुद्ध तुलसीदासजी ने पुराण-मतवादी स्वरूप प्रस्तुत किया। निर्गुण-मतवादियों का ईश्वर एक था, किन्तु अब तुलसीदासजी के मनोजगत् में परब्रह्म के निर्गुण-स्वरूप के बावजूद सगुण ईश्वर ने सारा समाज और उसकी व्यवस्था—जो जातिवाद, वर्णाश्रम धर्म पर आधारित थी—उत्पन्न की। राम निषाद और गुह का आलिंगन कर सकते थे, किन्तु निषाद और गुह ब्राह्मण का अपमान कैसे कर सकते थे। दार्शनिक क्षेत्र का निर्गुण मत जब व्यावहारिक रूप से ज्ञानमार्गी भक्तिमार्ग बना, तो उसमें पुराण-मतवाद को स्थान नहीं था। कृष्णभक्ति के द्वारा पौराणिक कथाएँ घुसीं, पुराणों ने रामभक्ति के रूप में आगे

चलकर वर्णाश्रम धर्म की पुनर्विजय की घोषणा की।

साधारण जनों के लिए कबीर का सदाचारवाद तुलसी के सन्देश से अधिक क्रान्तिकारी था। तुलसी को भक्ति का यह मूल तत्त्व तो स्वीकार करना ही पड़ा कि राम के सामने सब बराबर हैं, किन्तु चूँकि राम ही ने सारा समाज उत्पन्न किया है, इसलिए वर्णाश्रम धर्म और जातिवाद को तो मानना ही होगा। पण्डित रामचन्द्र शुक्ल जो निर्गुण मत को कोसते हैं, वह यों ही नहीं। इसके पीछे उनकी सारी पुराण-मतवादी चेतना बोलती है।

क्या यह एक महत्त्वपूर्ण तथ्य नहीं है कि रामभक्ति-शाखा के अन्तर्गत, एक भी प्रभावशाली और महत्त्वपूर्ण कवि निम्नजातीय शूद्र वर्गों से नहीं आया? क्या यह एक महत्त्वपूर्ण तथ्य नहीं है कि कृष्णभक्ति-शाखा के अन्तर्गत रसखान और रहीम-जैसे हृदयवान मुसलमान कवि बराबर रहे आए, किन्तु रामभक्ति-शाखा के अन्तर्गत एक भी मुसलमान और शूद्र कवि प्रभावशाली और महत्त्वपूर्ण रूप से अपनी काव्यात्मक प्रतिभा विशद नहीं कर सका? जबकि यह एक स्वतःसिद्ध बात है कि निर्गुण-शाखा के अन्तर्गत ऐसे लोगों को अच्छा स्थान प्राप्त था।

निष्कर्ष यह कि जो भक्ति-आन्दोलन जनसाधारण से शुरू हुआ और जिसमें सामाजिक कट्टरपन के विरुद्ध जनसाधारण की सांस्कृतिक आशा-आकांक्षाएँ बोलती थीं, उसका 'मनुष्य-सत्य' बोलता था, उसी भक्ति-आन्दोलन को उच्चवर्गीयों ने आगे चलकर अपनी तरह बना लिया, और उससे समझौता करके, फिर उस पर अपना प्रभाव कायम करके, और अनन्तर जनता के अपने तत्त्वों को उनमें से निकालकर, उन्होंने उस पर अपना पूरा प्रभुत्व स्थापित कर लिया।

और इस प्रकार, उच्चवंशी उच्चजातीय वर्गों का—समाज के संचालक शासक वर्गों का—धार्मिक-सांस्कृतिक क्षेत्र में पूर्ण प्रभुत्व स्थापित हो जाने पर, साहित्यिक क्षेत्र में उन वर्गों का प्रधान भाव—शृंगार-विलास—का प्रभावशाली विकास हुआ, और भक्ति-काव्य की प्रधानता जाती रही। क्या कारण है कि तुलसीदास भक्ति-आन्दोलन के प्रधान (हिन्दी क्षेत्र में) अन्तिम कवि थे? सांस्कृतिक-साहित्यिक क्षेत्र में यह परिवर्तन भक्ति-आन्दोलन की शिथिलता को द्योतित करता है। किन्तु वह आन्दोलन इस क्षेत्र में शिथिल क्यों हुआ?

ईसाई मत का भी यही हाल हुआ। ईसा का मत जनसाधारण में फैला तो यहूदी धनिक वर्गों ने उसका विरोध किया, रोमन शासकों ने उसका विरोध किया। किन्तु जब वह जनता का अपना धर्म बनने लगा, तो धनिक यहूदी और रोमन लोग भी उसको स्वीकार करने लगे। रोमन शासक ईसाई हुए और सेंट पॉल ने उसी भावुक प्रेममूलक धर्म को कानूनी शिकंजों में जकड़ लिया, पोप जनता से फ़ीस लेकर पापों और अपराधों के लिए क्षमापत्र वितरित करने लगा।

यदि हम धर्मों के इतिहास को देखें, तो यह जरूर पाएँगे कि तत्कालीन

जनता की दुरवस्था के विरुद्ध उसने घोषणा की, जनता को एकता और समानता के सूत्र में बाँधने की कोशिश की। किन्तु ज्यों-ज्यों उस धर्म में पुराने शासकों की प्रवृत्तिवाले लोग घुसते गए और उनका प्रभाव जमता गया, उतना-उतना गरीब जनता का पक्ष न केवल कमजोर होता गया, वरन् उसको अन्त में उच्चवर्गों की दासता—धार्मिक दासता—भी फिर से ग्रहण करनी पड़ी।

क्या कारण है कि निर्गुण-भक्तिमार्गी जातिवाद-विरोधी आन्दोलन सफल नहीं हो सका? उसका मूल कारण यह है कि भारत में पुरानी समाज-रचना को समाप्त करनेवाली पूँजीवादी क्रान्तिकारी शक्तियाँ उन दिनों विकसित नहीं हुई थीं। भारतीय स्वदेशी पूँजीवाद की प्रधान भौतिक-वास्तविक भूमिका विदेशी पूँजीवादी साम्राज्यवाद ने बनाई। स्वदेशी पूँजीवाद के विकास के साथ ही भारतीय राष्ट्रवाद का अभ्युदय और सुधारवाद का जन्म हुआ, और उसने सामन्ती समाज-रचना के मूल आर्थिक आधार, यानी पेशेवर जातियों द्वारा सामाजिक उत्पादन की प्रणाली समाप्त कर दी। गाँवों की पंचायती व्यवस्था टूट गई। ग्रामों की आर्थिक आत्मनिर्भरता समाप्त हो गई।

भक्ति-काल की मूल भावना साधारण जनता के कष्ट और पीड़ा से उत्पन्न है। यद्यपि पण्डित हजारीप्रसाद द्विवेदी का यह कहना ठीक है कि भक्ति की धारा बहुत पहले से उद्‌गत होती रही, और उसकी पूर्व भूमिका बहुत पूर्व से तैयार होती रही। किन्तु उनके द्वारा निकाला गया यह तर्क ठीक नहीं मालूम होता कि मध्ययुगीन भक्तों की भावना में जनता के सांसारिक कष्टों के तत्त्व नहीं हैं। पण्डित रामचन्द्र शुक्ल के इस कथन में हमें पर्याप्त सत्य मालूम होता है कि भक्ति-आन्दोलन का एक मूल कारण जनता का कष्ट है। किन्तु पण्डित शुक्ल ने इन कष्टों के मुस्लिम-विरोधी और हिन्दू-राजसत्ता के पक्षपाती जो अभिप्राय निकाले हैं, वे उचित नहीं मालूम होते। असल बात यह है कि मुसलमान सन्त-मत भी उसी तरह कट्टरपंथियों के विरुद्ध था, जितना कि भक्ति-मार्ग। दोनों एक-दूसरे से प्रभावित भी थे। किन्तु इस बात से इनकार नहीं किया जा सकता कि भक्ति-भावना की तीव्र आर्द्रता और सारे दुःखों और कष्टों के परिहार के लिए ईश्वर की पुकार के पीछे जनता की भयानक दुःस्थिति छिपी हुई थी। यहाँ यह हमेशा ध्यान में रखना चाहिए कि यह बात साधारण जनता और उसमें से निकले हुए सन्तों की है, चाहे वे ब्राह्मण वर्ग से निकले हों या ब्राह्मणेतर वर्ग से। साथ ही यह भी स्मरण रखना होगा कि शृंगार-भक्ति का रूप उसी वर्ग में सर्वाधिक प्रचलित हुआ जहाँ ऐसी शृंगार-भावना के परिपोष के लिए पर्याप्त अवकाश और समय था, फुरसत का समय। भक्ति-आन्दोलन का आविर्भाव, एक ऐतिहासिक-सामाजिक शक्ति के रूप में, जनता के दुःखों और कष्टों से हुआ, यह निर्विवाद है।

किसी भी साहित्य को हमें तीन दृष्टियों से देखना चाहिए। एक तो यह कि वह किन सामाजिक और मनोवैज्ञानिक शक्तियों से उत्पन्न है, अर्थात् वह किन शक्तियों के कार्यों का परिणाम है, किन सामाजिक-सांस्कृतिक प्रक्रियाओं का अंग है? दूसरे यह कि उसका अन्तःस्वरूप क्या है, किन प्रेरणाओं और भावनाओं ने उसके आन्तरिक तत्त्व रूपायित किए हैं? तीसरे, उसके प्रभाव क्या हैं, किन सामाजिक शक्तियों ने उसका उपयोग या दुरुपयोग किया है और क्यों? साधारण जन के किन मानसिक तत्त्वों को उसने विकसित या नष्ट किया है?

तुलसीदास जी के सम्बन्ध में इस प्रकार के प्रश्न अत्यन्त आवश्यक भी हैं। रामचरितमानसकार एक सच्चे सन्त थे, इसमें किसी को भी कोई सन्देह नहीं हो सकता। 'रामचरितमानस' साधारण जनता में भी उतना ही प्रिय रहा जितना कि उच्चवर्गीय लोगों में। कट्टरपंथियों ने अपने उद्देश्यों के अनुसार तुलसीदासजी का उपयोग किया, जिस प्रकार आज जनसंघ और हिन्दू महासभा ने शिवाजी और रामदास का उपयोग किया। सुधारवादियों की तथा आज की भी एक पीढ़ी को तुलसीदासजी के वैचारिक प्रभाव से संघर्ष करना पड़ा, यह भी एक बड़ा सत्य है।

किन्तु साथ ही यह भी ध्यान में रखना होगा कि साधारण जनता ने राम को अपना त्राणकर्ता भी पाया, गुह और निषाद को अपनी छाती से लगानेवाला भी पाया। एक तरह से जनसाधारण की भक्ति-भावना के भीतर समाए हुए समान प्रेम का आग्रह भी पूरा हुआ, किन्तु यह सामाजिक ऊँच-नीच को स्वीकार करके ही। राम के चरित्र द्वारा और तुलसीदासजी के आदेशों द्वारा सदाचार का रास्ता भी मिला। किन्तु वह मार्ग कबीर के और अन्य निर्गुणवादियों के सदाचार का जनवादी रास्ता नहीं था। सचाई और ईमानदारी, प्रेम और सहानुभूति से ज्यादा बड़ा तकाजा था सामाजिक रीतियों का पालन। (देखिए, रामायण में अनसूया द्वारा सीता को उपदेश)। उन रीतियों और आदेशों का पालन करते हुए, और उसकी सीमा में रहकर ही, मनुष्य के उद्धार का रास्ता था। यद्यपि यह कहना कठिन है कि किस हद तक तुलसीदासजी इन आदेशों का पालन करवाना चाहते थे और किस हद तक नहीं। यह तो स्पष्ट है ही कि उनका सुझाव किस ओर था। तुलसीदासजी द्वारा इस वर्णाश्रम धर्म की पुनःस्थापना के अनन्तर हिन्दी साहित्य में फिर से कोई महान भक्त-कवि नहीं हुआ तो इसमें आश्चर्य नहीं।

आश्चर्य की बात यह है कि आजकल प्रगतिवादी क्षेत्रों में तुलसीदास के सम्बन्ध में जो कुछ लिखा गया है, उसमें जिस सामाजिक-ऐतिहासिक प्रक्रिया के तुलसीदासजी अंग थे, उनको जान-बूझकर भुलाया गया है। पं. रामचन्द्र शुक्ल की वर्णाश्रमधर्मी जातिवादग्रस्त सामाजिकता और सच्चे जनवाद को एक-दूसरे से ऐसे मिला दिया गया है मानो शुक्लजी (जिनके प्रति हमारे मन में अत्यन्त आदर है) सच्ची जनवादी सामाजिकता के पक्षपाती हों। तुलसीदासजी को पुरातनवादी

कहा जाएगा कबीर की तुलना में, जिनके विरुद्ध शुक्लजी ने चोटें की हैं।

दूसरे, जो लोग शोषित निम्नवर्गीय जातियों के साहित्यिक और सांस्कृतिक सन्देश में दिलचस्पी रखते हैं, और उस सन्देश के प्रगतिशील तत्त्वों के प्रति आदर रखते हैं, वे लोग तो यह जरूर देखेंगे कि जनता की सामाजिक मुक्ति को किस हद तक किसने सहारा दिया और तुलसीदासजी का उसमें कितना योग रहा। चाहे श्री रामविलास शर्मा-जैसे 'मार्क्सवादी' आलोचक हमें 'वल्गर मार्क्सवादी' या बूर्ज्वा कहें, यह बात निस्सन्देह है कि समाजशास्त्रीय दृष्टि से मध्ययुगीन भारत की सामाजिक, सांस्कृतिक, ऐतिहासिक शक्तियों के विश्लेषण के बिना, तुलसीदास जी के साहित्य के अन्तःस्वरूप का साक्षात्कार नहीं किया जा सकता। जहाँ तक 'रामचरितमानस' की काव्यगत सफलताओं का प्रश्न है, हम उनके सम्मुख केवल इसलिए नतमस्तक नहीं हैं कि उसमें श्रेष्ठ कला के दर्शन होते हैं, बल्कि इसलिए कि उसमें उक्त मानव-चरित्र के, भव्य और मनोहर व्यक्तित्व-सत्ता के, भी दर्शन होते हैं। तुलसीदासजी की 'रामायण' पढ़ते हुए, हम एक अत्यन्त महान व्यक्तित्व की छाया में रहकर अपने मन और हृदय का आप-ही-आप विस्तार करने लगते हैं। और जब हम कबीर आदि महान जनोन्मुख कवियों का सन्देश देखते हैं, तो हम उनके रहस्यवाद से भी मुँह मोड़ना चाहते हैं। हम उस रहस्यवाद के समाजशास्त्रीय अध्ययन में दिलचस्पी रखते हैं, और यह कहना चाहते हैं कि निर्गुण मत की सीमाएँ तत्कालीन विचारधारा की सीमाएँ थीं, जनता का पक्ष लेकर जहाँ तक जाया जा सकता था, वहाँ तक जाना हुआ। निम्नजातीय वर्गों के इस सांस्कृतिक योग की अपनी सीमाएँ थीं। ये सीमाएँ उन वर्गों की राजनीतिक चेतना की सीमाएँ थीं। आधुनिक अर्थों में, वे वर्ग कभी जागरूक सामाजिक-राजनीतिक संघर्ष-पथ पर अग्रसर नहीं हुए। इसका कारण क्या है, यह विषय यहाँ अप्रस्तुत है। केवल इतना ही कहना उपयुक्त होगा कि इस संघर्षहीनता के अभाव का मूल कारण भारत की सामन्तयुगीन सामाजिक-आर्थिक रचना में है। दूसरे, जहाँ ये संघर्ष करते-से दिखाई दिए, वहाँ उन्होंने एक नए सामन्ती शासक वर्ग को ही दृढ़ किया, जैसा कि महाराष्ट्र में हुआ।

प्रस्तुत विचारों के प्रधान निष्कर्ष ये हैं : (1) निम्नवर्गीय भक्ति-भावना एक सामाजिक परिस्थिति में उत्पन्न हुई और दूसरी सामाजिक स्थिति में परिणत हुई। महाराष्ट्र में उसने एक राष्ट्रीय जाति खड़ी कर दी, सिख एक नवीन जाति बन गए। इन जातियों ने तत्कालीन सर्वोत्तम शासक वर्गों से मोर्चा लिया। भक्तिकालीन सन्तों के बिना महाराष्ट्रीय भावना की कल्पना नहीं की जा सकती, न सिख गुरुओं के बिना सिख जाति की। सारांश यह कि भक्ति-भावना के राजनीतिक गर्भितार्थ थे। ये राजनीतिक गर्भितार्थ तत्कालीन सामन्ती शोषक वर्गों और उनकी विचारधारा के समर्थकों के विरुद्ध थे।

(2) इस भक्ति-आन्दोलन के प्रारम्भिक चरण में निम्नवर्गीय तत्त्व सर्वाधिक सक्षम और प्रभावशाली थे। दक्षिण भारत के कट्टरपन्थी तत्त्व, जो कि तत्कालीन हिन्दू सामन्ती वर्गों के समर्थक थे, इस निम्नवर्गीय सांस्कृतिक जन-चेतना के एकदम विरुद्ध थे। वे उन पर तरह-तरह के अत्याचार भी करते रहे। मुस्लिम तत्त्वों से मार खाकर भी, हिन्दू सामन्ती वर्ग, उनसे समझौता करने की विवशता स्वीकार कर, उनसे एक प्रकार से मिले हुए थे। उत्तर भारत में हिन्दुओं के कई वर्गों का पेशा ही मुस्लिम वर्गों की सेवा करना था। अकबर ही पहला शासक था, जिसने तत्कालीन तथ्यों के आधार पर खुलकर हिन्दू सामन्तों का स्वागत किया।

उत्तर प्रदेश तथा दिल्ली के आसपास के क्षेत्रों में हिन्दू सामन्ती तत्त्व मुसलमान सामन्ती तत्त्वों से छिटककर नहीं रह सके। लूट-पाट, नोच-खसोट के उस युग में, जनता की आर्थिक-सामाजिक दुःस्थिति गम्भीर थी। निम्नवर्गीय जातियों के सन्तों की निर्गुण-वाणी का, तत्कालीन मानों के अनुसार, क्रान्तिकारी सुधारवादी स्वर, अपनी सामाजिक स्थिति के विरुद्ध क्षोभ, और अपने लिए अधिक मानवोचित परिस्थिति की आवश्यकता बतलाता था। भक्तिकाल की निम्नवर्गीय चेतना के सांस्कृतिक स्तर अपने-अपने सन्त पैदा करने लगे। हिन्दू-मुस्लिम सामन्ती तत्त्वों के शोषण-शासन और कट्टरपन्थी दृढ़ता से प्रेरित हिन्दू-मुस्लिम जनता भक्तिमार्ग पर चल पड़ी थी, चाहे वह किसी भी नाम से क्यों न हो। निम्नवर्गीय भक्ति-मार्ग निर्गुण-भक्ति के रूप में प्रस्फुटित हुआ। इस निर्गुण-भक्ति में तत्कालीन सामन्तवाद-विरोधी तत्त्व सर्वाधिक थे। किन्तु तत्कालीन समाज-रचना के कट्टर पक्षपाती तत्त्वों में से बहुतेरे भक्ति-आन्दोलन के प्रभाव में आ गए थे। इनमें से बहुत से भद्र सामन्ती परिवारों में से थे। निर्गुण भक्ति की उदारवादी और सुधारवादी सांस्कृतिक विचारधारा का उन पर भी प्रभाव हुआ। उन पर भी प्रभाव तो हुआ, किन्तु आगे चलकर उन्होंने भी भक्ति-आन्दोलन को प्रभावित किया। अपने कट्टरपन्थी पुराणमतवादी संस्कारों से प्रेरित होकर, उत्तर भारत की कृष्णभक्ति, भावावेशवादी आत्मवाद को लिए हुए, निर्गुण मत के विरुद्ध संघर्ष करने लगी। इस सगुण मत से उच्चवर्गीय तत्त्वों का पर्याप्त से अधिक समावेश था। किन्तु फिर भी इस सगुण शृंगारप्रधान भक्ति की इतनी हिम्मत नहीं थी कि वह जाति-विरोधी सुधारवादी वाणी के विरुद्ध प्रत्यक्ष और प्रकट रूप से वर्णाश्रम धर्म के सार्वभौम औचित्य की घोषणा करे। कृष्णभक्तिवादी सूर आदि सन्त-कवि इन्हीं वर्गों से आए थे। इन कवियों ने भ्रमरगीतों द्वारा निर्गुण मत से संघर्ष किया और सगुणवाद की प्रस्थापना की। वर्णाश्रम धर्म की पुनःस्थापना के लिए सिर्फ एक ही कदम आगे बढ़ना जरूरी था। तुलसीदासजी के अदम्य व्यक्तित्व ने इस कार्य को पूरा कर दिया। इस प्रकार भक्ति-आन्दोलन, जिस पर प्रारम्भ में

निम्नजातियों का सर्वाधिक जोर था, उस पर अब ब्राह्मणवाद पूरी तरह छा गया और सुधारवाद के विरुद्ध पुराण मतवाद की विजय हुई। इसमें दिल्ली के आसपास के क्षेत्र तथा उत्तर प्रदेश के हिन्दू-मुस्लिम सामन्ती तत्त्व एक थे। यद्यपि हिन्दू मुसलमानों के अधीन थे, किन्तु दुःख और खेद से ही क्यों न सही, यह विवशता उन्होंने स्वीकार कर ली थी। इन हिन्दू सामन्त तत्त्वों की सांस्कृतिक क्षेत्र में अब पूरी विजय हो गई थी।

(3) महाराष्ट्र में इस प्रक्रिया ने कुछ और रूप लिया। जन-सन्तों ने अप्रत्यक्ष रूप से महाराष्ट्र को जाग्रत और सचेत किया, रामदास और शिवाजी ने प्रत्यक्ष रूप से नवीन राष्ट्रीय जाति को जन्म दिया। किन्तु तब तक ब्राह्मणवादियों और जनता के वर्ग से आए हुए प्रभावशाली सेनाध्यक्षों और सन्तों में एक-दूसरे के लिए काफ़ी उदारता बतलाई जाने लगी। शिवाजी के उपरान्त, जनता के ग़रीब वर्गों से आए हुए सेनाध्यक्षों और नेताओं ने नए सामन्ती घराने स्थापित किए। नतीजा यह हुआ कि पेशवाओं के काल में ब्राह्मणवाद फिर ज़ोरदार हो गया। कहने का सारांश यह कि महाराष्ट्र में वही हाल हुआ जो उत्तर प्रदेश में। अन्तर यह था कि निम्नजातीय सांस्कृतिक चेतना जिसे पल-पल पर कट्टरपन्थ से मुकाबला करना पड़ा था, वह उत्तर भारत से अधिक दीर्घकाल तक रही। पेशवाओं के काल में दोनों की स्थिति बराबर-बराबर रही। किन्तु आगे चलकर अंग्रेजी राजनीति के ज़माने में, पुराने संघर्षों की यादें दुहराई गईं, और 'ब्राह्मण-ब्राह्मणेतरवाद' का पुनर्जन्म और विकास हुआ। और इस समय भी लगभग वही स्थिति है। फर्क इतना ही है कि निम्नजातियों के पिछड़े हुए लोग शिड्यूल्ड कास्ट फ़ेडरेशन में हैं, और अग्रगामी लोग कांग्रेस, पेज़ेण्ट्स ऐण्ड वर्कर्स पार्टी, कम्युनिस्ट पार्टी तथा अन्य वामपक्षी दलों में शामिल हो गए हैं। आखिर जब इन्हीं जातियों में से पुराने ज़माने में सन्त आ सकते थे, आगे चलकर सेनाध्यक्ष निकल सकते थे, तो अब राजनीतिक विचारक और नेता क्यों नहीं निकल सकते?

(4) सामन्तवादी काल में इन जातियों को सफलता प्राप्त नहीं हो सकती थी, जब तक कि पूँजीवादी समाज-रचना सामन्ती समाज-रचना को समाप्त न कर देती। किन्तु सच्ची आर्थिक-सामाजिक समानता तब तक प्राप्त नहीं हो सकती, जब तक कि समाज आर्थिक-सामाजिक आधार पर वर्गहीन न हो जाए

(5) किसी भी साहित्य का वास्तविक विश्लेषण हम तब तक नहीं कर सकते, जब तक कि हम उन गतिमान सामाजिक शक्तियों को नहीं समझते, जिन्होंने मनोवैज्ञानिक-सांस्कृतिक धरातल पर आत्मप्रकटीकरण किया है। कबीर, तुलसीदास आदि सन्तों के अध्ययन के लिए यह सर्वाधिक आवश्यक है। मैं इस ओर प्रगतिवादी क्षेत्रों का ध्यान आकर्षित करना चाहता हूँ।

रचना-प्रक्रिया

तीसरा क्षण*

आज से कोई बीस साल पहले की बात है। मेरा एक मित्र केशव और मैं दोनों जंगल-जंगल घूमने जाया करते। पहाड़-पहाड़ चढ़ा करते, नदी-नदी पार किया करते। केशव मेरे-जैसा ही पन्द्रह वर्ष का बालक था। किन्तु वह मुझे बहुत ही रहस्यपूर्ण मालूम होता। उसका रहस्य बड़ा ही अजीब था। उस रहस्य से मैं भीतर ही भीतर बहुत आतंकित रहता।

केशव ने ही बहुत-बहुत पहले मुझे बताया कि इड़ा, पिंगला और सुषुम्ना किसे कहते हैं। कुण्डलिनी-चक्र से मुझे बड़ा डर लगता। उसने हठयोगियों की बहुत-सी बातें बड़े ही विस्तार के साथ वर्णन कीं।

केशव का सिर पीछे से बहुत बड़ा था। आगे की ओर लम्बा और विस्तृत था। माथा साधारण और घनी-घनी भौंहों के नीचे काली आँखें, बहुत गहरी, मानो दो कुएँ पुतली के काँच से मढ़े हुए हों। यह भी लगता कि उसकी आँखें तलघर हैं। यह भी महसूस होता कि उसकी आँखों के नीचे कोई दूसरी आँखें और जमी हुई हैं। आँखों के बीच, नाक की शुरुआत पर घनी-घनी भौंहों की दोनों पट्टियाँ नीचे झुककर मिल जाती थीं। कभी-कभी नाई द्वारा वह इस मिलन-स्थल पर भौंहों के बाल कटवा लेता। लेकिन उनके रोएँ फिर उग आते। आँखों के नीचे फीका-पीला, लम्बा, शिथिल और उकताया हुआ थका चेहरा था।

केशव मझोले कद का बालक था जिसे खेलने-कूदने से कोई मोह नहीं था। उसका गणित विषय अच्छा था। इसीलिए केशव मेरे लिए मिडिल और मैट्रिक में जरूरी हो उठा था।

फिर भी मैं केशव के प्रति विशेष उत्साहित नहीं था। मुझे प्रतीत हुआ कि वह मेरे प्रति अधिक स्नेह रखता है। वह मेरे पिताजी के श्रद्धेय मित्र का लड़का था इसलिए उसके वहाँ मेरा काफी आना-जाना था।

केवल एक ही बात उसमें और मुझमें समान थी। वह बड़ा ही घुमक्कड़ था। मैं भी घूमने का शौकीन था। हम दोनों सुबह-शाम और छुट्टी के दिनों में तो दिन-भर दूर-दूर घूमने जाया करते।

---

*'वसुधा' (नवम्बर 1958) में प्रकाशित। 'एक साहित्यिक की डायरी' में संकलित।

इसके बावजूद, उसका लम्बा चेहरा फीका और पीला रहता। किन्तु वह मुझसे अधिक स्वस्थ था, उसका डील ज्यादा मजबूत था। वह निस्सन्देह हट्टा-कट्टा था। फिर भी उसके चेहरे की त्वचा काफी पीली रहती। पीले लम्बे चेहरे पर घनी भौंहों के नीचे गहरी-गहरी काली चमकदार कुएँ-नुमा आँखें और सिर पर मोटे बाल और गोल अड़ियल मजबूत ठुड्डी मुझे बहुत ही रहस्य-भरी मालूम होती। केशव में बाल-सुलभ चंचलता न थी। वह एक स्थिर-प्रशान्त पाषाण-मूर्ति की भाँति मेरे साथ रहता।

मुझे लगता कि भूमि के गर्भ में कोई प्राचीन सरोवर है। उसके किनारे पर डरावने घाट, आतंककारी देव-मूर्तियाँ और रहस्यपूर्ण गर्भ-कक्षोंवाले पुराने मन्दिर हैं। इतिहास ने इन सबको दबा दिया। मिट्टी की तह पर तह, परतों पर परतें, चट्टानों पर चट्टानें छा गईं। सारा दृश्य भूमि में गड़ गया, अदृश्य हो गया। और उसके स्थान पर यूकैलिप्ट्स के नये विलायती पेड़ लगा दिए गए। बंगले बना दिए गए। चमकदार कपड़े पहने हुई खूबसूरत लड़कियाँ घूमने लगीं। और उन्हीं-किन्हीं बंगलों में रहने लगा मेरा मित्र केशव जिसने शायद पिछले जन्म में या उसके भी पूर्व के जन्म में उसी भूमि-गर्भस्थ सरोवर का जल पिया होगा, वहाँ विचरण किया होगा।

मनुष्य का व्यक्तित्व एक गहरा रहस्य है—इसका प्रथम भान मुझे केशव द्वारा मिला—इसलिए नहीं कि केशव मेरे सामने खुला मुक्त-हृदय नहीं था। उसके जीवन में कोई ऐसी बात नहीं थी जो छिपाई जाने योग्य हो। इसके अलावा वह बालक सचमुच बहुत दयालु, धीर-गम्भीर, भीषण कष्टों को सहज ही सह लेनेवाला, अत्यन्त क्षमाशील था। किन्तु साथ ही वह शिथिल, स्थिर, अचंचल, यन्त्रवत् और सहज-स्नेही था। उसमें सबसे बड़ा दोष यह था कि उसमें बालकोचित, बाल-सुलभ, गुण-दोष नहीं थे। मुझे हमेशा लगा कि उसका विवेक वृद्धता का लक्षण है।

जब हम हाई-स्कूल में थे, केशव मुझे निर्जन अरण्य-प्रदेश में ले जाता। हम भर्तृहरि की गुहा, मछिन्दरनाथ की समाधि आदि निर्जन किन्तु पवित्र स्थानों में जाते। मंगलनाथ के पास शिप्रा नदी बहुत गहरी, प्रचण्ड, मन्थर और श्याम-नील थी। उसके किनारे-किनारे हम नए-नए भौगोलिक प्रदेशों का अनुसन्धान करते। शिप्रा के किनारों पर गैरव और भैरव साँझें बिताईं। सुबहें और दुपहर अपने रक्त में समेट लीं। सारा वन्य-प्रदेश श्वास में भर लिया। सारी पृथ्वी वक्ष में छिपा ली।

मैंने केशव को कभी भी योगाभ्यास करते हुए नहीं देखा, न उसने कभी सचमुच ऐसी साधना की। फिर भी वह मुझसे योग की बातें करता। सुषुम्ना नाड़ी के केन्द्रीय महत्त्व की बात उसने मुझे समझाई। षट्चक्र की व्यवस्था पर

भी उसने पूर्ण प्रकाश डाला। मेरे मन के अँधेरे को उसके प्रकाश ने विच्छिन्न नहीं किया। किन्तु मुझे उसके योग की बातें रहस्य के मर्मभेदी डरावने अँधेरे की भाँति आकर्षित करती रहतीं मानो मैं किन्हीं गुहाओं के अँधेरे में चला जा रहा हूँ और कहीं से (किसी स्त्री की) कोई मर्मभेदी पुकार मुझे सुनाई दे रही है!!

मैंने अपने मन का यह चित्र उसे कह सुनाया। वह मेरी तरफ अब पहले से भी अधिक आकर्षित हुआ। बहुत सहानुभूति से मेरी तरफ ध्यान देता। धीरे-धीरे मैं उसके अत्यन्त निकट आ गया। उसकी सलाह के बिना काम करना अब मेरे लिए असम्भव हो गया था।

साधारण रूप से, मेरे मन में उठनेवाली भाव-तरंगें मैं उसे कह सुनाता—चाहे वे भावनाएँ अच्छी हों, चाहे बुरी, चाहे वे खुली करने लायक हों, चाहे ढाँकने लायक। हम दोनों के बीच एक ऐसा विश्वास हो गया था कि तथ्य का अनादर करना, छुपाना, उससे परहेज करके दिमागी तलघर में डाल देना न केवल गलत है, वरन् उससे कई मानसिक उलझनें उत्पन्न होती हैं।

एक बात कह दूँ। अपने खयाल या भाव कहते समय मैं बहुत उच्छ्वसित हो उठता। मुझे लगता कि मन एक रहस्यमय लोक है। उसमें अँधेरा है। अँधेरे में सीढ़ियाँ हैं। सीढ़ियाँ गीली हैं। सबसे निचली सीढ़ी पानी में डूबी हुई है। वहाँ अथाह काला जल है। उस अथाह जल से स्वयं को ही डर लगता है। इस अथाह काले जल में कोई बैठा है। वह शायद मैं ही हूँ। अथाह और एकदम स्याह—अँधेरे पानी की सतह पर चाँदनी का एक चमकदार पट्टा फैला हुआ है, जिसमें मेरी ही आँखें चमक रही हैं, मानो दो नीले मूँगिया पत्थर भीतर उद्दीप्त हो उठे हों।

मेरे मन के तहखाने में उठी हुई ध्वनियाँ उसे आकर्षित करतीं। धीरे-धीरे वह मुझमें ज्यादा दिलचस्पी लेने लगा। मैं जब उसे अपने मन की बातें, कह सुनाता तो वह क्षण-भर अपनी घनी भौंहोंवाली प्रशान्त-स्थिर आँखों से मेरी तरफ देखता रहता। साधारण बातें, जो कि हमारे समाज की विशेषताएँ थीं, हमारी चर्चा का विषय बनतीं। यद्यपि उसकी ज्ञान-सम्पत्ति अल्प ही थी, हमारी चर्चाएँ विविध विषयों पर होतीं। मुझे अभी तक याद है कि उसने मुझे पहली बार कहा था कि गाँधीवाद ने भावुक कर्म की प्रवृत्ति पर कुछ इस ढंग से जोर दिया है कि सप्रश्न बौद्धिक प्रवृत्ति दबा दी गई है। असल में यह गाँधीवादी प्रवृत्ति प्रश्न, विश्लेषण और निष्कर्ष की बौद्धिक क्रियाओं का अनादर करती है। यह बात उसने मुझे तब कही थी जब सन् तीस-इकतीस का सत्याग्रह खत्म हो चुका था और विधानसभाओं में घुसने की प्रवृत्ति जोर पकड़ रही थी। तब हम स्थानीय इण्टरमीडिएट कॉलेज के फर्स्ट ईअर में पढ़ते थे। तभी हमने रूस के पंचवर्षीय

आयोजन का नाम सुना था।

इसके बाद हम डिग्री कॉलेज में पहुँचे—किसी दूसरे शहर में। मुझे नहीं मालूम था कि केशव ने भी वही कॉलेज जॉयन किया है। मैंने उसके बारे में जानकारी लेने की कोई कोशिश भी नहीं की थी। सच तो यह है कि मेरा उसके प्रति कोई विशेष स्नेह नहीं था, न कोई आकर्षण। ऐसे पाषाणवत्, प्रशान्त, गम्भीर व्यक्ति मुझे पसन्द नहीं। हाँ, उसके प्रति मेरे मन में सम्मान और प्रशंसा के भाव थे, और चूँकि वह मुझे बहुत चाहता था इसलिए मुझे भी उसे चाहना पड़ता था। शायद उसे मेरी यह स्थिति मालूम थी। लेकिन कभी उसने अपने मन का भाव नहीं दर्शाया इस सम्बन्ध में।

और, एक बार, जब हम दोनों फोर्थ ईअर में पढ़ रहे थे वह मुझे कैण्टीन में चाय पिलाने ले गया। केवल मैं ही बात करता जा रहा था। आखिर, वह बात भी क्या करता—उसे बात करना आता ही कहाँ था। मुझे फिलॉसफी में सबसे ऊँचे नम्बर मिले थे। मैंने प्रश्नों के उत्तर कैसे-कैसे दिए, इसका मैं रस-विभोर होकर वर्णन करता जा रहा था। चाय पीकर हम दोनों आधी मील दूर एक तालाब के किनारे जा बैठे। वह वैसा ही चुप था। मैंने साइकोऐनलिसिस की बात छेड़ दी थी। जब मेरी धारा-प्रवाह बात से वह कुछ उकताने लगता तब वह पत्थर उठाकर तालाब में फेंक मारता। पानी की सतह पर लहरें बनतीं और डुप्प-डुप्प की आवाज।

साँझ पानी के भीतर लटक गई थी। सन्ध्या तालाब में प्रवेश कर नहीं रही थी। लाल-भड़क आकाशीय वस्त्र पानी में सूख रहे थे। और मैं सन्ध्या के इस रंगीन यौवन से उन्मत्त हो उठा था।

हम दोनों उठे, चले, और दूर एक पीपल के वृक्ष के नीचे खड़े हो रहे। एकाएक मैं अपने से चौंक उठा। पता नहीं क्यों, मैं स्वयं एक अजीब भाव से आतंकित हो उठा। उस पीपल-वृक्ष के नीचे अँधेरे में मैंने उससे एक अजीब और विलक्षण आवेश में कहा, "शाम, रंगीन शाम, मेरे भीतर समा गई है, बस गई है। वह एक जादुई रंगीन शक्ति है। मुझे उस सुकुमार ज्वाला-ग्राही जादुई शक्ति से—यानी मुझसे मुझे डर लगता है।" और सचमुच, तब मुझे एक कँपकँपी आ गई!!

इतने में शाम साँवली हो गई। वृक्ष अँधेरे के स्तूप-व्यक्तित्व बन गए। पक्षी चुप हो उठे। एकाएक सब ओर स्तब्धता छा गई। और, फिर इस स्तब्धता के भीतर से एक चम्पई पीली लहर ऊँचाई पर चढ़ गई। कॉलेज के गुम्बद पर और वृक्षों के ऊँचे शिखरों पर लटकती हुई चाँदनी सफेद धोती-सी चमकने लगी।

एकाएक मेरे कन्धे पर अपना शिथिल ढीला हाथ रख केशव ने मुझसे कहा, "याद है एक बार तुमने सौन्दर्य की परिभाषा मुझसे पूछी थी?"

मैंने उसकी बात की तरफ ध्यान न देते हुए बेरुखी-भरी आवाज में कहा, "हाँ।"

"अब तुम स्वयं सौन्दर्य अनुभव कर रहे हो।"

मैं नहीं जानता कि मैं क्या अनुभव कर रहा था। मैं केवल यही कह सकता हूँ कि किसी मादक अवर्णनीय शक्ति ने मुझे भीतर से जकड़ लिया था। मैं केवल इतना ही कह सकता हूँ कि उस समय मेरे अन्तःकरण के भीतर एक कोई और व्यक्तित्व बैठा था। मैं उसे महसूस कर रहा था। कई बार उसे महसूस कर चुका था। किन्तु अब तो उसने भीतर से मुझे बिलकुल ही पकड़ लिया था। "मैं जो स्वयं था वह स्वयं हो गया था। अपने से 'बृहत्तर', विलक्षण अस्वयं।"

एकाएक उस पाषाण-मूर्ति मित्र की भीतरी रिक्तता पर मेरा ध्यान हो आया। वह मुझसे कितना दूर है, कितना भिन्न है, कितना अलग है—अवांछनीय रूप से भिन्न!!

वह मुझसे पण्डिताऊ भाषा में कह रहा था : किसी वस्तु या दृश्य या भाव से मनुष्य जब एकाकार हो जाता है तब सौन्दर्य-बोध होता है। सब्जेक्ट और ऑब्जेक्ट, वस्तु और उसका दर्शन, इन दो पृथक् तत्त्वों का भेद मिटकर जब सब्जेक्ट ऑब्जेक्ट से तादात्म्य प्राप्त कर लेता है तब सौन्दर्य भावना उद्बुद्ध होती है!!

मैंने उसकी बात की तरफ कोई ध्यान नहीं दिया। सौन्दर्य की परिभाषा वे करें जो उससे अछूते हैं; जैसे मेरा मित्र केशव! उनकी परिभाषा सही हो तो क्या, गलत हो तो क्या! इससे क्या होता जाता है!!

दिन गुजरते गए। एक ही गाँव के हम दो साथी, भिन्न प्रकृति के, भिन्न गुण-धर्म के, भिन्न दिशाओं के। एक-दूसरे से उकता उठने के बावजूद हम दोनों मिल जाते। चर्चा करने लगते। मेरी जबान कतरनी जैसी चलती। केशव साँकल में लगे हुए, फिर भी खुले हुए, ढीले ताले-सा प्रतीत होता। कोई मकान के अन्दर जाए, देख-भाल ले, चोर-चपाटी कर ले, लेकिन जाते-वक्त साँकल में ताला जरूर अटका जाए, वह भी खुला हुआ; चाबी लगाने की जरूरत नहीं। ताला भीतर से टूटा है, चाबी लग ही नहीं सकती।

लेकिन इस ताले में एक दिन अकस्मात् चाबी भी लग गई। छुट्टी का दिन। वृक्षों के समीप धूप अलसा रही थी। मैं घर में बैठे-बैठे 'बोर' हो रहा था। मैंने साइकिल पर आते हुए और धूप में चमकते हुए एक चेहरे को दूर से देखा।

इधर मैंने काफी कविताएँ लिख ली थीं। सोचा, शिकार खुद ही जाल में फँसने आ रहा है। केशव का चेहरा उत्तप्त था। चेहरे पर कुछ नयी बात थी

जिसको मैं पहचान नहीं पाया। कविताओं से मुझे इतनी फुरसत नहीं थी कि मैं केशव की तरफ ध्यान दे सकूँ। मैं तो अपने नशे में रहता था।

अगर मैं बोलना न शुरू करता तो चुप्पी काली होकर घनी और घनी होकर और भी काली और लम्बी हो जाती। इसलिए मैंने ही बोलना शुरू किया, "कैसे निकले?"

केशव गरदन एक ओर गिराकर रह गया। उसके बाल तब आधे माथे पर आ गए। मुझे लगा, वह आराम करना चाहता है। उसने आरम्भ किया, "मैंने बहुत-बहुत सोचा कि ईस्थेटिक एक्सपीरिएन्स क्या है। आज मैंने इसी सम्बन्ध में कुछ लिखा है, तुम्हें सुनाने आया हूँ।"

भीतर दिल में मेरी नानी मर गई। मैं खुद कविताएँ सुनाने की ख्वाहिश रखता था। अब यह केशव अपनी सुनाने बैठेगा। मेरी सारी दुपहर खराब हो जाएगी। शीः।

मैंने प्रस्ताव रखा, "अपने उस विषय पर बात ही क्यों न कर लें।"

"जरूर; लेकिन तुम्हें डिसिप्लिन से बात करनी होगी।" यह कहकर वह मुसकरा दिया!!

यह मुसकराहट मुझे चुभ गई। तो क्या मैं इतना पागल हूँ कि बात करने में भटक जाता हूँ! इस साले ने बहुत ध्यानपूर्वक मेरे स्वभाव का अध्ययन किया होगा। शायद मैं ही इसे बहुत 'बोर' करता रहा हूँगा। अपने स्वभाव के अध्ययन के इतने अधिक और इतने प्रदीर्घ अवसर किसी को देना शायद उचित नहीं था। मैं तो उल्लू-सरीखा बोलता जाता हूँ और ये हजरत अपने दिमाग की नोटबुक में मेरी हर गलती टीप लेते हैं!

मैंने विश्वास दिलाने की जबरदस्त चेष्टा और कुचेष्टा करते हुए कहा, "बात बिलकुल ढंग से ही होगी।"

उसने कहा, "मैंने तुम्हें बताया था कि 'निज' और 'पर', 'स्व-पक्ष' और 'वस्तु-पक्ष' दोनों जब एक हो जाते हैं तब तादात्म्य उत्पन्न होता है!"

उसके भावों की गम्भीरता कुछ ऐसी थी, चेहरा उसने इतना सीरियस बना रखा था कि मुझे अपनी हँसी दाब देनी पड़ी। पहली बात तो यह है कि मुझे उसकी शब्दावली अच्छी नहीं लगी। यह तो मैं जानता हूँ कि सारे दर्शन का मूल आधार सब्जेक्ट-ऑब्जेक्ट रिलेशनशिप की कल्पना है—स्व-पक्ष और वस्तु-पक्ष की परिकल्पनाएँ और उन दो पक्षों के परस्पर सम्बन्ध की कल्पना के आधार पर ही दर्शन खड़ा होता है। अथवा यूँ कहिए कि ज्ञान-मीमांसा खड़ी होती है। एपिस्टॅमॉलॉजी अर्थात् ज्ञान-मीमांसा की बुनियाद पर ही परिकल्पनाओं के प्रासाद की रचना की गई है। इस दृष्टि से देखा जाए तो मुझे वाक्य पर हँसने की जरूरत नहीं थी। मैं उसकी स्थापना को विवाद्य मान सकता हूँ, हास्यास्पद नहीं।

फिर भी मैं हँस पड़ा—इसलिए कि मुझे उसके शब्दों में, उसके स्वयं के विचित्र व्यक्तित्व की झलक दिखलाई दी। वही बोझिल, गतिहीन, ठण्डा, पाषाणवत् व्यक्तित्व!!

उसकी भौंहें कुछ आकुंचित हुईं। फीका, पीला चेहरा, किंचित् विस्मय से मेरी ओर वही ठण्डी दृष्टि डालने लगा—मानो वह मेरे रुख का अध्ययन करना चाहता हो।

मैंने कहा, "भाई मुझे तादात्म्य और तदाकारिता की बात समझ में नहीं आई। सच तो यह है कि मैं किसी वस्तु में तदाकार नहीं हो पाता। तदाकारिता की बात का मैं खण्डन नहीं करता, किन्तु मैं उसको एक मान्यता के रूप में ग्रहण नहीं करना चाहता।"

उसने कहा, "क्यों?"

मैंने जवाब दिया, "एक तो मैं वस्तु-पक्ष का ठीक-ठीक अर्थ नहीं समझता। हिन्दी में मन से बाह्य वस्तु को ही वस्तु समझा जाता है—ऐसा मेरा खयाल है। मैं कहता हूँ कि मन का तत्त्व भी वस्तु हो सकता है। और अगर यह मान लिया जाए कि मन का तत्त्व भी एक वस्तु है तो ऐसे तत्त्व के साथ तदाकारिता या तादात्म्य का कोई मतलब नहीं होता क्योंकि वह तत्त्व मन ही का एक भाग है। हाँ, मैं इस मन के तत्त्व के साथ तटस्थता के रुख की कल्पना कर सकता हूँ; तदाकारिता की नहीं।"

मेरे स्वर और शब्द की हल्की-धीमी गति ने उसे विश्वास दिला दिया कि मैं उसकी बात उड़ाने के लिए बात नहीं कर रहा हूँ, वरन् उसकी बात समझने में महसूस होनेवाली कठिनाई का बयान कर रहा हूँ।

आखिरकार वह मेरा मित्र था, बुद्धिमान् और कुशाग्र था। उसने मेरी ओर देखकर किंचित् स्मित किया और कहने लगा, "तुम एक लेखक की हैसियत से बोल रहे हो इसलिए ऐसा कहते हो। किन्तु सभी लोग लेखक नहीं हैं। दर्शक हैं, पाठक हैं, श्रोता हैं। वे हैं, इसलिए तुम भी हो—यह नहीं कि तुम हो इसलिए वे हैं!! वे तुम्हारे लिए नहीं हैं, तुम उनके सम्बन्ध से हो। पाठक या श्रोता तादात्म्य या तन्मयता से बात शुरू करें तो तुम्हें आश्चर्य नहीं होना चाहिए।"

मेरे मुँह से निकला, "तो?"

उसने जारी रखा, "तो यह कि लेखक की हैसियत से, सृजन-प्रक्रिया के विश्लेषण के रास्ते से होते हुए सौन्दर्य-मीमांसा करोगे या पाठक अथवा दर्शक की हैसियत से, कलानुभव के मार्ग से गुजरते हुए सौन्दर्य की व्याख्या करोगे? इस सवाल का जवाब दो!"

मैं उसकी चपेट में आ गया। मैं कह सकता था कि दोनों करूँगा। लेकिन मैंने ईमानदारी बरतना ही उचित समझा। मैंने कहा, "मैं-तो लेखक की हैसियत

से ही सौन्दर्य की व्याख्या करना चाहूँगा। इसलिए नहीं कि मैं लेखक को कोई बहुत ऊँचा स्थान देना चाहता हूँ वरन् इसलिए कि मैं वहाँ अपने अनुभव की चट्टान पर खड़ा हुआ है।''

उसने भौंहों को सिकोड़कर और फिर ढीला करते हुए जवाब दिया, ''बहुत ठीक; लेकिन जो लोग लेखक नहीं हैं वे भी तो अपने ही अनुभव के दृढ़ आधार पर खड़े रहेंगे और उसी बुनियाद पर बात करेंगे। इसलिए उनके बारे में नाक-भौं सिकोड़ने की जरूरत नहीं। उन्हें नीचा देखना तो और भी गलत है।''

उसने कहना जारी रखा, ''इस बात पर बहुत कुछ निर्भर करता है कि आप किस सिरे से बात शुरू करेंगे! यदि पाठक, श्रोता या दर्शक के सिरे से बात शुरू करेंगे तो आपकी विचार-यात्रा दूसरे ढंग की होगी। यदि लेखक के सिरे से सोचना शुरू करेंगे तो बात अलग प्रकार की होगी। दोनों सिरे से बात होगी सौन्दर्य-मीमांसा की ही। किन्तु यात्रा की भिन्नता के कारण अलग-अलग रास्तों का प्रभाव विचारों को भिन्न बना देगा।

दो यात्राओं की परस्पर-भिन्नता, अनिवार्य रूप से, परस्पर-विरोधी ही है—यह सोचना निराधार है। भिन्नता पूरक भी हो सकती है, विरोधी भी।

यदि हम यथा-तथ्य बात भी करें तो भी बल (एम्फैसिस) की भिन्नता के कारण विश्लेषण भी भिन्न हो जाएगा।

किन्तु सबसे महत्त्वपूर्ण बात यह है कि प्रश्न किस प्रकार उपस्थित किया जाता है। प्रश्न तो आपकी विचार-यात्रा होगी। यदि इस विचार-यात्रा को रेगिस्तान में विचरण का पर्याय नहीं बनाना है तो प्रश्न को सही ढंग से प्रस्तुत करना होगा। यदि वह गलत ढंग से उपस्थित किया गया तो अगली सारी यात्रा गलत हो जाएगी।''

उसने मेरी तरफ ध्यान से देखा। शायद वह यह देखना चाहता था कि मैं उसकी बात गम्भीरतापूर्वक सुन रहा हूँ या नहीं। शायद उसका यह विश्वास था कि मैं अत्यधिक इम्पल्सिव, सहज-उत्तेजित हो उठनेवाले एक बेचैन आदमी की तरह हूँ। किन्तु मैं शान्त था। मेरे मन की केवल एक ही प्रतिक्रिया थी और वह यह कि केशव यह समझता है कि मैं समस्या को ठीक तरह से प्रस्तुत करना नहीं जानता। असल में उसकी यह धारणा मुझे बहुत अप्रिय लगी। मैं उसकी इस धारणा को बहुत पहले से जानता था। वह कई बार उसे दुहरा भी चुका था। असल में वह बौद्धिक क्षेत्र में अपने को मुझसे उच्चतर समझता था। उसका ठण्डापन, उसके फलस्वरूप हम दो के बीच की दूरी, दूरी का सतत मान, और इस मान के बावजूद हम दोनों का नैकट्य—परस्पर घनिष्ठता और इसके विपरीत, दूरी के उस मान के कारण मेरे मन में केशव के विरुद्ध एक झख मारती हुई खीझ और चिड़चिड़ापन—इन सब बातों से मेरे अन्तःकरण में, केशव से मेरे सम्बन्धों की

भावना विषम हो गई थी। सूत्र उलझ गए थे। मैं केशव को न तो पूर्णतः स्वीकृत कर सकता था न उसे अपनी जिन्दगी से हटा सकता था। इस प्रकार की मेरी स्थिति थी। फिर भी चूँकि ऐसी स्थिति बहुत पहले से चली आई थी इसलिए मुझे उसकी आदत पड़ गई थी। किन्तु इस अभ्यस्तता के बावजूद कई बार मेरा विक्षोभ फूट पड़ता और तब केशव की आँखों में एक चालाक रोशनी दिखाई देती, और मुझे सन्देह होता कि वह मेरी तरफ देखकर मुसकराता हुआ कोई गहरी चोट कर रहा है। उस समय उसके विरुद्ध मेरे हृदय में घृणा का फोड़ा फूट पड़ता!!

किसी-न-किसी तरह मैंने अपने को सामंजस्य और मानसिक सन्तुलन की समाधि में गाड़ लिया; यह बताने के लिए कि मैं उसकी बातें ध्यानपूर्वक सुन रहा हूँ। मैंने उसके तर्कों और युक्तियों के प्रवाह में डूबकर मर जाना ही श्रेयस्कर समझा क्योंकि इस रवैये से या रुख से मेरे आत्मगौरव की रक्षा हो सकती थी। इस बीच मेरा मन दून-दूर भटकने लगा। बाहर से शायद मैं धीर-प्रशान्त लग रहा था।

मैंने ऐसे बहुत-से व्यक्ति देखे हैं जो हिमाच्छादित पर्वत शिखर की भाँति शान्त, निःशब्द, गम्भीर और भव्य लगते हैं। किन्तु अब मुझे इस बात का गहरा सन्देह होने लगा है कि असल में ऐसे लोगों का सिर खाली होता है। उनकी बाहरी शक्ति और गम्भीरता भीतर के खालीपन को ढाँकने की खोल है। मुझे ही देखिए न। मैं कैसी समाधि लगाकर उसके शब्द (शब्द नहीं, केवल नाद) सुन रहा हूँ।

किन्तु मेरा मन बाहर उड़-उड़ जा रहा है। जैसे झरोखे से, कभी-कभी हवा के झोंके भीतर चले आएँ, उस प्रकार उसके कुछ वाक्य मेरे भीतर घुस आते हैं। बाहर उसका नाद-प्रवाह जारी है जैसे कोई प्राकृतिक प्रवाह बह रहा हो। मैं केवल कुछ लहरों को ही चीन्ह पाया हूँ। ऐसा हूँ मैं। तब क्यों न मैं अपने से ही विरक्त हो उठूँ?

और मैं जबरदस्ती की इस ध्यान समाधि में लीन होकर खुद ही से क्षुब्ध हो उठता हूँ।

ऐसी क्षुब्ध अवस्था में मैं सहसा उत्तेजित होकर उससे कहता हूँ, "जरा चाय ले आऊँ; दो मिनट में आता हूँ।" यह कहकर मैं घर के भीतर गायब हो गया और पन्द्रह-बीस मिनट बाद हाथ में चाय की ट्रे लेकर वापस आया। तब मुझे सहसा सुनाई दिया, विभिन्न व्यक्तियों के लिए सृजन-प्रक्रियाएँ भिन्न-भिन्न हैं, विभिन्न युगों में सृजन-प्रक्रियाएँ अलग-अलग होती हैं। विभिन्न साहित्य-प्रकारों के लिए भी सृजन-प्रक्रियाएँ भिन्न-भिन्न होती हैं।

मैंने चाय की ट्रे टेबल पर रखी और हलके-से गम्भीरतापूर्वक कहा, "मुझे इस बात पर सोचने के लिए अवकाश दो, समय दो, क्या खयाल है? तुम्हारी

बात बहुत महत्त्वपूर्ण है इसलिए।''

उसने अपनी रजामन्दी जाहिर की। मेरे दिल से एक वजन उठ गया। मैं छुटकारा पा गया। मैं थोड़ा-सा खुश भी हुआ।

उसने मेरी तरफ देखकर सिर्फ इतना ही कहा, ''मैं चाहता हूँ कि साहित्य-सम्बन्धी धारणाएँ वास्तविक साहित्य में विश्लेषण के आधार पर बनाई जाएँ। जिस प्रकार विज्ञान में इण्डक्शन से डिडक्शन पर आया जाता है—तथ्यों के, संग्रह से उनके विश्लेषण द्वारा उनके सामान्यीकरण से अनुमान और निष्कर्ष निकाले जाते हैं—उसी प्रकार साहित्य में इण्डक्शन से डिडक्शन पर क्यों न आया जाए? इण्डक्शन का क्षेत्र केवल हिन्दी-साहित्य तक ही सीमित क्यों रहे? उपन्यास क्या है, यह पढ़ाते समय हम विश्व के प्रमुख उपन्यासों के उपरान्त ही यह ठहराएँ कि उपन्यास किसे कहते हैं और उसका शिल्प क्या है अथवा उसके प्रधान अंग क्या होते हैं...इसी प्रकार साहित्य में सौन्दर्य किसे कहते हैं, इस प्रश्न के ऊहापोह का क्षेत्र केवल हिन्दी की आत्मपरक कविता और हिन्दी-साहित्य तक सीमित न रखें। यदि हमने क्षेत्र विस्तृत किया तो हम पाएँगे कि सौन्दर्य-सम्बन्धी हमारी परिभाषा अस्पष्टता के दोष से अथवा अव्याप्ति और अतिव्याप्ति के दोषों से रहित होगी। मुझे गहरा सन्देह है कि आजकल की सौन्दर्य-परिभाषा (यदि उसे व्याख्या कहें तो) केवल कविता, और वह भी आत्मपरक कविता की विशेषताओं के आधार पर बनाई जा रही है। सौन्दर्य-सम्बन्धी इन व्याख्याओं का प्रकट या अप्रत्यक्ष उद्देश्य आज की काव्य-दृष्टि का डिफेन्स है...किन्तु ये व्याख्याएँ कुछ इस प्रकार से, कुछ इस ठाठ से और शान से बनाई जाती हैं मानो वे सार्वभौम सत्य की सार्वकालिक स्पन्दनाएँ हों। इस पोज और पॉस्चर की जरूरत नहीं यह अवैज्ञानिक दृष्टि है। अगर साहित्यिक सौन्दर्य-सम्बन्धी मीमांसा करनी है तो आपको अपनी दृष्टि केवल आत्मपरक कविता—वह भी आजकल की कविता—तक ही सीमित नहीं करनी चाहिए। और यदि ऐसी ही व्याख्या करनी है तो वह पोज और पॉस्चर त्याग देना चाहिए। मुझे इस पोज से चिढ़ है।''

पूरी बातचीत में मेरा रुख एक श्रोता का था। इच्छा तो यह थी कि गौण पात्र की भूमिका अदा न कर उसकी बातों को हिट करूँ, उस पर प्रत्याक्रमण करूँ, मुझे सन्देह हो रहा था कि वह पण्डिताऊ ढंग से सौन्दर्य-सम्बन्धी बात करना चाह रहा था। मुझे इस विषय को आगे बढ़ाने की इच्छा ही नहीं थी। बहरे के सामने क्या बीन बजाएँ।

मैंने बात बदलने के लिए कहा, ''और कैसा क्या चला हुआ है?''

उसने कोई जवाब नहीं दिया। वह क्या कहता!

हम उठने को हुए। उठे और चलने लगे। मैंने कहा. ''मैं तुम्हें वहाँ तक पहुँचा देता हूँ।''

तब तक शाम हो चुकी थी। मेरे घर के सामने सफेद चम्पा के फूल उज्ज्वल दीपों-जैसे खिले हुए थे। वातावरण में घास की वन्य गन्ध फैल रही थी। शाम अपना साँवला प्यार-भरा आँचल पसार रही थी।

बीच ही में हमारे विस्तृत अहाते के भीतर एक मन्दिर पड़ता था। उसने कहा, "आओ, थोड़ी देर बैठें।"

मेरे भीतर वातावरण की मस्ती छाने लगी। वक्ष के रोम पुलकित हो रहे थे। आँखों में किरनों की सुनहली धारा-सी बहने लगी। बाहुओं की मांसपेशियों में से मानो कोई नशा बहकर दौड़कर, हृदय में शराब बन रहा था। मात्र प्राकृतिक-शारीरिक आनन्द मुझ पर हावी हो रहा था। एक उन्मत्त स्फूर्ति, एक सहज शक्ति-चेतना मेरी आँखों को निर्मल और दीप्त कर रही थी।

किन्तु मेरा मित्र वैसे ही शिथिल, शान्त और पाषाणवत् बैठा था। मैं अपनी शारीरिक शक्ति के आनन्द से ही चमत्कृत था, भीतर से मन्त्रित और मन्त्र-मुग्ध।

उसने धीरे-धीरे बहुत ठण्डक से कहना शरू किया। मुझे लगा कि बर्फ की कोई सिल मेरी त्वचा पर फेरी जा रही है। इस बीच उसके नाद प्रवाह में मैंने कोई परिचित नाम सुना। मैंने चौंककर पूछा, "क्या?"

"हमने कल तय कर लिया कि इस गरमी में विवाह कर लेंगे।"

मैंने बहुत विस्मय से पूछा, "क्या!...किससे?"

"केटी से।"

"कौन केटी?"

वह कुछ नहीं बोला। किन्तु धीरे-धीरे मन में एक इस एकाकी आभा प्रकाश का रूप धारण करती गई।

मुझे आश्चर्य का इतना बड़ा धक्का कभी नहीं लगा था। केशव ऐसा कर भी सकता है! असम्भव! तो उसके बारे में मेरा निरीक्षण-परीक्षण गलत हो गया—एक ही झटके में! अच्छा हुआ कि वह गलत हो गया!

मेरा सारा चेहरा आश्चर्य और आनन्द की लहरों में बँध गया। मैंने मजाक-मजाक में कहा, "तो इसीलिए तादात्म्य और तदाकारिता की बात कर रहे थे! क्यों हजरत?"

उसने तड़ाक से जवाब दिया, "केवल तटस्थ व्यक्ति ही तदाकार हो सकता है, समझे?" उसने गम्भीरता से कहा। उसके स्वर में अतिरिक्त बल था। किन्तु उसके इस वाक्य का मैं अर्थ नहीं समझ सका। असल में मुझे इतना आनन्द हुआ था कि मैंने केशव को चिपका लिया। उसका चेहरा लाल और शायद गरम हो गया था। लज्जा से गरम। ऐसी स्थिति में मैं भला उसके वाक्य का अर्थ कैसे समझ सकता था?

समय गुजरता गया। उसे अपनी जिन्दगी में विशेष सफलता नहीं मिली। 'मारो-खाओ, हाथ मत आओ!' के इस जमाने में उस-जैसे आदमी की क्या चलती!

समय ने हम दोनों के चेहरे पर सूखेपन और अनाशा की कालिख पोत दी थी। दुनिया की आँखों से दूर, अकेलेपन के अँधेरे में, हम दोनों अलग-अलग, पृथ्वी के दो छोरों पर साँस ले रहे थे।

इसके बावजूद जब-जब मैंने उससे रुपए मँगवाए उसने तुरन्त भेज दिए। साथ ही यह भी लिखा कि जब कभी जरूरत हो मैं उससे अवश्य माँग लिया करूँ किन्तु पाँच वर्ष हुए मैंने उसे न कोई पत्र लिखा न रुपए मँगवाए। न मुझे उसके बारे में कुछ मालूम हुआ, न उसने ही मुझे कुछ लिखा।

...मानो किसी तालाब में से भाप निकलती हो, भाप की ऊँची उठती हिलकोरती लहरें एक मनुष्याकार धारण कर ऊँची-ऊँची होती हुई आपके पास आने लगती हों तो आपको कैसे लगेगा? मुझे तो डर लगेगा। आपको?

जब मुझे यह सूचना मिली कि केशव इसी गाड़ी से यहाँ आ रहा है, तो मुझे भी वैसा ही लगा। मुझे लगा कि एक भाप मनुष्याकार धारण कर मेरे पास-पास आती जा रही है। मैं आतंकित हो उठा।

पहले तो मैं इस उलझन में रहा कि उसका स्वागत करने स्टेशन जाऊँ या घर की मनहूसियत दूर करने के उपाय खोजूँ। किन्तु दयालु पत्नी ने जब घर का विद्रूप दूर करने का आश्वासन दिया तब मुझे थोड़ी-सी राहत मिली। अगर केशव को मेरे यहाँ आना ही था, तो तार से पहले सूचना देनी थी जिससे हमें बड़ी सहूलियत हो जाती। संकट-काल में मेहमान दुश्मन होता है। विशेषकर वह जिसने मुझे पहले बहुत अच्छी, सुघर, सम्पन्न और सुव्यवस्थित स्थिति में देखा हो!

केशव बहुत बदल गया था। तमाम बाल सफेद हो गए थे। चेहरे पर गहरी लकीरें बन गई थीं वह बुड्ढा हो गया था। इसके बावजूद उसका स्वास्थ्य बहुत अच्छा था। उसका वक्ष भरा हुआ था। भुजाओं की मांसपेशियाँ दृढ़ थीं। लगता था कि पिछले छह-सात साल से वह दण्ड-बैठक मारता आ रहा हो। उसने तैरने की अच्छी-खासी आदत डाल ली थी। संयमहीन तो वह कभी नहीं रहा था। किन्तु, फिर भी अब उसमें पहले से अधिक स्फूर्ति थी। उसकी प्रशान्त-गम्भीरता कम नहीं हुई थी, लेकिन बोलता ज्यादा था। उसकी शारीरिक हलचल स्फूर्ति-युक्त प्रतीत होती। मुझे लगा कि उसने अपनी परिस्थितियों का ज्यादा मजबूती और अधिक आत्म-विश्वास से मुकाबला किया है। वह काफी हँसता भी था, फब्तियाँ

भी कसता था। मुझे लगा कि उसका अध्ययन भी विस्तृत हो गया है। इधर उसने काफी पढ़ा है। मुझे बराबर यह भान होता रहा कि मैं पिछड़ गया हूँ और वह मुझसे बहुत आगे बढ़ गया है।

जब हम दोनों भोजन को बैठे तो बनियान के भीतर उसके गोरे, सुघर, कसे हुए शरीर को देखकर मैं सन्न रह गया—प्रसन्न नहीं हुआ। गोरे शरीर पर एक बूढ़ा सफेद-भूरा चेहरा! केवल बहुत खूबसूरत मालूम हुआ। निश्चित रूप से, हाँ, चिन्ता की रेखाएँ उसके चेहरे पर थीं। वे काफी गहरी भी थीं। लेकिन क्या वे चिन्ता की थीं? या चिन्तन की? मैं इसका निर्णय नहीं कर सका।

भोजन के दौरान उसने एक बड़ी मजेदार बात कही। उसने हाथ में कौर लेकर मेरी तरफ देखते हुए कहा, "तुममें और मुझमें एक बड़ा भेद है। विचार मुझे उत्तेजित करके क्रियावान् कर देते हैं। विचारों को तुम तुरन्त ही संवेदनाओं में परिणत कर देते हो। फिर उन्हीं संवेदनाओं के तुम चित्र बनाते हो। विचारों की परिणति संवेदनाओं में और संवेदनाओं की चित्रों में। इस प्रकार, तुम में ये दो परिणतियाँ हैं। अगर तुम्हारी कविताएँ किसी को उलझी हुई मालूम हों तो तुम्हें हताश नहीं होना चाहिए...मैं तुम्हारी कविताएँ ध्यान से पढ़ता हूँ।"

मैंने डरते-डरते पूछा, "मेरी कविताएँ तुम्हें अच्छी लगती हैं?"

"उनमें और सफाई की जरूरत है। किन्तु मैं उन लोगों का समर्थक नहीं हूँ जो सफाई के नाम पर, सफाई के लिए 'कॉण्टेण्ट' (काव्य-तत्त्व) की बलि दे देते हैं।"

फिर एक लम्बे समय तक हम दोनों चुप रहे। दो व्यक्ति-बिन्दुओं के बीच की दूरी बढ़ती रही। एक क्षण बाद, दो बिन्दुओं के बीचोंबीच समान रूप से दीर्घ दूरी पर एक मध्य-बिन्दु-अणु बना। उस अणु से एक हाथ की तरफ एक सीधी अणु-रेखा निकली। उसी बिन्दु के दूसरे हाथ की तरफ दूसरी सीधी-सरल अणु-रेखा फूट पड़ी। दोनों रेखाएँ आगे बढ़ने लगीं और उसने हम दो व्यक्ति-बिन्दुओं को एक अणु-प्रशस्त मार्ग रेखा द्वारा जोड़ दिया।

मैंने किसी आकस्मिक उत्साह से कहा, "मेरे ख्याल से महत्त्वपूर्ण बात यह है कि कला के तीन क्षण होते हैं यदि उनमे जरा-सी भी भीतरी कमजोरी रही तो—चाहे वह बौद्धिक आकलन की कमजोरी हो या संवेदन-क्षमता की हो—कृति पर उसका तुरन्त प्रभाव होगा।"

वह मेरी बात सुनकर देर तक सोचता रहा। मैं भी चुप बैठा था। फिर उसने धीरे से कहा, "अपनी बात स्पष्ट करो।"

मैंने जवाब दिया, "कला का पहला क्षण है जीवन का उत्कट तीव्र अनुभव-क्षण। दूसरा क्षण है इस अनुभव का अपने कसकते-दुखते हुए मूलों से पृथक् हो जाना और एक ऐसी फैण्टेसी का रूप धारण कर लेना मानो वह फैण्टेसी

अपनी आँखों के सामने ही खड़ी हो। तीसरा और अन्तिम क्षण है इस फैण्टेसी के शब्द-बद्ध होने की प्रक्रिया का आरम्भ और उस प्रक्रिया की परिपूर्णावस्था तक की गतिमानता। शब्द-बद्ध होने की प्रक्रिया के भीतर जो प्रवाह बहता रहता है वह समस्त व्यक्तित्व और जीवन का प्रवाह होता है। प्रवाह में वह फैण्टेसी अनवरत रूप से विकसित-परिवर्तित होती हुई आगे बढ़ती जाती है। इस प्रकार वह फैण्टेसी अपने मूल रूप को बहुत कुछ त्यागती हुई नवीन रूप धारण करती है। जिस फैण्टेसी को शब्द-बद्ध करने का प्रयत्न किया जा रहा है वह फैण्टेसी अपने मूल रूप से इतनी अधिक दूर चली जाती है कि यह कहना कठिन है कि फैण्टेसी का यह नया रूप अपने मूल रूप की प्रतिकृति है। फैण्टेसी को शब्द-बद्ध करने की प्रक्रिया के दौरान जो-जो सृजन होता है—जिसके कारण कृति क्रमशः विकसित होती जाती है—वही कला का तीसरा और अन्तिम क्षण है। प्रथम क्षण निस्सन्देह अनुभव का क्षण है। उसके बिना आवेग और आगे की गति असम्भव है। मानसिक प्रक्रिया को आत्माभिव्यक्ति की ओर ले जाने के लिए आवश्यक पहला जबरदस्त धक्का यह प्रथम क्षण ही देता है। वह उस गति की दिशा निर्धारित करता है। साथ ही वह उसके तत्त्व रूपायित करता है अर्थात् वह उनको एक आकार प्रदान करता है। साथ ही मजा यह है कि यह अनुभव विचित्र रूप से अन्य मनस्तत्त्वों से जुड़ता हुआ मनस्पटल पर स्वयं को प्रक्षेपित कर स्वयं ही बदल जाता है। ज्यों ही यह घटना होती है अनुभव के मूल अपनी दुखित हुई भूमि से पृथक् हो जाते हैं अर्थात् वे निरे वैयक्तिक न रहकर अपने से परे हो उठते हैं। जो फैण्टेसी अनुभव की व्यक्तिगत पीड़ा से पृथक् होकर अर्थात् उनसे तटस्थ होकर अनुभव के भीतर की ही संवेदनाओं द्वारा उत्सर्जित और प्रक्षेपित होगी, वह एक अर्थ में वैयक्तिक होते हुए भी दूसरे अर्थ में नितान्त निर्वैयक्तिक होगी। उस फैण्टेसी में अब एक भावात्मक उद्देश्य की संगति आ जाएगी। इस भावात्मक उद्देश्य के द्वारा ही वस्तुतः फैण्टेसी को रूप-रंग मिलेगा। किन्तु यह होते हुए भी वह फैण्टेसी यथार्थ में भोगे गए वास्तविक अनुभव की प्रतिकृति नहीं हो सकती। वैयक्तिक से निर्वैयक्तिक होने के दौरान ही उस फैण्टेसी ने कुछ ऐसा नवीन ग्रहण कर लिया कि जिससे वह स्वयं भी वास्तविक अनुभव से स्वतन्त्र बन बैठी। फैण्टेसी अनुभव की कन्या है और उस कन्या का अपना स्वतन्त्र विकासमान व्यक्तित्व है। वह अनुभव से प्रसूत है इसलिए वह उससे स्वतन्त्र है।''

कला का यह दूसरा क्षण है। मैंने कहना जारी रखा, ''किन्तु इस फैण्टेसी को शब्द-बद्ध करने या चित्रित करने की प्रक्रिया के दौरान में ही वह फैण्टेसी पिघलकर उस प्रक्रिया के प्रवाह में बहने लगती है। उस आदिम प्रवाह में फैण्टेसी के सारे रंग धुलकर बहने लगते हैं, सारा व्यक्तित्व और उसकी समस्त चेतना

उस फैण्टेसी के बहते रंगों के साथ बहने लगती है और शब्द-बद्ध होने पर अथवा चित्रित होने पर जो कृति या रचना तैयार होती है वह कृति या रचना कला के दूसरे क्षण की फैण्टेसी की पुत्री है, प्रतिकृति नहीं। इसीलिए मूल फैण्टेसी से उसका व्यक्तित्व स्वतन्त्र, विचित्र और पृथक् है। कला का यह तीसरा या अन्तिम क्षण है। इन तीन क्षणों के बिना कला असम्भव है। इन तीनों क्षणों की विकास-गति के अपने-अपने अलग नियम हैं।''

मैंने कहना जारी रखा, ''यदि तुम्हें इस प्रश्न का उत्तर पाना है कि सौन्दर्य क्या है, अथवा सौन्दर्य-प्रतीति क्या है, सौन्दर्यानुभव क्या है और वह किस प्रकार वास्तविक अनुभव से भिन्न है तो तुम्हें कला के इन तीन प्रधान क्षणों के मनोविज्ञान ही का अध्ययन करना होगा। उनका अध्ययन किए बिना तुम उस सवाल को हल नहीं कर सकते...''

इतना कहकर मैं ठहर गया। मेरी साँस खत्म हो गई। और मैं उत्तर की तलाश में उसकी ओर देखने लगा। किन्तु जवाब इतनी जल्दी मिलनेवाला नहीं था।

दिन बीत गया। हम अपनी-अपनी जिन्दगियों की रिव्यू करने लगे। इस पर्यवलोकन के मूड में हम न मालूम क्या-क्या कहते और सुनते जाते।

दूसरे दिन जब हम रात को सोने को थे कि इतने में उसने कहा, ''कला के तीन क्षण! अच्छा हाइपॉथेसिस है! उस पर सोचना पड़ेगा।''

फिर उसने बल देते हुए कहा, ''एक बात निश्चित है। सौन्दर्य प्रतीति का सम्बन्ध सृजन-प्रक्रिया से है। सृजन-प्रक्रिया से हटकर सौन्दर्य प्रतीति असम्भव हो जाती है।''

वह कहता गया, ''प्राकृतिक सौन्दर्य या नारी सौन्दर्य का अवलोकन व्यक्ति-बद्ध होने से सही अर्थों में सौन्दर्यानुभव नहीं कहा जा सकता।''

मैंने बीच में जोड़ दिया, ''असलियत यह है कि सौन्दर्य तब उत्पन्न होता है जब सृजनाशील कल्पना के सहारे संवेदित अनुभव ही का विस्तार हो जाए। कलाकार का वास्तविक अनुभव और अनुभव की संवेदनाओं द्वारा प्रेरित फैण्टेसी–इन दोनों के बीच कल्पना का एक रोल होता है। वह रोल, वह भूमिका, एक सृजनशील भूमिका है। वही कल्पना उसे वास्तविक अनुभव की व्यक्ति-बद्ध पीड़ाओं से हटाकर, पैठ अब और गहरी-गहरी हो रही है।'' मैं उसकी बात बहुत ध्यान से सुनने लगा।

वह कहता गया, ''कला के क्षणों के भीतर, प्रातिनिधिकता क्यों उत्पन्न होती है? क्यों कलाकार को यह प्रतीत होता है कि उसकी बात सभी के लिए महत्त्वपूर्ण है? मैं पूछता हूँ, ऐसा क्यों?''

''यह इसलिए होता है कि दृष्टि की स्थिति-मुक्त वैयक्तिकता और संवेदना की स्थिति-बद्ध वैयक्तिकता का समन्वय होकर वह समन्वय अपने से उच्चतर

स्थिति में पहुँच जाता है।"

इसीलिए फैण्टेसी में संवेदनात्मक ज्ञान और ज्ञानात्मक संवेदनाएँ रहती हैं। कृतिकार को लगातार महसूस होता रहता है कि उसका अनुभव सभी के लिए महत्त्वपूर्ण और मूल्यवान् है तो मतलब यह कि भोक्तृत्व और दर्शकत्व का द्वन्द्व एक समन्वय में लीन होकर एक-दूसरे के गुणों का आदान-प्रदान करता हुआ सृजन-प्रक्रिया आगे बढ़ा देता है। दर्शक का ज्ञान और भोक्ता की संवेदना परस्पर-विलीन होकर अपने से परे उठने की भंगिमा को प्रोत्साहित करती रहती है। इस प्रकार सृजन-प्रक्रिया के विशिष्ट में सर्वसामान्य महत्त्व प्रतिबिम्बित होता-सा प्रतीत होता है। दूसरे शब्दों में, संवेदना के स्थितिबद्ध गहरे रंग दृष्टि के स्थिति-मुक्त रूप से परिष्कृत होकर प्रातिनिधिक हो उठते हैं। मेरा ऐसा ख्याल है। कला के दूसरे क्षण में उपस्थित फैण्टेसी की इकाई में संवेदनात्मक ज्ञान और ज्ञानात्मक संवेदना कुछ इस प्रकार समाई रहती है कि लेखक उन्हें शब्द-बद्ध करने के लिए तत्पर हो उठता है।

"...यहाँ से कला के तीसरे क्षण का आरम्भ होता है। अब मजा देखिए। मेरी बात ध्यान से सुनना!

"अब यहाँ से एक नए संघर्ष की कहानी शुरू होती है। लेखक ज्यों ही फैण्टेसी शब्दों में व्यक्त करने लगता है, फैण्टेसी के रंग घुलने लगते हैं, और सतत प्रवाहित होने लगते हैं। व्यक्त करने के दौरान प्रकट करने की प्रक्रिया में फैण्टेसी बदलने लगती है...ऐसा क्यों होता है?"

कुछ देर तक चुप्पी रही। वह आगे नहीं बोल सका। उसने प्रश्न उपस्थित कर दिया, जवाब नहीं दे सका। वह मेरी तरफ देखने लगा। बात को आगे चलाने के लिए मैंने कहना शुरू किया...

"होता यह है कि फैण्टेसी को शब्द-बद्ध करने की प्रक्रिया में बहुत से नए तत्त्व उससे आ मिलते हैं। ये तत्त्व उसे लगातार संशोधित करते रहते हैं। ध्यान रखो कि यह फैण्टेसी अनुभव-प्रसूत होते हुए भी अनुभव-बिम्बित होती है। इस फैण्टेसी में वस्तुतः एक भावनात्मक उद्देश्य समाया रहता है। उसमें एक संवेदनात्मक दिशा रहती है। फैण्टेसी के भीतर यह दिशा और उद्देश्य उस फैण्टेसी का मर्म प्राण है।

"दिशा और उद्देश्य के मर्म-प्राण को धारण कर फैण्टेसी गतिहीन नहीं रह सकती। फैण्टेसी गतिहीन स्थिर-चित्र नहीं है। उद्देश्य और उद्देश्य की दिशा के कारण ही वह गतिमय है। फैण्टेसी डायनेमिक होती है। कला के प्रथम क्षण के अन्तिम सिरे पर उत्पन्न होते ही उसकी गतिमानता शुरू हो जाती है। फैण्टेसी, जो शुरू में एक आभास-रूप होती है वह तुरन्त ही अनेक चित्रों की सु-संगत पाँत बनने लगती है। एक-एक मर्म के आसपास ये चित्र संगठित होकर प्रवहमान

होते हैं।

"महत्त्व की बात है कि ज्यों ही फैण्टेसी शब्द-बद्ध होने लगती है फैण्टेसी का भावनात्मक उद्देश्य या कहिए कि फैण्टेसी की प्रधान पीड़ा अपना समर्थन, संरक्षण और पोषण करनेवाले अन्य अनेक जीवनानुभवों के तत्त्वों को समेटने लगती है। फैण्टेसी के भीतर का वह मर्म—जिसमें एक उद्देश्य है, एक पीड़ा है और एक दिशा है—अनेक जीवनानुभवों से समर्थित, संवर्धित, और पुष्ट होकर प्रकट होना चाहता है। इन जीवनानुभवों के चित्र, भाव और स्वर फैण्टेसी के मर्म में घुलने लगते हैं। फैण्टेसी की गतिमानता की धारा में वे प्रवाहित होकर उस धारा को अधिक सार्थक और पुष्ट करते हैं...

"...चूँकि फैण्टेसी के मर्म को शब्द-बद्ध करते समय अनेक अनुभव चित्र, भाव और स्वर तैर आते हैं, इसलिए फैण्टेसी के उद्देश्य और दिशा के निर्वाह के लिए कलाकार को भाव-सम्पादन करना पड़ता है ज़िससे कि केवल मर्म के अनुकूल और उसको पुष्ट करनेवाले स्वर, भाव तथा चित्र ही कविता में आ सकें और इस बीच यदि कोई अन्य अनुकूल मार्मिक अनुभव तैर आए तो उसे भी फैण्टेसी के मर्म की उद्देश्य दिशा में प्रतिपादित कर दिया जाए अर्थात् भाषा-प्रवाहित कर दिया जाए।

"महत्त्व की बात यह है कि कला के तीसरे क्षण में फैण्टेसी का मूल मर्म अनेक सम्बन्धित जीवनानुभवों से उत्पन्न भावों और स्वरों से युक्त होकर इतना अधिक बदल जाता है कि लेखक उस पूरी फैण्टेसी को एक नयी रोशनी में देखने लगता है। मेरा मतलब है मूल फैण्टेसी का मर्म जो सिकुड़ा हुआ एक दर्द था, अब फैलकर एक पर्सपेक्टिव का रूप धारण करने लगता है। इस पर्सपेक्टिव से समन्वित मूल मर्म शब्द-बद्ध होने की प्रक्रिया में बदल जाता है। वह पुराना मर्म न रहकर अब नया बन जाता है। उसमें नए मनस्तत्त्व आ जाते हैं। शब्द-बद्ध होने की प्रक्रिया के दौरान में जब तक उस मर्म में ओज और बल कायम है तब तक वह नए तत्त्व समेटता रहेगा। किन्तु जब वह चुक जाएगा तब गति बन्द हो जाएगी, उद्देश्य समाप्त हो जाएगा। कविता वहाँ पूरी हो जानी चाहिए। यदि वह पूरी नहीं हुई तो मर्म के साक्षात्कार में कहीं कुछ कमी रह गई, दिशा-ज्ञान ठीक नहीं रहा है, उद्देश्य में कुछ कमजोरी आ गई है—ऐसा मानना होगा।"

यहाँ मैं रुक गया। इससे अधिक मैं कुछ भी नहीं कह सका।

रात काफी हो गई थी। सड़कों पर रोशनी के बावजूद अँधेरा बस गया था। सूनापन बोल रहा था। हवा देह से चिपक रही थी। मन बहक गया था। मेरा मित्र चुप था। क्यों था?

जिन्दगी ही ऐसी है। कोई विचार, किसी के कहने से, अपने खुद के कहने

से, मन में उदित नहीं होता। मेरा मित्र अब मुझसे विदा हो गया है। अपने मत को प्रकट न करते हुए अब वह बहुत दूर चला गया है। उसके साथ दिन अच्छे कटे।

बहुत दिनों बाद उसकी चिट्ठी आई। चिट्ठी नहीं थी, वह थीसिस थी। केवल अन्त में, 'भाभी को प्रणाम, बच्चों को प्यार' आदि लिखा था। मैंने चिट्ठी पढ़ी नहीं। टेबिल के दराज में डाल दी जिससे कि फुरसत के वक्त अध्ययन कर सकूँ। किन्तु मैं समय मिलने पर भी उसे पढ़ नहीं पाया। इतने में उसका रिमाइण्डर भी आ गया। मैंने उसको भी दराज में डाल दिया।

असल में उन दिनों घर में बीमारियों ने कई बिस्तर बिछा रखे थे। जिन्दगी में मुझे उन बातों की तालीम लेना पड़ी है कि जिन बातों को मेरे स्वभाव के विरुद्ध कहा जा सकता है। फलतः स्वभाव-विरुद्ध बातों की अनिवार्यतः तालीम लेने की भीषण प्रक्रिया में मेरी तबीयत भी खराब हो गई।

फिर एक रात को जब कराहें सोई हुई थीं और घर के आले में रखा दीया शान्त रोशनी फैला रहा था, तब मैं अशान्त मन से जिन्दगी के बारे में सोचने लगा। मैं बहुत उदास हो उठा। लगा कि मेरी जिन्दगी असफलता की डाढ़ों में पड़ी हुई एक बेबस आँत है!!

ऐसे ही ख्यालों में डूबता-उतराता मैं अन्तर्राष्ट्रीय घटना-चक्रों की तसवीरों तक पहुँच गया। अखबार-नवीस होने के नाते मैं नए विचारों को टीप लिया करता था। कागज की तलाश में टेबिल की दराज खोली तो उसमें मित्र का पत्र और पत्र का रिमाइण्डर दोनों मिले। मित्र की याद ने दिल हलका किया। मैं उसकी चिट्ठी कई बार पढ़ गया। वह चिट्ठी एक ठण्डे दिमाग की उपज थी। फिर भी मुझे वह गुलाब के इत्र से तर मालूम हुई। कहना न होगा कि पत्र की पृष्ठ-संख्या कोई पचीस थी। बारीक, सुडौल अक्षर, सुन्दर-स्वच्छ लिखावट और जहाँ—आवश्यक हों वहीं-वहीं पैरे—इस प्रकार से शोभायमान वह चिट्ठी थी या चिट्ठी का बाप 'चिट्ठा' था—नहीं कह सकता।

दिन बीतते गए और अब मेरे सामने मेरे जवाब का जवाब पड़ा हुआ है। केशव ने बहुत ठाठ से लिखा है...

"...यह सच है कि शब्द-बद्ध होने की प्रक्रियाओं में फैण्टेसी बदलने लगती है। यह कैसे होता है?

"मेरे खयाल से इसके दो कारण हैं। दोनों कारण एक-दूसरे से जुड़े हुए हैं।

"कला का तीसरा क्षण कला का अत्यन्त महत्त्वपूर्ण और पूर्णक्षण है। यहाँ से फैण्टेसी साहित्यिक कलात्मक अभिव्यक्ति का रूप धारण करने लगती है।

"यहाँ से शब्द-साधना शुरू होती है। शब्द के अपने ध्वनि अनुषंग होते हैं, जिनमें चित्र और ध्वनि दोनों शामिल हैं। कलाकार अपने हृदय के तत्त्व के

रंग, रूप, आकार के अनुसार, अभिव्यक्ति का रंग-रूप और आकार तैयार करना चाहता है। इसलिए उसे अपने हृदय की भावध्वनियों की, शब्दों की, अर्थ-ध्वनियों से अनवरत तुलना करनी पड़ती है।

"इसके दो परिणाम होते हैं : (1) भाव-ध्वनियों को उपलब्ध शब्द-ध्वनियों के कठघरे में फँसाने का प्रयत्न जिसके फलस्वरूप काफी कुछ मनस्तत्त्व अपना मौलिक और मूल तेज त्यागकर एक नए सन्दर्भ से सम्बद्ध आकार में प्रकट होते हैं। कई कवि तो भाषा की चमक और सफाई के लिए अपने भाव-तत्त्वों का बलिदान भी कर देते हैं। इस प्रकार हम देखते हैं कि शब्द-बद्ध होने की प्रक्रिया में फैण्टेसी की ही काट-छाँट होने लगती है। (2) किन्तु इसके विपरीत दूसरी महत्त्वपूर्ण बात यह है कि अभिव्यक्ति-साधना के दौरान स्वयं अभिव्यक्ति फैण्टेसी को सम्पन्न और परिपूर्ण करने लगती है। फैण्टेसी अपने को प्रकट करने के लिए समानार्थ-वाचक शब्दों को लाती है। भाषा एक जीवित परम्परा है। शब्दों में एक स्पन्दन है। शब्दों में जो अर्थ-स्पन्दन है वह फैण्टेसी द्वारा उद्बुद्ध होकर नयी भाव धाराएँ बहा देता है। ये भाव-धाराएँ फैण्टेसी की समीपवर्ती भाव-धाराएँ हैं। वे फैण्टेसी के जगत् को और भी विस्तृत कर देती हैं, उसके मौलिक तेज को और भी फैला देती हैं। इन भाव-धाराओं में अनेकों नए-पुराने अनुभव अपने-पराये भाव सब प्रवाहित होते रहते हैं। फैण्टेसी के जगत् की अर्थमत्ता तो उनसे बढ़ जाती है, साथ ही उनके द्वारा फैण्टेसी को एक नया पर्सपेक्टिव प्राप्त हो जाता है। इस पर्सपेक्टिव से संयुक्त होकर फैण्टेसी एक तेजोवलय में चमकने लगती है। फैण्टेसी अब पूर्णरूप से सार्वजनीन हो जाती है।

"ऐसा क्यों? भाषा सामाजिक निधि है। शब्द के पीछे एक अर्थ-परम्परा है। ये अर्थ जीवनानुभवों से जुड़े हुए हैं। फैण्टेसी अपने अनुकूल शब्दों में स्थित अर्थ-स्पन्दन को उद्बुद्ध करती है। इन शब्दों के ढाँचों में फैण्टेसी को फिर करना पड़ता है, इसलिए फैण्टेसी का मौलिक तेज काफी कट-छँट जाता है। शब्दों के पीछे की अर्थ-परम्परा फैण्टेसी के मूल रंगों को छाँट देती है, उसके आकार में परिवर्तन कर देती है, उसकी मौलिक गहनता अर्थात् व्यक्तिगत सन्दर्भ भी तराश देती है। कई कवि शब्दों की अर्थ-परम्परा से आच्छन्न होकर, भाषा की सफाई और चमक के निर्वाह के लिए प्रकटीकरण के हेतु आतुर भाव-तत्त्वों को ही काट देते हैं।

"इसके विपरीत फैण्टेसी द्वारा उद्बुद्ध शब्दों के अर्थ-अनुषंग और उनसे सम्बद्ध चित्र नयी भाव-धाराएँ बहा देते हैं। ये भाव-धाराएँ फैण्टेसी के अनुकूल और समीपवर्ती होती हैं। उन भाव-धाराओं में अनेकों नये-पुराने अनुभव और अपने-पराये भाव होने से फैण्टेसी की अर्थमत्ता का विस्तार हो जाता है, साथ ही इस विस्तृत क्षेत्र में ये भाव-धाराएँ फैण्टेसी पर और फैण्टेसी इन भाव-धाराओं

पर क्रिया-प्रतिक्रिया करने लगती हैं। इस क्रिया-प्रतिक्रिया से फैण्टेसी का क्षेत्र और विस्तृत हो जाता है, अनुभव को पर्सपेक्टिव प्राप्त हो जाता है। फैण्टेसी के भीतर के मूल उद्देश्य और दिशा में विस्तार भर उठता है।

"दूसरे शब्दों में, कला के तीसरे क्षण में सृजन-प्रक्रिया जोरों से गतिमान होती है। कलाकार को शब्द-साधना द्वारा नए-नए अर्थ-स्वप्न मिलने लगते हैं पुरानी फैण्टेसी अब अधिक सम्पन्न, समृद्ध और सार्वजनीन हो जाती है। यह सार्वजनीनता, अभिव्यक्ति-प्रयत्न के दौरान शब्दों के अर्थ-स्पन्दनों द्वारा पैदा होती है। अर्थ-स्पन्दनों के पीछे सार्वजनिक सामाजिक अनुभवों की परम्परा होती है। इसलिए अर्थ-परम्पराएँ न केवल मूल फैण्टेसी को काट देती हैं, तराशती हैं, रंग उड़ा देती हैं, वरन् उसके साथ ही वे नया रंग चढ़ा देती हैं, नए भावों और प्रवाहों से उसे सम्पन्न करती हैं, उसके अर्थ-क्षेत्र का विस्तार कर देती हैं।

"इसीलिए अभिव्यक्ति-प्रयत्न के दौरान, कवि को नए साक्षात्कार होने लगते हैं। एक ओर मूल फैण्टेसी के मूल-मर्म की अभिव्यक्ति पर उस सम्पूर्ण-व्यक्तित्व का केन्द्रीकरण हो जाता है तो दूसरी ओर इस केन्द्रीकरण के फलस्वरूप उसके व्यक्तित्व का विस्तार होने लगता है। उसे नए-नए साक्षात्कार होने लगते हैं। एक साक्षात्कार कई भाव-सत्यों का उद्घाटन करता है। एक साक्षात्कार कवि को दूसरे साक्षात्कार तक पहुँचा देता है। इस प्रकार यह प्रक्रिया चालू रहती है।

"इस मनोवैज्ञानिक प्रक्रिया के पीछे भाषा की अगाध अनवरत साधनाशक्ति है। भाषा फैण्टेसी को काटती-छाँटती है और इस प्रक्रिया के विपरीत फैण्टेसी भाषा को सम्पन्न और समृद्ध भी करती है।

"कवि की यह फैण्टेसी भाषा को समृद्ध बना देती है, उसमें नए अर्थ-अनुषंग भर देती है, शब्द को नए चित्र प्रदान करती है। इस प्रकार, कवि भाषा का निर्माण करता है। जो कवि भाषा का निर्माण करता है, विकास करता है, वह निस्सन्देह महान कवि है।

"इस प्रकार कला के तीसरे क्षण में मूल द्वन्द्व है—भाषा तथा भाव के बीच। इन दोनों की परस्पर प्रतिक्रिया और संघर्ष बहुत उलझे हुए होते हैं। और वे उन दोनों को बदलते रहते हैं। इन दोनों में संशोधन होता जाता है। वह द्वन्द्व अत्यन्त महत्त्वपूर्ण और सृजनशील है। भाषा, एक परम्परा के रूप में, फैण्टेसी के मूल रंग को विस्तृत कर देती है, किन्तु साथ ही उस फैण्टेसी में संशोधन भी उपस्थित करती जाती है। साथ ही फैण्टेसी अपने मूल रंगों के निर्वाह के लिए, अपने मूल रंगों की अभिव्यक्ति के लिए, भाषा पर दबाव लाती है, उसके शब्दों और मुहावरों में नयी अर्थमत्ता, नयी अर्थ-क्षमता, नयी अभिव्यक्ति भर देती है। कला के तीसरे क्षण में यह महत्त्वपूर्ण द्वन्द्व है।

"इसीलिए कलाकार को यह महसूस होता रहता है कि जो उसे कहना था, वह पूर्ण रूप से नहीं कह सका और ऐसा बहुत कुछ कह गया जो, शुरू में; उसे मालूम नहीं था कि कह जाएगा!! क्या यह भावना तुम्हें नहीं होती?"

केशव के पत्र के मैंने कुछ अंश यहाँ प्रस्तुत किए। पत्र पढ़कर मुझे दुःख भी हुआ, सुख भी। दुःख इसलिए कि इस बीच मैं स्वयं बहुत उलझ गया था और सुख इसलिए कि केशव ने मेरी बात बहुत आगे बढ़ा दी। मेरा ख्याल है कि केशव इन बातों का अब परीक्षण और पुनःपरीक्षण करता होगा।

निस्सन्देह, केशव एक दिलचस्प आदमी है। किन्तु सबसे बड़ी बात है कि वह मेरा मित्र है। निस्सन्देह, उसके साथ कोई नया काम शुरू करना आवश्यक है। मुझे बड़ी मदद होगी।

काव्य की रचना-प्रक्रिया

एक*

काव्य की रचना-प्रक्रिया के अन्तर्गत तत्त्व--बुद्धि, भावना, कल्पना, इत्यादि--एक होते हुए भी प्रभाव-संगठक आन्तरिक उद्देश्यों की भिन्नता के साथ ही रचना-प्रक्रिया भी वस्तुतः बदल जाती है। गेय काव्य (लिरिकल पोएट्री) की रचना-प्रक्रिया उस कविता की रचना-प्रक्रिया से बिल्कुल भिन्न है, जो मन की किसी प्रतिक्रिया-मात्र का रेखांकन करती है।

भावानुरूप, संवेदनानुसारी शब्द-क्रम शैली की रचना कवि के लिए आसान काम नहीं है। महत्त्वपूर्ण बात यह है कि यथोचित अभिव्यक्ति के विकास के दौरान में, अर्थात् ध्वनि-बिम्बवती शब्द-क्रम शैली के विकास के दौरान में, कवि अपने भाव-स्वभाव से घनिष्ठ रूप से परिचित होता जाता है। वह शब्दों में वास करनेवाले अर्थ-बिम्बों और अर्थ-ध्वनियों की तुलना अपने भाव-दृश्यों से करने लगता है। और इस नेत्रमयी तुलना के दौरान में, वह इस बात से अधिकाधिक सचेत होता जाता है कि वह किस प्रकार के चित्रों तथा ध्वनियों द्वारा कौन-सा संवेदनात्मक प्रभाव उत्पन्न करना चाहता है। संवेदनानुसारी शब्द-चेतना का विकास कवि के लिए महत्त्वपूर्ण है। शब्द-चयन की भावानुसारिता को घटित करनेवाली आत्म-चेतना, अर्थात् स्वयं के भाव-स्वभाव, से घनिष्ठ परिचय के अभाव में व्यक्तिगत अभिव्यक्ति-शैली का विकास नहीं हो सकता।

सामान्यतः, यह देखा गया है कि कवि-व्यक्तित्व, अपनी कुछ विशिष्ट और प्रबल आवश्यकताओं के अनुसार, कुछ विशेष भाव-श्रेणियों को ही प्रकट करता रहता है, मानो वे उसके जीवन के स्थायी भाव हों। उन्हें प्रभावोत्पादक रूप से प्रकट करने के उसके अथक निरन्तर परिश्रम के तथा अभ्यास के फलस्वरूप, धीरे-धीरे एक अर्से बाद, उसकी वे भाव-श्रेणियाँ और उनकी अभिव्यक्ति, एक संगठित इकाई बनकर, साहित्यिक 'कण्डीशंड रिफ़्लेक्स' का रूप धारण कर लेती है।

यहाँ हम रचना-प्रक्रिया के आन्तरिक क्षेत्र में पहुँच रहे हैं। होता यह है कि नये कवि को अपनी वास्तविक अभिव्यक्ति पाने के लिए, यानी अपने

---

* सम्भावित रचनाकाल 1959 के बाद। 'नयी कविता का आत्मसंघर्ष' में संकलित।

आभ्यन्तरिक वास्तव से साक्षात्कार के लिए, अनेकानेक काव्य-प्रयोग करते हुए एक लम्बा समय गुज़ार देना पड़ता है। इन विविध रूप, बहुमार्गानुसारी प्रयोगों के अनवरत क्रम की अन्तिम परिणति होती है, अपनी मूलभूत आभ्यन्तर वास्तविकता के संवेदनात्मक साक्षात्कार में। दूसरे शब्दों में, कवि-जीवन की प्रथमस्तरीय उपलब्धि, उस अन्तःप्रकृति से साक्षात्कार है, जो अपना कुछ विशेष कहना चाहती है, जिसके पास कुछ विशेष कहने के लिए है। इस आत्म-चेतना के प्रत्यक्ष संवेदनात्मक ज्ञान के बिना, कोई कवि मौलिक नहीं हो सकता।

प्रथमस्तरीय उपलब्धि के बाद, अर्थात् अपने आभ्यन्तर वास्तव के संवेदनात्मक ज्ञान के अनन्तर, अथवा उसके साथ-ही-साथ, कुछ विशेष महत्त्वपूर्ण बातें होने लगती हैं। उनमें से एक है आलोचना धर्म का विकास। इस आलोचन धर्म द्वारा परिचालित होकर, आभ्यन्तर वास्तव अपने विशेष भावों की अभिव्यक्ति के लिए, अनेकों रूपों अर्थात् कल्पना-चित्रों तथा शब्द-ध्वनि को अस्वीकार करते हुए, अन्य ध्वनियों तथा कल्पना-चित्रों को स्वीकार करता चलता है। विचित्र संस्कारों के वशीभूत होकर, आलोचन-धर्म कई प्रकार के 'सेंसर्स' अर्थात् निषेधों का प्रयोग करता है। यदि ये निषेध युक्तियुक्त और उचित न हुए तो कविता बहुत ही दुर्बोध हो उठती है। आलोचन-धर्म के साथ-ही-साथ, तथा उसके अतिरिक्त, एक बात और भी होती जाती है, जो महत्त्वपूर्ण है। वह है, भावों का आभ्यन्तर सम्पादन। रचना-प्रक्रिया से अभिभूत कवि जब भावों की प्रवहमान संगति संस्थापित करता चलता है, तब उस संगति की संस्थापना में उसे भावों का सम्पादन यानी एडीटिंग करना पड़ता है। यदि वह इस प्रकार भावों की काट-छाँट न करे, तो मूल प्रकृति उसे सम्पूर्ण रूप से अपनी बाढ़ में बहा देगी, और उसकी कृति-विकृति में परिणत हो जाएगी। अनुभवी कवि आभ्यन्तर भाव-सम्पादन का महत्त्व जानता है।

भावों की प्रवहमान संगति की संस्थापना के हेतु जब आभ्यन्तर भाव-सम्पादन होने लगता है तब एक और विलक्षण बात होती है। वह है सृजन। मूल प्रकृति के तल से आभ्यन्तर वास्तव के कुछ विशेष उद्वेगों या प्रतिक्रियाओं द्वारा परिचालित होकर, जब भाव-सम्पादन पूर्ण हो जाता है, तब उसमें एक नया तत्त्व आ जाता है—एक ऐसा तत्त्व, जो कदाचित् प्रारम्भ में कथ्य नहीं था, किन्तु जो, भावों की प्रवहमान संगति की संस्थापना पूर्ण होते ही, उसके भीतर उद्घाटित हो गया। असल में यह कहना कठिन है कि आभ्यन्तर भाव-सम्पादन की शैली-विशेष के कारण वह द्योतित हो उठा है, अथवा उस पूरी प्रक्रिया में से गुजरने के कारण, लगे हाथों, कुछ उद्घाटन हो गए हैं, जिनमें से एक वह भी है। शायद ये दोनों ही बातें होती होंगी। किन्तु यह निश्चित है कि वह भाव-सम्पादन की लगभग अनिवार्य उपलब्धि है। इसीलिए, कविता पूरी होने पर

कवि को यह प्रतीत होता है कि वह कविता में कुछ ऐसा विशेष कह गया है अथवा उद्घाटित कर गया है, जो प्रारम्भ में उसका कथ्य था ही नहीं।

द्वितीय स्तर पर पहुँचकर कवि अपने कुछ मूल स्थायी भावों अथवा कुछ भाव-श्रेणियों की समुचित अभिव्यक्ति कर चुकता है। उसका काव्य-रचनामूलक आलोचन-धर्म तथा भाव-सम्पादन इतना परिपक्व हो चुकता है कि उसे अपनी अभिव्यक्ति के लिए अब विशेष कष्ट नहीं हो पाता। तब तक वह अभिव्यक्ति के मानसिक रूपों—अर्थात्, बिम्बों, चित्रों, निवेदनात्मक भंगिमाओं तथा विभिन्न लयों—पर न केवल अधिकार प्राप्त कर चुकता है, वरन् उन चित्रों, बिम्बों तथा निवेदन-भंगिमाओं को वह अपने विशिष्ट भावों और भाव-छायाओं से अभिन्नतः संयुक्त कर देता है। दूसरे शब्दों में, वह अपने भावों की अभिव्यक्ति के लिए एक रूप-रचना तैयार कर लेता है, कि जो रूप-रचना उसके लिए उन भावों से अविच्छिन्न रूप से संयुक्त रहती है, और उनसे कदापि पृथक् अथवा विच्छिन्न नहीं की जा सकती।

वस्तुतः, भावों की प्रवहमान संगति की संस्थापना के दौरान में, आभ्यन्तर भाव-सम्पादन, सक्रिय आलोचन-धर्म की सहायता द्वारा, विभिन्न भावों का विभिन्न अभिव्यंजक रूपों से घनिष्ठ संयोजन स्थापित कर देता है। काव्य-रचना के अनवरत श्रम और अभ्यास के फलस्वरूप, यह संयोजन अभेद्य हो जाता है। यही स्थिति-स्थापना अर्थात् 'कण्डीशनिंग' है। यही स्थिति-स्थापना अत्यन्त दृढ़ और आगे चलकर विघ्नकारी हो जाती है।

यहाँ से कवि-जीवन के अगले स्तर का आरम्भ हो जाता है। बशर्ते कि कवि अभी भी विकास-पथ पर हो। कवि को अब यह प्रतीत होने लगता है कि अब तक वह जिसे अपनी अन्तःप्रकृति से साक्षात्कार कहता आया है, वह वस्तुतः उसके विगत भाव-जीवन की कुछ विशेष मूलबद्ध भाव-श्रेणियों का बोध-मात्र था। उसको अब इस स्तर पर आकर यह प्रतीत होने लगता है कि उसका वास्तविक भाव-जीवन कुछ ही, अर्थात् सीमित, भाव-श्रेणियों में बद्ध करके नहीं आँका जा सकता। यही नहीं, वरन् वे उसके पुराने स्थायी भाव और वे भाव-श्रेणियाँ, अपना पुराना तनाव बिल्कुल खो चुकी हैं। लेकिन मुश्किल यह है कि पुरानी भावाभिव्यक्ति के पुराने उत्पादन, और पुराने उपादानों से समन्वित पुराने भाव—अर्थात् सोचने, प्रकट करने, विचार करने, अनुभव करने, की पुरानी आदतें—प्रबल रूप से विराजमान हैं। दूसरे शब्दों में, कवि ने पहले से ही अपनी जो स्थिति-स्थापना करके रखी है, वह अब पग-पग पर उसके आड़े आ रही हैं। अगर वह आत्मानुभूत नए भावों को प्रकट करने की कोशिश भी करता है तो भी पुराने भावों से गर्भित उपमाएँ और पुराने भावों से संयुक्त प्रतीक नवीन अर्थ-सत्ता को समाप्त कर देने पर तुले रहते हैं।

किन्तु बहुतेरे कवि इन कठिनाइयों के बोध तक, जीवन के इस घुमाव तक, आ ही नहीं पाते। वे आगे के विकास के बजाय अपने ही आसपास घूमते रहते हैं। फलतः उनके पूर्व की स्थिति-स्थापना, यान्त्रिक रूप से, पुरानी गूँजें प्रकट कराती रहती है। उनके खुद के तैयार किए पुराने शिकंजे—यानी पुराने भाव और उनकी अभिव्यक्ति—उन्हें आगे बढ़ने नहीं देते। कण्डीशंड साहित्यिक रिफ़्लेक्सेज़ यन्त्रवत् कविताएँ तैयार करवाते हैं, मनोवेग यान्त्रिक हो जाते हैं, अभिव्यंजक रूप जड़ीभूत हो जाते हैं। कवि अपने बनाए कठघरे में फँस जाता है। और एक समय आता है जब कवि कतई मर जाता है, किन्तु उसका शरीर शतायु रहता है।

भाव तथा उसकी अभिव्यक्ति की यह जड़ीभूत वृत्ति यदि हिला-डुलाकर जबर्दस्ती लचीली न बनायी जाए तो अजीब दृश्य सामने आते हैं। उदाहरणतः तत्त्व तो होता है अत्यन्त आधुनिक, किन्तु उसकी रूप-योजना होती है बहुत पुरानी। कहा तो यह जाता है कि तत्त्व अपना स्वयं का रूप विकसित करता है, किन्तु उसे अपना रूप विकसित करने की स्वतन्त्रता दी जाए तब न। वास्तविकता यह है कि स्वयं के द्वारा विकसित किए गए व्यवधान, जो कण्डीशंड साहित्यिक रिफ़्लेक्सेज़ का ही एक अंश होते हैं, उस आधुनिक तत्त्व की आधुनिक अर्थ-सत्ता को समाप्त कर देने की राह देखते रहते हैं।

कण्डीशंड साहित्यिक रिफ़्लेक्सेज़ बनने का नियम प्राकृतिक है। किन्तु उसके साथ यह भी स्वाभाविक है कि कवि-मनुष्य के अन्तर्व्यक्तित्व में परिवर्तन होता जाए। इस परिवर्तन के फलस्वरूप उत्पन्न होनेवाली नयी भाव-श्रेणियाँ, पुराने रिफ़्लेक्सों से टकराएँगी ही। यदि साहसपूर्वक कवि इस आत्मसंघर्ष को तीव्र करता गया, और आत्म-निरीक्षण द्वारा उसे और सार्थक बनाता गया, तो यह आशा की जानी चाहिए कि वह नयी भूमि की खोज करके रहेगा।

किन्तु इस आत्मसंघर्ष में बहुतेरे विघ्न उपस्थित होते रहते हैं। सबसे बड़ा विघ्न तो यह उत्पन्न होता है कि पुराने कण्डीशंड साहित्यिक रिफ़्लेक्सेज़ द्वारा तैयार की गई मूल्य-भावना नयी मूल्य-भावना के पैर ज़मने ही नहीं देती। उदाहरणतः, कवि ने कुछ साहसपूर्वक नया लिखा भी कि वही कवि, स्वयं, काव्य-श्रेष्ठता की अपनी पुरानी संवेदनाओं के अनुसार, नयी रचना को तौलने लगता है। जब उसे यह मालूम होता है कि काव्य-श्रेष्ठता की उसकी मूलबद्ध (पुरानी) संवेदना के अनुसार, वह नया कुछ मूल्य नहीं रखता, तो वह कवि नयी दिशा में विशेष साहस नहीं कर पाता। दूसरे शब्दों में, कण्डीशंड साहित्यिक रिफ़्लेक्सेज़ उसे खूब ही छकाते हैं।

आत्मसंघर्ष के दौरान में एक बड़ी बाधा यह उत्पन्न होती है कि कवि अपने को हमेशा शुरू की सीढ़ी पर, एक अल्प-बुद्धि 'बिगिनर', एक नौसिखिया

उम्मीदवार, के रूप में ही पाता है। साथ ही, वह एक विचित्र प्रकार का अकेलापन महसूस करता है, क्योंकि जिस काम में वह व्यस्त है उसमें शायद ही कोई संलग्न हो। एक ओर, प्रकट होने के लिए बेचैन यथार्थ उसकी क्षमता को चुनौती देता है। यहाँ तक कि कभी-कभी उस चुनौती को ग्रहण करने के दौरान में, कण्डीशंड साहित्यिक रिफ़्लेक्सेज़ बीच में आकर उसके हृदय में आत्मविश्वास की हानि की घटना घटित कर देते हैं। मेरी अनगिनत कविताएँ इस घटना से खण्डित होकर इधर-उधर बिखरी पड़ी हैं।

आत्मसंघर्ष का अर्थ, कवि के हृदय में, केवल नए और पुराने के बीच झगड़ा ही नहीं है। कण्डीशंड साहित्यिक रिफ़्लेक्स, कवि को उसके नए अनुरोधों और उद्वेगों से हटाकर, उसके अलग रूपों और चित्रों की तरफ़ उसे ले जाते हैं। किन्तु जिस कवि में आत्म-निरीक्षण जितना तीव्र होगा, वह कण्डीशंड साहित्यिक रिफ़्लेक्सेज़ से उतना ही जूझ सकेगा। निःसन्देह इस आत्म-निरीक्षण के अन्तर्गत अपने मूल कथ्य के महत्त्व की पहचान भी है। इस नयी भावना के प्रति जो कवि जितना ईमानदार और आग्रहशील रहेगा, वह धीरे-धीरे नयी अभिव्यक्ति का रास्ता खोज लेगा।

रचना-प्रक्रिया, वस्तुतः, एक खोज और एक ग्रहण का नाम है। अभिव्यक्ति के कार्य के दौरान में कवि नयी खोज भी कर लेता है। इस तथ्य को मैं एक उपमा चित्र द्वारा स्पष्ट करना चाहूँगा।

वीरान मैदान, अँधेरी रात, खोया हुआ रास्ता, हाथ में एक पीली मद्धिम लालटेन। यह लालटेन समूचे पथ को पहले से उद्‌घाटित करने में असमर्थ है। केवल थोड़ी-सी जगह पर ही उसका प्रकाश है। ज्यों-ज्यों वह पग बढ़ाता जाएगा, थोड़ा-थोड़ा उद्‌घाटन होता जाएगा। चलनेवाला पहले से नहीं जानता कि क्या उद्‌घाटित होगा। उसे अपनी पीली मद्धिम लालटेन ही का सहारा है, इस पथ पर चलने का अर्थ ही पथ का उद्‌घाटन होना है, और वह भी धीरे-धीरे, क्रमशः। वह यह भी नहीं बता सकता कि रास्ता किस ओर घूमेगा या उसे किन घटनाओं या वास्तविकताओं का सामना करना पड़ेगा। कवि के लिए, इस पथ पर आगे बढ़ते जाने का काम महत्त्वपूर्ण है। वह उसका साहस है। वह उसकी खोज है। बहुतेरे लोग, जिनमें कवि भी शामिल हैं, इस तथ्य को भूल जाते हैं, क्योंकि वे उस पर चलना नहीं चाहते, अथवा बीच में से ही भाग जाना चाहते हैं।

इस रास्ते पर बढ़ने के लिए, निःसन्देह आत्मसंघर्ष करना पड़ता है। केवल एक लालटेन है, जिसके सहारे उसे चलना है।

इस उपमा को देखकर बहुतेरे लोग यह आरोप लगाएँगे कि यहाँ किसी अवचेतनवादी सिद्धान्त का निरूपण हो रहा है। किन्तु कोई भी रचनाकार यह जानता है कि रचना के बढ़ते जाने के मार्ग का नक़्शा, रचना के पूर्व नहीं बनाया जा

सकता, और यदि बनाया गया तो वह यथातथ्य नहीं हो सकता। रचना-प्रक्रिया, वस्तुतः, एक स्वायत्त प्रक्रिया है। और वह किन्ही मूल उद्वेगों और अनुरोधों के सहारे चली चलती है। ये उद्वेग और अनुरोध ही वह लालटेन है, जिसको हाथ में लेकर उसे आगे चलना होता है।

और यह पथ क्या है? वस्तुतः बाह्य संसार का आभ्यन्तरीकृत रूप है। बाल्यकाल से ही मनुष्य, बाह्य संसार का अनवरत आभ्यन्तरीकरण करता रहा है। और इस प्रकार वह उस आभ्यन्तरीकृत बाह्य को उन विशेषताओं से समन्वित और सम्पादित करता रहा है, जो उसके 'स्व' की विशेषताएँ हैं।

यह आभ्यन्तरीकृत बाह्य, या कहिए कवि की अपनी सम्पत्ति अथवा, दूसरे शब्दों में, कवि का मनोजगत्, किन्हीं उद्वेगों या अनुरोधों से विचलित होकर कल्पना-नेत्रों के सामने चंचल हो उठता है। उसे प्रतीत होता है कि उसकी चेतना अँधेरे मैदान में बहनेवाली सरिता है, जिसकी लहरें कुछ क्षणों के लिए चमक-चमक उठती हैं।

उसके चेतन-बोध, यानी ध्यान के ओट के कारण ही वह इस आभ्यन्तर वास्तव को रहस्यमय ही समझेगा। यह उसके लिए स्वाभाविक ही है। किन्तु जब वह रचना कर चुकता है, तो उसकी रचना, वस्तुतः, पुनर्रचित जीवन ही होती है—वह जीवन, जो आत्म-पक्ष और वस्तु-जगत् की क्रिया-प्रक्रिया के उलझे रूप से बना हुआ है।

चूँकि कवि का आभ्यन्तर वास्तव बाह्य का आभ्यन्तरीकृत रूप ही है, इसीलिए कवि को अपने वास्तविक जीवन में रचना-बाह्य काव्यानुभव जीना पड़ता है। कवि केवल रचना-प्रक्रिया में पड़कर ही कवि नहीं होता, वरन् उसे वास्तविक जीवन में अपनी आत्म-समृद्धि को प्राप्त करना पड़ता है और मनुष्यता के प्रधान लक्ष्यों से एकांकार होने की क्षमता को विकसित करते रहना पड़ता है। यही कारण है कि काव्य केवल एक सीमित शिक्षा और संस्कार नहीं है, वरन् एक व्यापक भावनात्मक और बौद्धिक परिष्करण (कल्चर) है—वह कल्चर, वह परिष्कृति, जो वास्तविक जीवन में प्राप्त करनी पड़ती है।

बाह्य का आभ्यन्तरीकरण एक मनोवैज्ञानिक प्रक्रिया है। यदि यह आभ्यन्तरीकरण, बचकाने ढंग से, दूषित दृष्टि से, अवैज्ञानिक रूप से और मनो-विकृतियों से, ग्रस्त होकर किया गया हो, तो तुरन्त ही उसका साहित्य पर भी परिणाम होता है। इसीलिए कवि के लिए सतत आत्म-संस्कार आवश्यक है, जिससे बाह्य का आभ्यन्तरीकरण सही-सही हो।

ध्यान रहे कि मनोवेगों में स्वयं-स्फूर्ति के अतिरिक्त यान्त्रिकता भी होती है। यही यान्त्रिकता विवेक की शत्रु है। अपने से ऊपर उठकर सोचने-समझने की शक्ति तथा भावना, मन की संवेदना—ये दो छोर हैं स्रष्टा मन के।

जगत्-जीवन के संवेदनात्मक ज्ञान और ज्ञानात्मक संवेदना में समाई हुई

मार्मिक आलोचन-दृष्टि के बिना कवि-कर्म अधूरा है।

विश्व-संघर्ष की पार्श्वभूमि में व्यक्ति-संघर्ष और विश्व-स्थिति की पार्श्वभूमि में व्यक्ति-स्थिति रखकर, अन्तर्बाह्य वास्तविकताओं से प्रेरित जो लक्ष्य-चित्र आविर्भूत होते हैं, वे भव्य प्रेरणाओं को उत्सर्जित करते हैं। मेरा अनुभव मुझे यह बताता है कि नयी कविता में नियो-क्लासिसिज़्म के बीज पक चुके हैं। और अभी से विभिन्न कवियों में उसकी आशाएँ प्रकट हो रही हैं।

हिन्दी में इन दिनों दो प्रकार के वर्ग काम कर रहे हैं। एक, उच्च-मध्यवर्गीय जन, दूसरे, निम्न-मध्यवर्गीय जन। इन दोनों के बीच की खाई लगातार चौड़ी होती जा रही है। विश्व का जो आभ्यन्तरीकरण ये दो वर्ग करते जा रहे हैं, उसमें बड़ा भेद दृष्टिगत हो रहा है। इन दोनों श्रेणियों की प्रधान भावनाएँ एक-दूसरे से जुदा हो चुकी हैं। दोनों के सामने दुनिया दो अलग संवेदनात्मक रूपों में प्रस्तुत हो रही है। प्रगतिशील जीवन-मूल्य निम्न-मध्यवर्गीय श्रेणी के भावना-चित्रों में अधिक पाए जाते हैं। इस श्रेणी में, जीवन-संघर्ष की अधिकता के फलस्वरूप, अन्तर्मुखता और भाव-सघनता तो होती ही है, किन्तु उसके साथ, शिक्षा, स्वाध्याय और समय के अभाव के कारण, काव्य-सौन्दर्य के विकास के प्रति विमुखता भी दृष्टिगोचर होती है। किन्तु सबसे अधिक चिन्तनीय यह है कि वे तथाकथित अभिजात उच्च-मध्यवर्गीय काव्य-संस्कृति में आच्छन्न होकर अपनी विशिष्टता को प्रखर रूप से प्रकट नहीं कर पाते।

यह धारणा ग़लत है कि आत्मपरक काव्य व्यक्तिवादी काव्य है। भारतीय संस्कृति द्वारा विकसित की गई परम्पराओं में से एक परम्परा आत्मपरक काव्य की है। आत्मपरक काव्य में प्रगतिशील जीवन-मूल्य भी प्रकट होते हैं, होते रहते हैं।

अपने लक्ष्यों के प्रति हार्दिक स्नेह के बिना, जिज्ञासा, आत्म-संस्कार, आत्म-निरीक्षण तथा आत्म-संघर्ष, सब व्यर्थ है। लक्ष्यों के प्रति दुर्दान्त स्नेह की आस्तिकता के बिना वास्तविक अस्मिता का विकास नहीं हो सकता, और उन्हीं के सन्दर्भ से हमेशा यह जाना जाएगा कि कवि किस सतह से बोल रहा है। ध्यान रखना चाहिए कि कवि किस सतह से बोल रहा है, यह हमेशा महत्त्वपूर्ण होता है और यही उसके निवेदनों या चित्रणों को द्योतित करता है।

दो*

रचना-प्रक्रिया के सम्बन्ध में मतों की भिन्नता स्वाभाविक है। इसका एक कारण तो यह है कि रचना-प्रक्रियाएँ स्वयं भिन्न-भिन्न होती हैं। वे कवि-स्वभाव, कवि-दृष्टि

*सम्भावित रचनाकाल 1959 के बाद। 'नये साहित्य का सौन्दर्यशास्त्र' में संकलित।

और विषय-वस्तु के अनुसार बनती-बदलती रहती हैं। रचना-प्रक्रिया का कोई निर्विशिष्ट सामान्य रूप नहीं है, यद्यपि यह सही है कि उस प्रक्रिया के मूल तत्त्व सर्व-सामान्य हैं।

इस बात को हम यों समझें। संवेदनात्मक उद्देश्य, कल्पना, भावना, बुद्धि-तत्त्व सर्व-सामान्य हैं। उनके कार्य के बिना रचना-प्रक्रिया सम्भव नहीं है। किन्तु, इन तत्त्वों की विभिन्न मात्राओं, विभिन्न अनुपातों और विभिन्न प्रकार के योगों से विभिन्न विशिष्ट रूप प्राप्त होते हैं। ये योग विभिन्न संवेदनात्मक उद्देश्यों के अनुसार घटित होते हैं। ये संवेदनात्मक उद्देश्य रचनाशील मन की अपनी निधि हैं, और उस पूरे अन्तर्जगत् का अंग हैं, कि जो अन्तर्जगत् कवि ने पाया और विकसित किया है। यह अन्तर्जगत् बाह्य-जगत् का आत्मकृत संशोधित-सम्पादित अन्तःसंस्कृत रूप है, और उस क्रिया-प्रतिक्रिया की गतिमान परम्परा की उपज है, कि जो क्रिया-प्रतिक्रिया लेखक बाल्यकाल से बाह्य के प्रति करता आया है। संक्षेप में, रचना-प्रक्रिया के भीतर न केवल भावना, कल्पना, बुद्धि और संवेदनात्मक उद्देश्य होते हैं, वरन् वह जीवनानुभव होता है जो लेखक के अन्तर्जगत् का अंग है, वह व्यक्तित्व होता है जो लेखक का अन्तर्व्यक्तित्व है, वह इतिहास होता है जो लेखक का अपना संवेदनात्मक इतिहास है। और केवल यही नहीं होता।

बाह्य से प्राप्त ज्ञान-निधि और भाव-परम्परा लेखक के अन्तर्जगत् में स्थान पाकर, उसके (लेखक के) व्यक्तित्व की आन्तरिक आवश्यकताओं की पूर्ति की दिशा में, अपने विभिन्न रूप (उसके हृदय में) गठित करती हुई उसकी अपनी ज्ञान-निधि और भाव-परम्परा बन जाती है। बाह्य से प्राप्त ज्ञान और भाव लेखक के अन्तर्व्यक्तित्व में ऐसे घुलमिल जाते हैं कि वे उसके निजी हो जाते हैं। इसीलिए कोई भी लेखक अपने युग से केवल प्रभावित नहीं होता, वह अपने युग का अंग होता है।

काव्य-कला सम्बन्धी जितनी भी समस्याएँ हैं वे इस पूरी-की-पूरी प्रक्रिया के किसी स्तर-विशेष से सम्बन्धित होती हैं। उदाहरण के लिए, ऐसी समस्याएँ लीजिए जिनको पुराने प्रगतिवाद ने उठाया। कहा गया कि लेखक को अपने युग का सही-सही प्रतिनिधित्व करना चाहिए, इस प्रकार से कि वह युग की ह्रासशील दशा के विरुद्ध प्रगतिशील प्रवृत्तियों को उभारे, समाज में जो शक्तियाँ, विषमता, अनाचार और उत्पीड़न को क़ायम रखना चाहती हैं, उनके विरुद्ध वह साम्य-मूलक समाज के आदर्श की स्थापना करे और पाठक को वैसी प्रेरणा प्रदान करे।

इस प्रकार के आग्रह के विरोध में जो कहा गया वह सबको विदित है--यह, कि लेखक स्वतन्त्र है, और नेताओं तथा शासकों के आदेश को मानने के लिए वह बाध्य नहीं है, कि इस प्रकार के आग्रहों से साहित्य में रेज़िमेण्टेशन होता है।

ये सब विवाद हिन्दी-साहित्य के इतिहास की वस्तु हो गए हैं। किन्तु इस विवाद के मूल कारण-स्रोत भले ही आँखों से ओझल हो जाएँ, वे लुप्त और नष्ट नहीं हुए हैं। आज भी लेखक के दायित्व की बात की जाती है। यही क्यों? एक के देखा-देखी दूसरा भी एक ही प्रकार के भाव और शैली का प्रयोग करता है, एक ही प्रकार की परम्परा और प्रणाली को अपनाता है, और इस प्रकार एक विशेष प्रकार के काव्य की एक विशिष्ट धारा और रूढ़ि बन जाती है—भाव-रूढ़ि, रूप-रूढ़ि, शैली-रूढ़ि। हाँ, यह सही है कि कवि-स्वभाव के अनुसार किंचित् भेद यत्र-तत्र दिखाई देता है। फिर भी वह काव्य-प्रवृत्ति प्रणाली और रूढ़ि का रूप तो धारण कर ही लेती है, भले ही विशिष्ट कवियों में हमें विशिष्ट भिन्नताएँ भी दिखाई दें, जैसे प्रसाद और महादेवी के काव्य में, या शमशेर तथा उसी शैली के किसी दूसरे कवि में। तो क्या युग स्वयं रेज़िमेण्टेशन नहीं करता? रीतिकाल में विशिष्ट शैली और विशिष्ट भाव-प्रणाली की कविता ही क्यों हुई? क्या वह रेज़िमेण्टेशन नहीं था? और हम अपने युग की शृंखलाओं को भी क्यों स्वीकार करें? यह सही है कि कोई भी लेखक अपने व्यक्तित्व से, अपने इतिहास से, अर्थात् अपने देश-काल से, स्वतन्त्र नहीं है। किन्तु, जब वह सचमुच स्वतन्त्र होने का प्रयत्न करता है तो इसका अर्थ यह है कि युग बदलने के लक्षण सामने आ रहे हैं, तो दूसरी ओर, यह भी, कि लेखक आदर्श-अनुगमन करने के लिए भीतर से बाध्य हो उठा है, क्योंकि (उपर्युक्त अर्थ में) स्वतन्त्रता, वस्तुतः एक आदर्श है, वह वास्तविकता नहीं है। अपनी युग की सीमाओं के परे देखकर, परे जाकर, आगे के मार्ग को देखना महत्त्वपूर्ण घटना है। इस बात को हम कैसे भूल सकते हैं।

आज भी हमें (नये कवियों को) भारतीय संस्कृतिवादी पुरोहित पाठ पढ़ाते रहते हैं कि कवियों को यह करना चाहिए, वैसा होना चाहिए। और इस प्रकार के आग्रह और प्रश्न आगे भी उठते रहेंगे।

इन सारे प्रश्नों का सम्बन्ध कवि के अन्तर्जगत् से है। कवि से जब हम यह कहते हैं कि उसे ऐसा करना चाहिए और वैसा नहीं लिखना चाहिए, तो, वस्तुतः, हम उसके अन्तर्जगत् (और उसके अन्तर में स्थित जीवन-मूल्य-पद्धति) पर आक्षेप कर रहे हैं। इस प्रकार के आग्रह उसके अन्तर्जगत् में संशोधन करने के आग्रह हैं।

ये आग्रह ग़लत हैं या सही हैं, यह मैं नहीं कह रहा हूँ। इस प्रकार के बाह्य से उद्‌गत आग्रह स्वयं लेखक मान सकता है। ठीक यहीं लेखक की सिनसियॉरिटी का प्रश्न उठता है। बाह्य से उद्‌गत आग्रहों को माननेवाले ऐसे बहुतेरे लेखक हो सकते हैं जो 'अवसरवादी प्रेरणाओं से' वैसा मानने के लिए तैयार हों, और बाह्य से उद्‌गत आग्रहों को स्वीकार कर लें। किन्तु कुछ लेखक निःसन्देह ऐसे भी

हो सकते हैं जो स्वेच्छापूर्वक और आत्म-प्रेरणापूर्वक इन बाह्योद्गत आग्रहों को मानें और उन आग्रहों में प्रकट जीवन-दृष्टियों को आत्मसात् करके उन दृष्टियों को ही अपने अन्तर्जगत् का अंग बना लें। लेखक की सिनसियॉरिटी का प्रश्न, वस्तुतः, उसके अन्तर्जगत् की अभिव्यक्ति से सम्बन्धित है। यदि वह अभिव्यक्ति कृत्रिम है तो निःसन्देह वहाँ सिनसियॉरिटी नहीं है। किन्तु कृत्रिमता केवल इनसिनसियॉरिटी की ही उपज नहीं होती, वह अकवित्व की (भी) उपज होती है, अर्थात् अन्तर्जगत् की निर्जीवता और जड़ता का प्रमाण हो सकती है।

इसी प्रकार का प्रश्न कवि की निःसंगता का प्रश्न है। जब बाह्य से आग्रह बलवान होते हैं और कवि उनके दबाव को सह नहीं पाता, तो वह अपनी मूलभूत निःसंगता का सिद्धान्त प्रतिपादित करते हुए कहता है कि सृजन अकेले में होता है, साहित्य व्यक्ति की उपज है, जो व्यक्ति के लिए है। (बाह्य आग्रहों के दबाव और प्रभाव के निरोध के लिए, प्रतिरोध के लिए, उपर्युक्त तर्क प्रस्तुत किया जाता है।)

यह सही है कि सृजन अकेले में होता है। ऐसी बहुत-सी बातें होती हैं। जो बिल्कुल अकेले में होती हैं। कहा जा सकता है कि वहाँ भी संग होता है। किन्तु, फिर भी, वह ऐकान्तिक संग समाज-स्वीकृत या समाज-निन्दित होता है। संक्षेप में, मनुष्य की ऐकान्तिक दशा भी समाज के लिए विचारणीय होती है, बशर्ते कि उसका कोई सामाजिक परिणाम हो या सामाजिक प्रभाव हो। ठीक इसी प्रकार, सृजन की ऐकान्तिकता में भी सहचरत्व होता है, संग होता है। इस संग या सहचरत्व के बिना सृजन सम्भव नहीं है। इस सृजन का परिणाम अर्थात् कलाकृति पाठकों के हाथ में जाने पर समाज में प्रवेश करती है, और समाज में अपना प्रभाव उत्पन्न करती है। इसीलिए समाज उस पर सोचता-विचारता है, और जिस कलाकृति का श्रेष्ठतम प्रभाव उत्पन्न होता है, उसका रचयिता समाज द्वारा पूज्य होता है।

संक्षेप में, इस प्रकार के जितने भी प्रश्न हैं वे कलाकार द्वारा आभ्यन्तरीकृत जगत् से सम्बन्ध रखते हैं, अथवा आभ्यन्तरीकरण की प्रक्रिया से सम्बन्ध रखते हैं, या कलाकार की उस स्थिति से सम्बन्ध रखते हैं कि जब कलाकार स्वतः-संस्कृत आभ्यन्तरीकृत जगत् की अभिव्यक्ति करता है, अर्थात् सृजन करता है। इसीलिए कलाकृति में व्यक्त व्यक्तित्व की भी आलोचना की जाती है। इसीलिए कहा जाता है कि अमुक कवि की अति-भावुकता अवांछनीय है। अथवा उसकी भाव-दृष्टि में दोष है, अथवा लेखक साम्प्रदायिक (धार्मिक अर्थ में नहीं) दृष्टि से जीवन-जगत् की व्याख्या करता है अपनी कलाकृति में, इत्यादि-इत्यादि। दूसरे शब्दों में, कलाकृति में प्रकट अन्तर्जगत् और कवि के व्यक्तित्व की समीक्षा और उसका मूल्यांकन किया जाता है। कहा जाता है कि यह भाव कृत्रिम है,

या इसमें लेखक की ईमानदारी है, या उसने जीवन को खूब देखा-परखा है।

आलोचना की दृष्टि से जो बात सबसे पहले सामने आती है, कवि-कर्म और रचना-प्रक्रिया की दृष्टि से वह सबसे अन्तिम है। रचना-प्रक्रिया के प्रवाह में रहकर लेखक अपने भावों की शब्दों से तुलना करता है। जो शब्द सर्वाधिक प्रातिनिधिक हैं, उनकी योजना करता है। वह शब्द-साधना करता है। साथ ही संगति और निर्वाह को साधता चलता है, वह अपने ही भावों के उत्स को संयमित कर उनका सम्पादन-संशोधन करता है—संगति और निर्वाह के हेतु। जब उसकी शब्दाभिव्यक्ति उसी के लिए रमणीय हो जाती है, तब वह सन्तुष्ट हो जाता है, भले ही आगे चलकर वह उसमें, नवीन-प्राप्त सूक्ष्म-दृष्टि के अनुसार, फिर से संशोधन करे।

किन्तु, पाठक और आलोचक किसी कलात्मक अभिव्यक्ति के सिंह-द्वार से सीधे अन्तर्जगत् में प्रवेश करते हैं–वह अन्तर्जगत् जो किसी कलाकृति में उद्‌घाटित हुआ है, वह अन्तर्जगत् जिसमें कलाकार का व्यक्तित्व, उसके जीवनानुभव, उसकी भाव-दृष्टि समाई हुई है। पाठक-आलोचक का मन उस अन्तर्जगत् में रमता है, उसका रस लेता है, उसमें विचरण करता है, और यदि उस अन्तर्जगत् में उसे कहीं (अपने लिए) बाधा दिखाई दी तो वह वहाँ ठहर जाता है और सोचने लगता है। उसे कलाकार का अन्तर्जगत् उसमें समाया हुआ व्यक्तित्व और भाव-दृष्टि आकर्षित करती है। और वह यह ढूँढ़ने लगता है और पा जाता है कि वह भावदृष्टि उसके लिए (और सभी के लिए) क्यों महत्त्वपूर्ण है, या नहीं है।

संक्षेप में, रचना-प्रक्रिया का जो सर्वाधिक मूल-स्थित, सर्वाधिक प्रच्छन्न, किन्तु क्रमशः प्रकट होनेवाला अंश है, वह पाठक और आलोचक के लिए सर्वप्रथम है। कलाकार रचना के समय, शब्दाभिव्यक्ति के संघर्ष में, संगति और निर्वाह के संघर्ष में, भावों के उत्स को प्रातिनिधिक रूप देने के यत्न में लीन होता है। यह उसका तात्कालिक संघर्ष है। पाठक-आलोचक का यह तात्कालिक यत्न नहीं है। कलात्मक अभिव्यक्ति उसके लिए कलाकृति का केवल सिंह-द्वार है, जिसमें से गुज़रकर वह अन्तर्जगत् के क्षेत्र में विचरण करता है। इसीलिए मैंने कहा कि पाठक-आलोचक के ध्यान का जो प्राथमिक केन्द्र है वह है अन्तर्जगत्, और रचयिता के ध्यान का जो प्राथमिक केन्द्र है वह है अन्तर्जगत् की प्रातिनिधिक शब्दाभिव्यक्ति और कलात्मक संगति और निर्वाह।

कलात्मक अभिव्यक्ति के सिंह-द्वार में से गुज़रकर, अन्तर्जगत् में विचरण कर चुकने, रस ले चुकने, व्यक्तित्व और भाव-दृष्टि का प्रभाव ग्रहण कर चुकने के उपरान्त, पाठक-आलोचक अन्तर्जगत् के प्रभाव के परिणामस्वरूप ही सहसा सोचने लगता है कि प्रभाव उत्पन्न करने के वे उपादान कौन-कौन से हैं, जिन्होंने

सफल अभिव्यक्ति की तैयारी की, अथवा सफलता के मार्ग पर चलते-चलते लेखक ने कौन-सी बाधाएँ उत्पन्न कर दीं। अब वह रूप और शिल्प के सम्बन्ध में सोचने लगता है। संक्षेप में, किसी कलाकृति को लेकर पाठक आलोचक की यात्रा भिन्न दिशा की ओर होती है, सृजन करते समय कलाकार की यात्रा उसके विपरीत दिशा की ओर होती है। इस तथ्य को हृदयंगम करना आवश्यक है।

तब समझ में आएगा कि जीवन-जगत् के आभ्यन्तरीकरण की प्रक्रिया कलाकार के लिए क्यों महत्त्वपूर्ण है। यह प्रक्रिया कलाकार के वास्तविक जीवन में चलती रहती है। किन्तु क्या वह समुचित रूप से और प्रबुद्ध दृष्टि से युक्त होकर चलती रहती है? यदि कलाकार का जीवन, उसका बाह्य और मानसिक जीवन, तुच्छ है, अर्थात् नव-नवीन संवेदनात्मक ज्ञान और ज्ञानात्मक संवेदनाओं से हीन है, यदि उसमें उदार सहानुभूतियों का विस्तार नहीं है, यदि उसमें नितान्त आत्मबद्धता है, तो फिर ऐसा अन्तर्जगत् कलाभिव्यक्ति के लिए महत्त्वहीन है। संक्षेप में, उस अन्तर्जगत् में महत्त्व की सूचनाएँ चाहिए। (यहाँ महत्त्व का अर्थ है, जो महत्त्वपूर्ण है वह।)

यही कारण है कि आदिकाल से कवि को महान माना गया है, उसके अन्तर्जगत् में महत्त्व की स्थापना को देखकर। मैं यह नहीं कह रहा हूँ कि कवि को अध्यात्मवादी, आदर्शवादी, अमुक-तमुक-वादी होना चाहिए। मैं सिर्फ यह कहना चाहता हूँ कि कवि के अन्तर्जगत् की ओर आदिकाल से ध्यान गया है, और उसके महत्त्व की स्थापना की गई है।

किन्तु आधुनिक युग में, जबकि व्यक्ति पर तरह-तरह के दबाव हैं, उनमें से एक दबाव समाज का भी होता है। उसी प्रकार कलाकार पर भी समाज का दबाव होता है। समाज के दबाव के माध्यम भिन्न-भिन्न प्रकार के होते हैं। परम्परा का वहन समाज का दबाव नहीं तो क्या है? उसी प्रकार प्रचलित काव्य-प्रणाली से अपनी संगति एक अन्य प्रकार का सामाजिक दबाव ही है। हाँ, यह सही है कि ये दबाव प्रत्यक्ष नहीं, वरन् अप्रत्यक्ष होते हैं। जिस प्रकार इनडायरेक्ट टेक्सेशन (अप्रत्यक्ष कर-व्यवस्था) उपभोक्ता को नहीं खलता, उसी प्रकार समाज के अप्रत्यक्ष दबाव भी सामने नहीं आते, किन्तु वे बराबर सक्रिय रहते हैं।

उसी प्रकार वैचारिक आन्दोलन के रूप में भी कई सामाजिक दबाव होते हैं। ये विशेष आग्रहों-अनुरोधों का रूप धारण करते हैं। इस प्रकार के विशेष आग्रह-अनुरोध कभी केवल कलात्मक शब्दावली का रूप भी धारण करते हैं। कला के एक विशेष पैटर्न के आग्रह, कला-सम्बन्धी एक विशेष भाव-दृष्टि के आग्रह, कोई वैचारिक दृष्टि अपनाने के आग्रह, लोकोपयोगी कला-सृजन करने के आग्रह—सब वस्तुतः सामाजिक दबाव ही हैं, किसी में किसी भाव-दृष्टि का आग्रह

है तो किसी में किसी पैटर्न का आग्रह।

ये सब दबाव या आग्रह उचित होते हैं, यह कहना गलत है। उसी प्रकार ये सब अनुचित होते हैं, यह कहना भी उतना ही गलत है। उनमें से बहुत-से आग्रह न केवल सही, वरन् पूर्णतः उचित हो सकते हैं।

किन्तु आग्रह-कर्त्ता जब एक वातावरण निर्मित करके कलाकार पर दबाव लाना चाहते हैं, तो वे यह नहीं देखते कि दबाव का, वस्तुतः, क्या प्रभाव होगा। हाँ, यह सही है कि ऐसे बहुतेरे निकल आते हैं जो अपनी अपरिपक्वावस्था के कारण, अथवा विशुद्ध अवसरवादी दृष्टि से प्रेरित होकर, दबाव ग्रहण करके उस दबाव के अनुसार कलाकृति प्रस्तुत करते हैं, चाहे घटिया ही क्यों न सही। शेष, जो दबाव स्वीकार करना नहीं चाहते, और चाहते हुए भी नहीं ही कर सकते, वे चुप बैठ जाते हैं, अलग हट जाते हैं और तिरोहित होने में ही अपना कल्याण समझते हैं। मेरे ख्याल से ये दोनों परस्पर-विपरीत प्रतिक्रियाएँ या परस्पर-वैपरीत्य सही भी हो सकता है, गलत भी। यह विशेष परिस्थिति पर निर्भर है कि कौन-सा गलत है, कौन-सा सही।

किन्तु इन आग्रहों की आधार-भूमि, इन आग्रहों के मूल-स्रोत, यदि व्यापक मानवीय सहानुभूति और करुणा से समन्वित हैं, यदि किसी व्यापक मानवीय आदर्श से प्रेरित हैं, तो यह अनुमान करना गलत नहीं है कि उन्हीं व्यापक सहानुभूतियों और व्यापक मानवीय आदर्शों का कुछ-न-कुछ तत्त्व या कुछ-न-कुछ अंश लेखक भी अपने में आत्मसात् किए हुए है। अतएव किसी सामान्य भूमि पर आग्रहकर्त्ता और लेखक दोनों एकत्र हो सकते हैं, बशर्ते कि (और यह बड़ी शर्त है) आग्रह-कर्त्ता महोदय रचना-प्रक्रिया में भी सूक्ष्म-दृष्टि रखते हों, और उस रचना-प्रक्रिया का एक सिरे, अर्थात् लेखक के हृदय में तड़पते हुए जीवनानुभव, जीवनानुभवों के सामान्यीकरण (ज्ञान) और भाव-दृष्टि, को खूब समझते हों। पण्डित रामचन्द्र शुक्ल छायावादी रचना-प्रक्रिया को नहीं समझते थे, इसीलिए उसका विरोध करते रहे। अधिक-से-अधिक, छायावाद को उन्होंने 'अभिव्यक्ति की लाक्षणिक प्रणाली' ही माना। डॉ. रामविलास शर्मा को प्रयोगवादी या नयी कविता में, 'असुन्दर' और 'विद्रूप' से अधिक कुछ नहीं दीखता। शिवदानसिंह चौहान को इस बात का खेद है कि आज की कहानी में 'कथानक' तत्त्व का लोप हो रहा है। अतएव ऐसे आलोचकों के आग्रह, रचना-प्रक्रिया में सूक्ष्म दृष्टि के अभाव में, लादे जा रहे से और खोखले मालूम होते हैं। कारण यह है कि नयी प्रकृतियों और प्रवृत्तियों की रचना-प्रक्रिया में सूक्ष्म-दृष्टि रखने के लिए आलोचक को संवेदनात्मक जीवन-ज्ञान आवश्यक है—ऐसे जीवन का ज्ञान जो नवीन प्रवृत्ति-रूप में सामने आया हो। इसका अर्थ यह नहीं है कि उनके आग्रह, उनके अपने मान्यता-रूप में, स्वभावतः गलत हैं; नहीं, वे सही भी हो सकते

हैं। किन्तु जब तक वे लादे जाएँगे, रचना-प्रक्रिया में सूक्ष्म दृष्टि के अभाव में, वे खोखले और निरुपयोगी ही साबित होंगे, और अपने-आप में उनके सहीपन के बावजूद, उनका विरोध होता ही रहेगा।

दूसरी ओर, भले ही कोई लेखक वैचारिक दृष्टि से कोई बाह्य आग्रह स्वीकार कर ले, जब तक उस आग्रह के तत्त्वों का आभ्यन्तरीकरण नहीं होता, जब तक अन्तर्जगत् के तत्त्वों में उसका रंग नहीं चढ़ जाता, जब तक वह हृदय में तड़पते हुए जीवनानुभवों का एक भाग नहीं बन जाता, तब तक उस आग्रह के अनुरूप रचित साहित्य निष्प्राण और कृत्रिम ही रहेगा। लेखक के लिए मुख्य बात आभ्यन्तरीकरण की है। आभ्यन्तरीकरण की प्रक्रिया केवल विचार तक सीमित नहीं है, वह उससे ज्यादा गहरी, व्यापक और मानसिक है। जब तक लेखक अपने स्वयं के जीवनानुभवों से प्राप्त दृष्टि के रूप में उन्हें नहीं पाता, तब तक आभ्यन्तरीकरण की प्रक्रिया पूरी नहीं हुई, यह समझना चाहिए। सच्चा आभ्यन्तरीकरण तो तब होता है, जबकि लेखक जिन्दगी में गहरा हिस्सा लेते हुए संवेदनात्मक जीवन-ज्ञान प्राप्त करके, उसी भाव-दृष्टि तक स्वयं अपने-आप पहुँचता है, कि जो भाव-दृष्टि आग्रह-रूप में बाहर से उपस्थित की गई है।

आग्रह कई प्रकार से उपस्थित होते हैं। कुछ कला के नाम पर, कला की शब्दावली में प्रस्तुत होकर, साहित्य-जगत् का शासन भी करने लगते हैं। कुछ समय तक उनका शासन चलता भी है, लेकिन समाज और राष्ट्र की भिन्न परिस्थितियों में उत्पन्न पीढ़ी कला की शब्दावली में छिपे आग्रहों की निन्दा करती है। उदाहरणतः, सन् 1960 के 'सैटर्डे रिव्यु' में टी.एस. ईलियट के विरुद्ध जबर्दस्त आक्रमण के रूप में लिखा हुआ कार्ल शैपिरो का लेख। महत्त्व की बात यह है कि जीवन-परिस्थिति में परिवर्तन के साथ-साथ भाव-दृष्टि बदलने लगती है, और यथार्थ के नए-नए पहलू सामने आते हैं, जिन्हें कलात्मक अभिव्यक्ति देने के लिए उपयुक्त शब्द-सम्पदा और परम्परा नहीं होती। लेखक को नए सिरे से प्रयत्न करना पड़ता है। भले ही पुरानी पीढ़ी को नयी पीढ़ी के काव्य में कोई सौन्दर्य न दिखाई दे, किन्तु नयी पीढ़ी को उसमें ही अपना आत्म-प्रकाश, अतः सौन्दर्य, दिखाई देता है। पुराने लेखक आग्रह-रूपी अस्त्रों से नयों का वध करने का प्रयत्न करते ही रहते है। मजा यह है कि ये आग्रह कला और सौन्दर्य के नाम पर होते हैं, फिर भी नवीन प्रवृत्तिवालों को वे स्वीकरणीय नहीं हो पाते।

संक्षेप में, यथार्थ परिवर्तनशील होता है। अतएव आग्रह भी दो प्रकार के होते हैं--एक वे जो कला या दृष्टि के नाम पर परिवर्तन-क्रम की पिछली अर्थात् विगत कड़ी या सीढ़ी की ओर खींचते हैं, और वे जो परिवर्तन-क्रम की अगली कड़ी या सीढ़ी की ओर खींचते हैं। यह अगला या पिछलापन यथार्थ के परिवर्तन-क्रम को देखकर पहचाना जाना चाहिए, न कि वैचारिक दृष्टि से

उच्चतरता या निम्नतरता की दृष्टि से। ऐसा मैं क्यों कह रहा हूँ?

यह कहना इसलिए आवश्यक है कि जीवन-परिस्थितियों में परिवर्तन से, और यथार्थ के नए-नए पहलुओं के खुलने से, उनके आभ्यन्तरीकरण के द्वारा लेखक का जो संवेदनात्मक वैयक्तिक इतिहास बनता है, वह इतिहास पूर्ववर्ती प्रवृत्ति के कवियों से सर्वथा भिन्न होता है। अतएव इस नवीन प्रवृत्तिवाले की रचना-प्रक्रिया भी बदल जाया करती है, और तदनुसार अभिव्यक्ति-शैली भी। अमरीका में आज नवीन काव्य-शैली का जो प्रचलन है, उसके विरुद्ध पुराने कवियों का आक्रोश सर्वथा स्वाभाविक है। उसी प्रकार नवीन काव्य-शैलीवालों को अपने अस्तित्व के लिए पुरानों का प्रतिरोध करना पड़ता है। यह विरोध वैचारिक दृष्टि से उच्चतरता या निम्नतरता का परिणाम नहीं है, वरन् एक काव्य-प्रवृत्ति के विशेष पैटर्न को और उसके साथ उसके अन्तर्गत समय (विगत) जीवन-तत्त्वों को समेटे रखने और स्थायी बनाने का प्रयत्न है। इसके विरुद्ध नये का विद्रोह होना स्वाभाविक ही है। दूसरे शब्दों में, पुरानी पीढ़ी के लोग, नयी पीढ़ी के लोगों द्वारा आभ्यन्तरीकृत जगत् और आभ्यन्तरीकरण-प्रक्रिया में विकसित भाव-दृष्टि और उन दोनों से उत्पन्न अभिव्यक्ति-प्रक्रिया—इन सबको असुन्दर, निषिद्ध और बेकार ठहराने का प्रयत्न करते रहते हैं, कभी कला और सौन्दर्य के नाम पर, कभी आध्यात्मिक आदर्श के नाम पर, कभी सामाजिक प्रगति के नाम पर।

इसका अर्थ यह नहीं है कि लेखक, वैचारिक अथवा भावना की दृष्टि से, जन-विरोधी, लोक-विरोधी, प्रगति-विरोधी हो नहीं सकता। वह बराबर हो सकता है, और उसका वैसा होना दिखाई भी देता है। किन्तु किसी लेखक की विचारधारा पर आक्रमण करना एक बात है, आभ्यन्तरीकृत यथार्थ की कवि-कृत व्याख्या पर आघात करना एक बात है, किन्तु उस पूरी काव्य-प्रणाली पर चोट करना एक अलग बात है, उस पूरी रचना-प्रक्रिया और अभिव्यक्ति-शैली पर आघात करना बात ही दूसरी है। जिस प्रकार आदर्श के शब्द-व्यापार में नितान्त अवसरवाद और बेईमानी दिखाई देती है, उसी प्रकार यथार्थ के उद्घाटन के नाम पर भी अयथार्थ और कृत्रिमता भी सामने आती है। यह तो विशिष्ट-विशिष्ट लेखक की विशिष्ट-विशिष्ट रचनाओं को सामने रखकर ही तय किया जा सकता है।

संक्षेप में, लेखक की रचना-प्रक्रिया के प्राथमिक और निगूढ़ स्तर—अर्थात् लेखक का अन्तर्जगत्, लेखक के अन्तर्जगत् का संवेदनात्मक पुंज, लेखक का समग्र व्यक्तित्व—पाठक और आलोचक के लिए अत्यन्त महत्त्वपूर्ण होता है, और उसके आकलन के माध्यम से रस-ग्रहण होता है। अतएव सबसे अधिक वाद-विवाद, सबसे ज्यादा बहस, इसी को लेकर होती है।

क्यों होती है? इसलिए कि संवेदनात्मक अन्तर्जगत् अर्थात् जीवनानुभव, रचना-प्रक्रिया के दौरान में, अपने विशेष संवेदनात्मक उद्देश्यों को लेकर अवतीर्ण

होते हैं। ये संवेदनात्मक उद्देश्य, एक ओर, लेखक के अन्तर्व्यक्तित्व का एक भाग हैं, उसके अनुभवात्मक इतिहास से सम्बन्ध रखते हैं, उसने जो कुछ आत्मसात् किया है, जो कुछ पाया और खोया है उससे नाता रखते हैं, उसकी विद्यमान जीवन-स्थिति और मनोदशाओं से सम्बन्धित रहते हैं। इन संवेदनात्मक उद्देश्यों से प्रेरित होकर ही कलात्मक अभिव्यक्ति होती है। रचनाओं में प्रकट इन संवेदनात्मक उद्देश्यों को ध्यान में रखकर ही कवि के अन्तर्व्यक्तित्व का, उसके अनुभवात्मक जीवन का, उसकी भाव-दृष्टि का, हमें अनुमान होता है। इस प्रकार वे एक ओर अन्तर्व्यक्तित्व को, तो, दूसरी ओर, रचना को एक-दूसरे से जोड़ देते हैं।

जीवन में जो कुछ अर्जित है, जो कुछ संवेदनात्मक ज्ञान और ज्ञानात्मक संवेदना के रूप में प्राप्त है, अर्थात् जो कुछ विशिष्ट अनुभव हैं, और जीवन-जगत् सम्बन्धी जो कुछ आत्म-कृत सामान्यीकरण हैं, जो भी जीवन-मूल्य आत्मसात् किए हैं, और जिनके लिए संघर्ष किया है, जो संस्कार जो आदर्श जो यथार्थ हृदय का अनन्य अंग बन गया है—वह सबका सब स्थिर रूप में व्यक्तित्व का अंग होता है। दैनिक जीवन के दैनिक कार्यों में व्यस्त रहने से हम उस सौन्दर्य-क्षण से दूर रहते हैं, जब मन द्रवित हो जाता है, कल्पना सक्रिय होकर चित्र उपस्थित करते हुए हमें जीवन के रस में डुबोने-सी लगती है, जब हम गहन होकर विस्तृत होने लगते हैं। यह आवश्यक नहीं है कि ऐसे क्षण हमें अपने अकेले में किसी कमरे में किसी टेबुल के पास मिलें और लेखनी लेकर बैठने के लिए मजबूर करें। बिलकुल नहीं। डूबकर फैलने के ये निजी क्षण रास्ते चलते, बात करते, या कभी-कभी बिलकुल भीड़ में या एकान्त में भी, मिल सकते हैं। यह भी आवश्यक नहीं है कि ये क्षण हमें अभिव्यक्ति के लिए मजबूर करें। फिर भी ये अद्वितीय क्षण हैं, प्रतीति के क्षण हैं, क्योंकि ये सौन्दर्य के क्षण हैं, रसात्मक क्षण हैं। ये क्षण केवल कलाकार को ही प्राप्त नहीं होते, वे सामान्य जन को भी प्राप्त होते रहते हैं। इन्हीं क्षणों से समृद्ध पाठक, आत्माभिव्यक्ति से दूर रहकर भी, अन्य द्वारा रचित कलाकृति में अपनी अभिव्यक्ति देखता है। ये क्षण मानवता के लक्षण हैं—उस मानवता के, जो व्यक्ति और देश से ऊपर रहते हुए भी प्रत्येक हृदय में समाई हुई है।

'स्व' से ऊपर उठना, खुद की घेरेबन्दी तोड़कर कल्पना-सज्जित सहानुभूति के द्वारा अन्य के मर्म में प्रवेश करना, मनुष्यता का सबसे बड़ा लक्षण है। इस प्रकार की व्यापक और उदार सहानुभूति—कल्पनाशील सहानुभूति—मानवता के पिछले इतिहास ने, साहित्य और धर्म ने, कला और संस्कृति ने, संस्कार-रूप में हमें प्रदान की है। यही नहीं, बुद्धि स्वयं अनुभूत विशिष्टों का सामान्यीकरण करती हुई हमें जो ज्ञान प्रस्तुत करती है, उस ज्ञान में निबद्ध 'स्व' से ऊपर उठने,

अपने से तटस्थ रहने, जो है उसे अनुमान के आधार पर और भी विस्तृत करने, की प्रवृत्ति होती है। भाषा स्वयं सामान्यीकरणों से उत्पन्न है। इस प्रकार, एक ओर तटस्थ रहकर, तो दूसरी ओर अपने से ऊपर उठकर, अपने से परे जाकर, विस्तार करने की प्रवृत्ति हममें पहले ही से विराजमान रहती है। भावना हमें डुबो देती है और परिचालित करती है, संचलित करती है। संवेदनात्मक ज्ञान के आधार पर और ज्ञानात्मक संवेदनाओं के आधार पर, हम एक साथ तटस्थ और तन्मय, अपने से परे और अपने में निमग्न, अपने से बाहर और अपने अन्दर, एक साथ रहते हैं। सहानुभूतिशील कल्पना और कल्पनाशील सहानुभूति हमें आत्म-विस्तार के लिए उद्यत कर देती है। संक्षेप में, बाह्य और अन्तर का भेद उस समय लुप्त-सा हो जाता है।

ऐसे क्षणों पर केवल कलाकार का अधिकार नहीं होता, वे सामान्य जनों को भी निरन्तर प्राप्त होते हैं। यही कारण है कि साहित्य रचा और समझा जाता है। जिस प्रकार बुद्धि विशिष्टों का सामान्यीकरण करती है, उसी प्रकार कल्पना भी विशिष्ट का इस प्रकार मनश्चित्र बनाती है, कि वह मनश्चित्र सारे तत्समान विशिष्टों का प्रतिनिधि हो जाता है। ऐसे मनश्चित्र की प्रातिनिधिकता एक प्रकार का सामान्यीकरण नहीं तो क्या है?

किन्तु ये सारी मनोवैज्ञानिक प्रक्रियाएँ हमारे सामान्य जीवन में ही चलती रहती हैं। उन्हीं से हमारी भाव-सम्पदा बनती है। हृदय में जीवन-मूल्यों की संवेदनात्मक स्थिति उन्हीं के कारण है। संक्षेप में, निमग्नता और तटस्थता के योग से उत्पन्न आत्म-विस्तार, हमारे न देखे-जाने-पहचाने सामान्य जीवन का ही अंग है।

यह सही है कि व्यक्तियों के आत्म-वैभव की कोटियाँ होती हैं। कोई आदमी बहुत पढ़ा-लिखा होकर भी जड़ हो सकता है, और कोई डिग्रीधारी न होकर अत्यन्त परिष्कृत हो सकता है। कोई विख्यात पण्डित काव्य और कला के प्रति निःसंज्ञ और जड़ हो सकता है, लेकिन कोई बहुत मामूली पढ़ा-लिखा उसके प्रति सहज संवेदनशील हो सकता है। यह आवश्यक नहीं है कि 'महान' आलोचक संवेदनशील हों। यूनिवर्सिटियों के डॉक्टरों की जड़ता दर्शनीय और प्रदर्शनीय है। ज्ञान के अहंकार में अज्ञान के अन्धकार का कुछ ऐसा शुभ्र रूप हमें उनमें मिलता है कि लगता है कला और साहित्य की छाती पर बैठे हुए ये टीले हैं।

ऐसे सौन्दर्य-क्षणों, ऐसे मनोवैज्ञानिक क्षणों, से वंचित अथवा अल्प-समृद्ध, दरिद्र जो आलोचक है, वह अपने को चाहे जितना बड़ा समझे—साहित्य-क्षेत्र का अनुशासक समझे—वह, वस्तुतः, साहित्य-विश्लेषण के अयोग्य है, कला-प्रक्रिया के कार्य में अक्षम है, भले ही वह साहित्य का 'शिखर' बनने का स्वाँग रचे, मसीहा बने।

आलोचक के लिए सर्वप्रथम आवश्यक है अनुभवात्मक जीवन-ज्ञान, जो निरन्तर आत्म-विस्तार से अर्जित होता है। खुद की घेरेबन्दी में रहनेवाले कुर्सीतोड़ मसीहाओं के बूते की वह बात नहीं। मतलब यह कि कला की बहुत-सी समस्याएँ केवल अज्ञान के कारण पैदा की जाती हैं, जबकि असल में वे होती नहीं, हो नहीं सकतीं।

ऐसे लोगों के जो भी विश्लेषण और निर्णय होते हैं, वे कलाकार की रचना-प्रक्रिया को बिना देखे-समझे होते हैं। वह आलोचना, जो रचना-प्रक्रिया को देखे बिना की जाती है, आलोचक के अहंकार से निष्पन्न होती है, भले ही वह अहंकार आध्यात्मिक शब्दावली में प्रकट हो, चाहे कलावादी शब्दावली में, चाहे प्रगतिवादी शब्दावली में।

उपर्युक्त जो मनोवैज्ञानिक प्रक्रिया बताई गई, वह सामान्य जीवन में ही होती है। वह हमारे अन्तर्जीवन को समृद्ध करती है, और उसी समृद्धि का एक भाग बन जाती है। कलाकार के अन्तर्जीवन का भी वह एक भाग होती है।

संवेदनात्मक उद्देश्य इसी भाव-समृद्धि के अंग हैं और उसी से उद्‌गत होते हैं। लेखक के पूरे व्यक्तित्व से समुद्‌गत ये संवेदनात्मक उद्देश्य, उसके अनुभवों का विशेष रूप से संकलन करते हुए उन्हें अपनी पूर्ति की दिशा में प्रवाहित कर देते हैं। यह पूर्ति (लेखक-कलाकार के लिए) अभिव्यक्ति में होती है। साधारण जन की आत्म-पूर्ति की दिशा भिन्न होती है। उसके लिए वह सूक्ष्म दृष्टि या मर्म-दृष्टि के रूप में अवतरित होती है, और वह उसके संवेदनात्मक जीवन-ज्ञान या जीवनानुभूति का अंग बन जाती है।

संवेदनात्मक उद्देश्यों द्वारा परिचालित और आत्म-पूर्ति की विशेष दिशा में प्रवाहित, यह अनुभव-पुंज कल्पना द्वारा विस्तृत और मूर्तिमान हो उठता है, किन्तु साथ ही प्रवाहशील भी। अनुभव-प्रवाह चित्र-प्रवाह में परिणत हो जाता है। संवेदनात्मक उद्देश्यों की प्रक्रिया, संवेदना और ज्ञान के योग से, कल्पना-चित्रों को विभिन्न विधान करती हुई एक ओर बहा देती है। अथवा यों कहिए कि कल्पना का अपना लॉजिक तैयार हो जाता है। मन कल्पना की इस स्वाभाविक गति में घुलता हुआ और उसमें तन्मय होता हुआ उसके संवेदनात्मक रस का पान करने लगता है। निःसन्देह यह सौन्दर्य क्षण है, रस-क्षण है, जिसे कलाकार और सामान्य-जन दोनों प्राप्त करते हैं। जीवनानुभवों के ये सौन्दर्य-क्षण हैं जिनमें कल्पना-चित्र स्वयं प्रातिनिधिक हो उठते हैं। इसे हम कलात्मक सूक्ष्म-दृष्टि का क्षण भी कह सकते हैं, अथवा जीवन के सारभूत यथार्थ का क्षण भी कह सकते हैं।

संवेदनात्मक उद्देश्यों का उत्पत्ति-स्थल, उनका उद्‌गम स्रोत आत्मचरित्रात्मक है। उनके सम्बन्ध-सूत्र कलाकार की मनोरचना से लेकर उसके व्यक्तिगत इतिहास तक में समाए रहते हैं। यही कारण है कि प्रत्येक साहित्य, मूलतः और

सारतः, आत्मचरित्रात्मक है, भले ही बाहर-बाहर से वह चाहे जितना वस्तुवादी क्यों न दिखाई दे। उसकी यह आत्मचरित्रात्मकता मुख्यतः, अभिव्यक्ति के लिए लाए जानेवाले अनुभवों के संवेदनात्मक महत्त्व-बोध में है। यदि लेखक के पास संवेदनात्मक महत्त्व-बोध नहीं है, या क्षीण है, तो उन विशिष्ट अनुभवों की अभिव्यक्ति क्षीण होगी।

संवेदनात्मक उद्देश्यों को देख-परखकर ही यह पहचाना जा सकता है कि लेखक किस प्रकार का प्रभाव उत्पन्न करना चाहता है। एक ओर, यदि हम उन्हें देख लेखक के अन्तर्व्यक्तित्व के सम्बन्ध में अनुमान कर सकते हैं, तो दूसरी ओर, कलात्मक प्रभाव का विश्लेषण भी संवेदनात्मक उद्देश्यों के सन्दर्भ के बिना नहीं हो सकता।

लेखक, जो कि अपनी संवेदनात्मक क्षमता से साहित्य-सृजन करता है, वह संवेदनात्मक उद्देश्यों के अनुसार परिचालित होता है। वह अपनी अभिव्यक्ति का पैटर्न भी संवेदनात्मक उद्देश्यों के अनुसार बनाता है। दूसरे शब्दों में, संवेदनात्मक उद्देश्य, एक ओर, आत्मचरित्रात्मक होते हैं, तो दूसरी ओर, वे एक विशेष प्रकार का कलात्मक प्रभाव उत्पन्न करने के लिए अभिव्यक्ति का विशेष पैटर्न गूँथते हैं, तो तीसरी ओर, ये संवेदनात्मक उद्देश्य अपने धक्के से हृदय में स्थित जीवन-अनुभवों अर्थात् ज्ञानात्मक संवेदन और संवेदनात्मक ज्ञान को जाग्रत और संकलित करके उन्हें अपनी दिशा में प्रवाहित करते हैं। जाग्रत अन्तश्चेतना में, अर्थात् इस प्रक्रिया में, कल्पना उत्तेजित होकर संवेदनात्मक उद्देश्यों के अनुसार अनुभवों के साकार चित्र प्रस्तुत करती जाती है।

इस प्रकार हम देखते हैं कि संवेदनात्मक उद्देश्यों का कार्य, प्रारम्भ से लेकर अन्त तक, अन्तर्व्यक्तित्व की विशेषताओं और उसकी हलचलों से लेकर अभिव्यक्ति के अन्तिम पैटर्न तक होता है। यह संवेदनात्मक उद्देश्य, अन्तर्व्यक्तित्व और आभ्यन्तरीकृत जगत् का प्रतिनिधित्व करते हुए, जाग्रत और संकलित अनुभवों को मनस्पटल पर एक के बाद एक मूर्तिमान करते हुए आगे बढ़ चलता है।

संवेदनात्मक उद्देश्यों को देखकर लेखक के अन्तर्व्यक्तित्व की रचना के अन्तर्गत जीवन-तत्त्वों को और उनकी अभिव्यक्ति को देखा जा सकता है। प्रयोगवादी कविता के संवेदनात्मक उद्देश्यों को न समझने के कारण ही उसके सम्बन्ध में बहुत-सी भ्रान्तियाँ फैलाई गईं। उसे या तो राजनीतिक रूप से प्रतिक्रियावाद कहा गया, या भारतीय संस्कृति के सन्देश और उसकी आत्मा के प्रतिकूल। होना तो यह चाहिए था कि संवेदनात्मक उद्देश्यों को समझकर, उन संवेदनात्मक उद्देश्यों को जाग्रत करनेवाली जीवन-भूमि का विश्लेषण करते हुए, उन संवेदनात्मक उद्देश्यों की सहज मानवीयता—उन रचनाओं की सहज मानवीयता—को हृदयंगम

किया जाता। लेकिन इस प्रकार की कविताओं को एकदम असुन्दर, प्रतिक्रियावादी विद्रूप या निषेधात्मक कहकर टरका दिया गया। आलोचकों का उद्देश्य इस काव्य-प्रवृत्ति को समझना नहीं था, वरन् उससे संघर्ष करके उसे नष्ट कर देना था।

लगभग ऐसे ही उद्देश्य से परिचालित होकर पण्डित रामचन्द्र शुक्ल ने छायावाद का विरोध किया। उन्होंने जब छायावाद से समझौता भी किया तो उसे 'अभिव्यक्ति की लाक्षणिक प्रणाली' कहकर छुट्टी पाई। लेकिन यह नहीं देखा कि आखिर लेखक इस प्रकार की प्रणाली को क्यों अपनाना चाहता है, या यों कहिए कि इस प्रकार की अभिव्यक्ति-प्रणाली आखिर कवियों के लिए क्यों स्वाभाविक हो उठी।

कहने का तात्पर्य यह कि अभिव्यक्ति की प्रणाली बदलते ही आलोचकों की नाड़ी छूटने लगती है। मुझे इस बात का गहरा सन्देह है कि इसका कारण यान्त्रिक बुद्धि है। अपनी-अपनी थियॅरीज और सिद्धान्तों के कठघरे में किसी नयी प्रवृत्ति को न फँसते देखकर उस नयी प्रवृत्ति को ही निन्दित किया गया, न कि उन सिद्धान्तों को बदला [गया] अथवा उन सिद्धान्तों के सम्बन्ध में अब तक उनकी अपनी जो समझ थी उसमें परिवर्तन किया गया। उन्हें अपने-अपने बौद्धिक मानसिक ढाँचों की ज्यादा फिक्र थी, किसी नयी प्रवृत्ति के जीवन्त तथ्यों की नहीं।

संवेदनात्मक उद्देश्य विद्युत की वह धारा है जो अन्तर्व्यक्तित्व से प्रसूत होकर जीवन-विधान करती है, कला-विधान करती है, अभिव्यक्ति-विधान करती है। आत्मचरित्रात्मक और सृजनशील ये संवेदनात्मक उद्देश्य, हृदय में स्थित जीवन्त अनुभवों को संकलित कर उन्हें, कल्पना के सहयोग से उद्दीप्त और मूर्तिमान करते हुए, एक ओर प्रवाहित कर देते हैं। यह कला का प्रथम क्षण है, या, कहिए, सौन्दर्य-प्रतीति का क्षण है। यह क्षण सामान्य-जन को भी प्राप्त होता रहता है।

किन्तु कला का द्वितीय क्षण तब उपस्थित होता है जब लेखक में शब्द-संवेदनाएँ जाग्रत होकर, वह विषय-तत्त्वों को व्यक्त करने लगता है। यह क्षण दो कारणों से महत्त्वपूर्ण है। एक तो इसलिए कि अब शब्द-संवेदनाएँ और भाव-संवेदनाएँ दोनों एक-दूसरे से सन्तुलित होने लगती हैं, दूसरे, इसलिए भी कि लेखक का मन दर्शक और भोक्ता, इन दो के बीच में केवल विभाजित ही नहीं होता। अब दर्शक केवल निष्क्रिय नहीं रहता, बल्कि सक्रिय हो जाता है, और साथ ही वह विषय-तत्त्व के मनोरूपों को व्यक्त करने का प्रयास करने लगता है। संक्षेप में, अब यह दर्शक एक क्रियावान शक्ति बन जाता है। किन्तु उसकी क्रिया मनोरूपों के सम्बन्ध में होने से एक विशेष परिस्थिति निर्मित हो जाती

है। वह परिस्थिति इस प्रकार है।

न केवल अन्तर का द्विधा विभाजन होता है, वरन् यह कि इस दर्शक-मन को शब्दाभिव्यक्ति में देर लगती है। फलतः उसे संवेदनात्मक उद्देश्यों के अनुसार प्रवाहित होनेवाले मनोरूपों की गति को थाम लेना या मन्द करना पड़ता है, उसे संयमित करना पड़ता है। इस बीच शब्द-संवेदनाएँ जाग्रत होकर अपना कार्य मनोनुकूल पूरा कर चुकती हैं। इस बीच कभी-कभी, सम्भवतः, संवेदनात्मक उद्देश्यों से परिचालित मनोरूपों की गति ही लुप्त हो जाती है, और रचित शब्दावली का भावार्थ भी पूरा नहीं हो पाता।

मेरा मतलब तटस्थता और तन्मयता से है। यदि दर्शक मनोरूपों की गतियों से इतना निर्लिप्त है कि वह शब्द-संवेदनाओं में खो जाता है और मनोरूपों की गति जड़ हो जाती है, तो ऐसी निर्लिप्तता भी उसके काम की नहीं होती। और यदि वह उन मनोरूपों की गतियों में पूर्णतः विलीन हो जाता है, तो शब्द-संवेदनाओं के लिए अवकाश की हीनता के फलस्वरूप अभिव्यक्ति निर्बल अथवा दुरूह हो जाती है। अतएव उसे मनोरूपों की गतियों को प्रवाहित करनेवाले संवेदनात्मक उद्देश्यों से एकाकार होकर, साथ ही उन मनोरूपों का मजा लेते हुए, उनकी गतियों को आत्मसात् करते हुए, चलना पड़ता है। दूसरे शब्दों में, उसे अनवरत रूप से एकीभूत स्थिति और द्विधा-रूप स्थिति कायम रखनी पड़ती है।

किन्तु केवल इतना ही नहीं होता। शब्द-संवेदनाओं और भाव-संवेदनाओं की परस्पर तुलना से अंगीकृत अभिव्यक्ति के फलस्वरूप, रचना का जो अंश तैयार हो जाता है, वह स्वयं एक फोर्स, एक शक्ति, बन जाता है, और यदि अनुभवात्मक संवेदनाएँ (विषयभूत मनोधाराएँ) क्षणमात्र लुप्त भी हुईं, तब भी वह शब्दात्मक रचना-खण्ड स्वयं उसे अगला मार्ग सुझा देता है।

शब्द-संवेदनाओं को प्राप्त करते हुए लेखक जाने-अनजाने अपनी मूल भाव-सम्पत्ति और मनोधारा में भी परिवर्तन करता रहता है। शब्द-संवेदनाएँ नवीन एसोसिएशंस को जाग्रत कर देती हैं। फलतः वह मूल मनोधारा यदि इस प्रकार से इन एसोसिएशंस को प्राप्त करके समृद्ध हो जाती है, तो दूसरी ओर उसका—उस मनोधारा का स्वयं का—मूल रूप-स्वरूप बहुत-कुछ बदलता जाता है। यह महत्त्व की बात है। प्रारम्भिक स्फूर्ति ने जो तत्त्व-विधान और रूप-विन्यास किया था, वह परिवर्तित होता रहता है।

बुद्धि का कार्य यहीं उपस्थित होता है। उसे काव्य-निर्वाह करना पड़ता है। मूल मनोधारा ने अपने आवेग में रूपमय तत्त्वों को लाकर खड़ा कर दिया, कल्पना को उद्दीप्त कर दिया, और संवेदनात्मक उद्देश्यों की पूर्ति की दिशा में उसे प्रवाहित कर दिया। किन्तु शब्द-साधना के समय नवीन भावनात्मक अनुषंग, नवीन अनुभव, उपस्थित होते हैं। वे मूल्यवान होने पर उन्हें जाने-अनजाने आत्मसात्

कर लिया जाता है। शब्द-संवेदनाएँ लगातार कार्य करती रहती हैं। उनकी चोट होती रहती है। मूल मनोधारा में बहुत-कुछ परिवर्तन अर्थात् संशोधन होता जाता है। यह संशोधन किस प्रकार का होता है?

असल में, शब्दाभिव्यक्ति के समय लेखक मनोधारा के अन्तर में और भी अधिक प्रवेश करता है। उसके लिए वह अधिकाधिक तत्त्व-साक्षात्कार का और आत्म-साक्षात्कार का काल है। एक प्रकार से वह उसके आत्म-निर्माण का भी काल है। शब्दाभिव्यक्ति तो केवल उसका एक माध्यम है। संवेदनात्मक उद्देश्यों की तीव्रता पर यह निर्भर करता है कि कहाँ तक वह आगे बढ़ेगा। संवेदनात्मक उद्देश्यों की तीव्रता के अभाव में--अर्थात् प्रेरणा के अभाव में--उसकी रचना बहुत आगे बढ़ नहीं पाती। वह खण्डित हो जाती है, अथवा उसे जैसे-तैसे करके वह निबटा देता है। उसका तत्त्व-साक्षात्कार, आत्म-साक्षात्कार, छिछला और पतला, विरल और तुच्छ होता है।

किन्तु लेखक के पास यदि उतनी प्राण-शक्ति है, तो निःसन्देह [वह] अब तक निर्मित शब्दात्मक रचना की सहायता से अपना अगला कदम भी देख लेता है। जीवन-अनुभवों में डूबी हुई उसकी बुद्धि, रचना के संवेदनात्मक उद्देश्य से एकाकार होकर, आगे का पथ प्रशस्त करती है। फलतः काव्य-निर्वाह होता चलता है। यह बुद्धि, संवेदनात्मक उद्देश्य के अनुसार, शब्द-योजना और अभिव्यक्ति-निर्माण में एक सम्पादक का, संशोधक का, कार्य करती है। दूसरी ओर, वह संवेदनात्मक ज्ञान और ज्ञानात्मक संवेदनाओं को लक्ष्य में रखकर, उनसे अनुप्राणित होकर, आगे बढ़ती है। यह बुद्धि जीवन-तत्त्व में, जीवन-यथार्थ में, प्रवेश करनेवाली बुद्धि है। वह एक साथ कई कार्य करती है। भाव-यात्रा में वह ठीक दिशा को सूचित करती रहती है, संवेदनात्मक उद्देश्य से प्रेरित होने के कारण। जीवन-अनुभवों में सूक्ष्म दृष्टिफल को वह सामान्यीकरणों का रूप देती चलती है। तीसरी ओर, अभिव्यक्ति-निर्माण में वह संपादक-संशोधक का काम भी करती है, अतएव वह रूप-रचना में भी सहायक होती रहती है।

इस प्रकार हम देखते हैं कि द्विधा-विभाजित मन की प्रक्रिया में तटस्थता नामक जो एक आत्म-स्थिति पैदा हो जाती है, वह तटस्थता नामक आत्म-स्थिति एक क्रियावान शक्ति है, और क्रिया में गतिमान होने के लिए ही उपस्थित रहती है।

नयी कविता : मूल्य और मूल्यांकन

छायावाद और नयी कविता*

कोई भी नया साहित्यिक आन्दोलन उन विशेष देश-कालगत परिस्थितियों से पैदा होता है जिन्हें हम सामाजिक विकास की एक महत्त्वपूर्ण शृंखला कह सकते हैं। याद कीजिए वह ज़माना, जब गाँधीवादी राजनीति को सप्रश्न दृष्टि से देखा जा रहा था और कांग्रेस सोशलिस्ट पार्टी बनी थी। वामपक्षी विचारधारा हंस के ज़रिए हिन्दी साहित्य-क्षेत्र में फैल रही थी और साहित्यिक मूल्यों के पुनर्निर्धारण के प्रश्न कुछ साहित्यिकों के मन में घुमड़ रहे थे। इन वामपक्षी विचार-आवर्तों ने दो प्रकार के लेखक पैदा किए—एक तो वे जो सीधे-सीधे राजनीतिक विचार-प्रवाह के साहित्यिक रूपान्तर थे, और दूसरे वे थे जिन्होंने छायावादी साहित्यिक आदर्शों और मनोदशाओं के विरुद्ध तीव्र-प्रतिक्रियाएँ की थीं। ये दूसरे प्रकार के लेखक सन् 1939 से ही छायावादी-आदर्शवादी भूमि को वैचारिक दृष्टि से त्याग रहे थे। उनका सबसे महत्त्वपूर्ण विरोध सिर्फ़ एक बात को लेकर था। और वह यह कि छायावाद ने अर्थ-भूमि को संकुचित कर दिया है। सौन्दर्य, दुःख, कष्ट, लक्ष्य, आदर्श, क्रोध, क्षोभ का चित्रण जो छायावाद में हुआ, वह वास्तविक मनोदशाओं का नहीं, वरन् कल्पित दुःख, कष्ट, क्रोध, क्षोभ आदि का है। छायावादी मनोदशा वास्तविक जीवन का प्रतिनिधित्व नहीं करती—वह जीवन जो जिया जाता है—उसकी करुणा वास्तविक करुणा नहीं। छायावादी मनोभावों में रंगीनी इसीलिए है कि उसमें ज़िन्दगी, जैसी कि वह जी जाती है, की असलियत लापता है। यही है वह मूल प्रतिक्रिया जो नयी कविता ने उन दिनों छायावाद के विरुद्ध की थी।

किन्तु इस प्रतिक्रिया की पार्श्वभूमि सामाजिक न थी। आग्रह इस बात का था कि छायावाद में वर्णित करुणा व्यक्ति की वास्तविक करुणा नहीं, ज़िन्दगी के भीतर करुणास्पद परिस्थितियों से उत्पन्न मनोभावों का चित्रण नहीं। वह कुछ और ही है, जिसमें करुणा का विलास है, उसकी तकलीफ़ नहीं। लेकिन नयी कविता का कवि इस तकलीफ़ को आत्मकेन्द्री अर्थों में ही देख रहा था। वह इस करुणा की सामाजिक व्याख्या न कर पाता था। अतएव नयी कविता का जन्म छायावादी व्यक्तिवाद के विरुद्ध यथार्थोन्मुख व्यक्तिवाद की ही बग़ावत थी। यह बग़ावत

* सम्भावित रचनाकाल 1955-56। 'नये साहित्य का सौन्दर्यशास्त्र' में संकलित।

इसीलिए सम्भव थी कि देश की बिगड़ी हुई दशा में मध्यम-वर्ग के साधारण व्यक्ति का जीवन असह्य हो उठा था। ऐसा व्यक्ति यह सोचता था कि तत्कालीन रोमैण्टिक कविता कम-से-कम उसके कष्टग्रस्त जीवन के मनोभावों के यथार्थ को तो उभारे।

नयी कविता की दूसरी बद्धमूल धारणा यह थी कि छायावाद जीवन के प्रश्नों को भावुकता-प्रधान, कल्पना-मूलक, आदर्शवादी दृष्टि से देखता है। उसकी यह दृष्टि जीवन के यथार्थ के बिल्कुल विपरीत है। जैसे स्त्री-पुरुष-सम्बन्धों का आदर्शीकरण, नारी का आदर्शीकरण, किसान-मज़दूर-जीवन का रोमैण्टिक वायवीय चित्रण, (जैसे पन्त की 'ग्राम्या' में) दुःख और करुणा का आदर्शीकरण—गोया हर चीज़ का कल्पना-प्रवण आदर्शीकरण और उदात्तीकरण। निश्चय ही छायावाद की फ़िलॉसफ़ी और कार्य-पद्धति ही गड़बड़ है। इस प्रतिक्रिया का फल यह हुआ कि नयी कविता जीवन की समस्याओं को बौद्धिक दृष्टि से देखने और मिटाने के लिए छटपटाने लगी और उसकी चित्रण-पद्धति बौद्धिक हो उठी। यह बौद्धिकता उसके दृष्टिकोण तक ही सीमित न रही, वरन् काव्य-रचना का एक प्रमुख सर्जनात्मक तत्त्व बनकर सामने आई। और साथ ही उसकी शैली को भी प्रभावित किया।

चूँकि नयी कविता-कल्पना-प्रवण, भावुकतापूर्ण, वायवीय आदर्शवादी व्यक्तिवाद के विरुद्ध यथार्थवादी व्यक्तिवाद की बग़ावत थी, इसलिए उसमें (1) बौद्धिकता के कारण यथार्थवादी आत्म-चेतना, और (2) व्यक्तिवाद का आत्मकेन्द्री स्वरूप, अर्थात् वास्तविक सुख-दुःख की सामाजिक पार्श्वभूमि और ऐतिहासिक शक्तियों के प्रति सघन रागात्मक सम्बन्ध की क्षीणता, पाई जाती है। ध्यान रहे कि इन्हीं दो मूलभूत बातों से शेष सब बातें या विशेषताएँ प्रादुर्भूत होती हैं। चूँकि नयी कविता की यथार्थोन्मुख बौद्धिकता व्यक्ति और समाज के सम्पूर्ण प्रश्नों का उत्तर नहीं दे सकती थी, इसीलिए धीरे-धीरे उसमें साम्यवाद आना निश्चित ही था। 'तारसप्तक' के प्रकाशन (सन् 1943) तक उसके चार कवि प्रगतिवादी [थे] और दो कवि प्रगतिवाद से प्रभावित हुए। केवल एक श्री अज्ञेय प्रगतिवादी न हो सके। यहाँ यह बात ध्यान में रखने की है कि कांग्रेस सोशलिस्ट पार्टी बनने के अनन्तर सन् '42 तक वामपक्षी विचारधाराएँ युवकों में फैल चुकी थीं। यह भी ध्यान देने की बात है कि साधारण रूप से 'तारसप्तक' में संगृहीत कविताएँ सन् '42 के उत्तरार्ध के पूर्व की ही कविताएँ हैं। इसलिए उन कविताओं में पूँजीवाद के विरुद्ध क्षोभ के बावजूद व्यक्ति-चेतना का ही प्राधान्य है।

'दूसरा सप्तक' निकलने तक परिस्थिति बदल चुकी थी। नयी कविता का टेकनीक प्रचार पा चुका था। जिन व्यक्तिगत और सामाजिक-राजनीतिक स्थिति-परिस्थितियों से 'तारसप्तक' वालों को जूझना पड़ा, वे परिस्थितियाँ 'दूसरा

सप्तक' वालों के पास न थीं। जिन प्रश्नों को 'तारसप्तक' में उठाया [गया] उनका विकास भी 'दूसरा सप्तक' में न हो पाया। 'तारसप्तक' के कवियों में, वर्तमान दुःस्थिति के भाव से ग्रस्त रहने की मनोदशा के कारण उत्पन्न नकारवादी नैराश्यमूलक निवेदन, राजनीतिक विरोध, सामाजिक व्यंग्य, व्यक्ति के भीतर के वास्तविक अन्तर्विरोध (जिनके स्पष्टीकरण का बहुत बड़ा सामाजिक महत्त्व है), व्यक्ति-चेतना का आभ्यन्तर विकेन्द्रीकरण (जो समाज में स्पष्ट लक्षित होता है), सामाजिक क्रान्ति के प्रति निष्ठा, मनुष्य की उन्नयनशीलता के प्रति विश्वास और आस्था दृष्टिगोचर होती है। दूसरा सप्तक में न इतना सामाजिक व्यंग्य है और न राजनीतिक विरोध और न इतनी निबिड़ आत्म-चेतना। इसके विपरीत, उसमें मनोहर प्राकृतिक दृश्यांकन, निसर्ग सौन्दर्य का अनेक रूपकों में चित्रण, वातावरण के सुघर रेखाचित्र और काव्य-शिल्प की रमणीयता के दर्शन होते हैं। 'दूसरा सप्तक' वालों का टेकनीक सधा हुआ है, और उनके काव्य-विषय भी अपेक्षाकृत सरल हैं। सामाजिक व्यंग्य, प्रगतिशील प्रवृत्ति और राजनीतिक स्वर क्षीण है, और वह भी सिर्फ़ गूँज भर है। 'तारसप्तक' वालों ने जितने मनोभावों को और मनुष्य दशाओं को मथा है, उतना 'दूसरा सप्तक' वालों ने नहीं। ऊपर लिखित कथन सिर्फ़ भेद दर्शाने के लिए है, न कि किसी की श्रेष्ठतरता स्थापित करने के लिए।

स्वर्गीय पण्डित रामचन्द्र शुक्ल ने अपने हिन्दी साहित्य के इतिहास में छायावाद के प्रति जो क्षोभ प्रकट किया, वह एकदम निःसार और अनर्गल है, यह नहीं कहा जा सकता। उन्होंने बार-बार यह शिकायत की है कि छायावाद में अर्थ-भूमि का संकोच हो गया है, मानव-मन के बहुत ही अल्प और अ-महत्त्वपूर्ण विषयों की ओर ध्यान दिया गया है। छायावाद के सार्वभौम एकच्छत्रता के वातावरण में, नये कवियों ने केवल नम्रता प्रदर्शित करने के लिए अपनी कविताओं को प्रयोग कहा। वस्तुतः वे कविताएँ प्रयोग न होकर साक्षात् कविताएँ थीं। नयी कविता के विरोधियों ने निन्दा के तुच्छ भाव से प्रयोगवाद शब्द चला दिया। अतः, हमारे पाठक यह जान लें कि नयी कविता, कविता है, प्रयोग नहीं। अगर उनमें आज अधकचरापन दिखाई देता है, तो यह तो नयी कविता की प्रारम्भिक अवस्था ही का लक्षण है, जैसा कि यह छायावाद में भी था, या कि अन्य साहित्यिक प्रणालियों की प्रारम्भिक अवस्था में हो सकता है। तो आइए, अब नयी कविता के स्वरूप पर थोड़ा विचार करें और उसकी सफलताओं पर भी दृष्टि डालें।

हम यह पहले ही कह चुके हैं कि नयी कविता का कवि जगत् और जीवन से, सामाजिक तथा राजनीतिक स्थिति-परिस्थिति से, जागरूक रहा। किन्तु उसकी

उनके प्रति मानसिक प्रतिक्रियाएँ अन्तर्मुखी, भावप्रवण और निबिड़ आत्ममूलक रहीं। इस आत्म-केन्द्रिता से उसकी बौद्धिकता अलग नहीं की जा सकती। उदाहरणतः, कवि जो भाव अपने हृदय में अनुभव करता है–चाहे वह राजनीतिक हो या व्यक्तिगत–उस भाव को ठीक वैसे ही लिखना चाहेगा जैसा वह वस्तुतः उसके हृदय में है। उसके सारे रूप-रंग, स्थिति-प्रलय का सच्चा चित्र उपस्थित करना चाहेगा, जैसे घनघोर उदासी को इस प्रकार प्रकट करेगा–

आज उचटा-सा हृदय;
साइरन बज जाए उसके बाद
निर्जन-शून्य सड़कों-सा निभृत निःसंग खाली
व्यर्थता की स्याह-सी बेमाप
चादर से
अभी ज्यों ढँक गया हो शून्य जी का प्रान्त (नेमिचन्द्र)

अगर कोई छायावादी कवि होता तो घनघोर उदासी के बेमनपन को वायवीय प्रकार से रखता। ध्यान रहे कि कलकत्ते में बमबारी की आशंका से मारवाड़ियों और बनियों की बेतहाशा भीड़ स्टेशन पर जमी रहती थी। कलकत्ते में साइरन की आवाज़ एक भयानक सूचना थी, जिससे सारी सड़कें सूनी पड़ जाती थीं। अपने मन के वास्तविक भाव-सत्य को उसने यथार्थ-प्रेरित उपमाओं और प्रतीकों से बाँधा। जैसे, 'लहू की बूँदों से जलते हैं सड़कों पर बिजली के बल्ब लाल-लाल' (रामविलास शर्मा)। शर्मा जी युद्धातंक के वातावरण का चित्रण कर रहे हैं। यह कभी आवश्यक नहीं है कि उपमाएँ और चित्र बाहरी सामाजिक यथार्थ से ही उद्‌भूत हुए हों; किन्तु यह आवश्यक है कि प्रस्तुत उपमा या चित्र ठीक उसी मात्रा में और ठीक उसी रूप में उपस्थित किए जाएँ, कि जिस मात्रा में और जिस रूप में कवि के भाव हैं। प्रभाव और भाव की अन्विति नयी कविता के टेकनीक की पहली शर्त है। सारांश यह कि कल्पना तथा शैली के सम्बन्ध में नयी कविता में वैज्ञानिकता बरती जाती है, और भाव-तत्त्व के यथार्थ स्वरूप-चित्रण को अत्यधिक महत्त्व दिया जाता है। इसका प्रधान कारण है नयी कविता का कवि जगत् और जीवन से वस्तुवादी यथार्थोन्मुख दृष्टि लेकर जन्मा है, चाहे वह अपने मन के निगूढ़तम भावों की सूक्ष्म-से-सूक्ष्म छटाओं को प्रकृतिरूपात्मक उपादानों के द्वारा चित्रित करता हो, अथवा अपने मन की भाव-स्थिति को आधुनिक सभ्यता के उपकरणों के प्रतीकों द्वारा व्यक्त करता हो। उसकी कविता में सामाजिक यथार्थ, प्राकृतिक सौन्दर्य और भव्यता से लेकर निगूढ़ भाव-स्थितियों के विश्लेषण और चित्रण व्यंग्य और विद्रोह सभी सम्मिलित हैं। उसकी वास्तविकता-ग्राहक दृष्टि जब मन की स्थितियों पर मुड़ती है, तो कल्पना-शक्ति के माध्यम से वह आत्माभिव्यक्ति का

साधन बनती है। जैसे, अज्ञेय की यह कविता :

हम रहे, झर चली बूँदें काल निर्झर की
उदधि की झंझा-प्रताड़ित द्रुत लहर हमने नहीं माँगी,
वासना से, याचना से हम परे थे—
सहज अनुरागी।
....

वक्ष थे संलग्न, पर अस्तित्व के उस इन्द्रधनु के छोर,
नहीं करना चाहते थे,
निरे मानव-जीव की शत-फण बुभुक्षा के
कुलाहल का आस्फालन;
....
आत्मलय के रुद्र-ताण्डव का प्रभाथी
तप्त आवाहन;
क्योंकि दोनों चल रहे थे एक ही समताल की गति पर।

अथवा धर्मवीर भारती की यह बात देखिए :

लेकिन फिर भी मजबूरी है।
तुम दूर कहीं, ख़ाली-ख़ाली भारी मन से,
धुप-धुप करती-सी ढिबरी के नीचे बैठी
कुछ घर का काम-काज धन्धा करती होगी,
यह शाम मुझे इस तरह निगलती जाती है!
कोहरे की पाँखें फैलाती, नरभक्षिणी
यम की चिड़िया-सी
यह जाड़े की मनहूस शाम मँडराती है!

जहाँ तक राजनीतिक-सामाजिक चित्रणों का प्रश्न है, श्री हरिनारायण व्यास, रामविलास शर्मा, प्रभाकर माचवे, हमारे सामने प्रमुख रूप से आते हैं। राजनीतिक-सामाजिक आस्थाओं का भाव-प्रधान स्वरूप हमें श्री हरिनारायण व्यास में ही मिलता है। यही कारण है कि वे 'शरणार्थी' में इस प्रकार की पंक्तियाँ लिख सके—

हम पड़े हैं तम्बुओं में
गिन रहे हैं कल्पना के फूल की पँखुरी।
खून में भीगे हुए परिधान अपने

खा रहे हैं धूप उस मैदान में।

'हंस' के शान्ति अंक में प्रकाशित शमशेर बहादुर सिंह की 'शान्ति' पर कविता हिन्दी प्रगतिशील साहित्य में एकदम बेजोड़ है। सामाजिक परिवर्तन के लिए उत्सुक भावनाओं की गहरी मानवता उसमें लक्षित होती है। 'नयी कविता' में अब तक व्यंग्य और राजनीतिक विरोध का स्वर भी तीव्र तो था, पर उसमें मानवीय गहराई का अभाव था। सो शमशेर ने पूरा किया। समय के विशाल कैनवास पर देश-देशान्तरों के मानव-चित्रों का विहंगावलोकन करने का श्रेय नरेश मेहता को प्राप्त है। उन्होंने प्रकृति-सौन्दर्य को वैदिक संस्कृति की आँखों से देखा और उसके भव्य उदात्त चित्र खड़े किए। 'उषस' पर उनकी कविता की कुछ पंक्तियाँ ये हैं :

किरणमयी, तुम स्वर्ण वेश में!
स्वर्ण देश में!
सिंचित है केसर के जल से
इन्द्रलोक की सीमा,
आने दो सैन्धव घोड़ों का
रथ कुछ हलके धीमा।

अथवा 'किरन-धेनुएँ' में—

बरस रहा आलोक दूध है,
खेतों खलिहानों में,
जीवन की नव-किरण फूटती
मकई के धानों में,
सरिताओं में सोम दुह रहा वह अहीर मतवाला!

किन्तु चित्रकला की प्रधानता और उसके सम्पूर्ण आकार की व्यंजना श्री गिरिजाकुमार माथुर में ही है। डॉ. रामविलास शर्मा की यह 'प्रत्यूष के पूर्व' की झाँकी देखिए :

सीत्-सीत् करती बयार है बह रही,
पौ फटने में अभी पहर भर देर है।
बरगद से कुछ दूरी पर जो दीखता,
ऊँचा-सा टीला, उस पर एकत्र हो,
ऊँचा मुँह कर देख डूबता चन्द्रमा
हुआ-हुआ करते सियार हैं बोलते।

सारांश यह कि नयी कविता में कोई भी विषय नहीं छूटता। ध्यान में रखने की बात सिर्फ़ इतनी है कि नयी कविता भाव या अनुभूति को, स्थिति या दृश्य को, उसके मूर्त्त स्वरूप और सत्ता में पकड़ती है। कल्पना उसके लिए सिर्फ़ एक वैज्ञानिक अस्त्र है, जिसके ज़रिए अंकन किया जाता है।

नयी कविता का आत्मसंघर्ष*

जब कभी कोई नयी काव्य-प्रवृत्ति अथवा साहित्य-प्रवृत्ति अवतरित होती है, कला के मूल तत्त्वों के सम्बन्ध में सिद्धान्तों के बारे में, बहस शुरू हो जाती है। यदि इस विचार-विनिमय को वास्तववादी होना है, तो उसे एक साथ दो काम करने होंगे—एक तो अपने युग-विशेष की प्रवृत्तियों को समझना होगा, दूसरे, नयी काव्य-प्रवृत्ति के स्वरूप को हृदयंगम करना होगा। नयी काव्य-प्रवृत्ति अभी तक पण्डितों, आचार्य प्रवरों और आलोचक-वरेण्यों द्वारा हृदयंगम नहीं हो सकी है। किन्तु यह चिन्ता की बात नहीं है। चिन्ता की बात यह है कि नयी काव्य-प्रवृत्ति के क्षेत्र के भीतर से ऐसी कोई आलोचना अभी नहीं उठी है जो उस प्रवृत्ति की सीमाएँ बताए और उसकी विस्तृत समीक्षा करे।

कला की वस्तु और रूप का प्रश्न आज ही क्यों उठ खड़ा हुआ? वह भी इतने ज़ोर से क्यों? संवेदनशील कवि-हृदय को उसके आसपास की वास्तविकता के मार्मिक पक्ष गहरी चुनौती देते हैं। यह चुनौती दो प्रकार की होती है—एक, तत्त्व सम्बन्धी; दूसरी, रूप-सम्बन्धी। आज के कवि के हृदय में तनाव भी है, घिराव भी। किन्तु कवि हृदय फैलना चाहता है, आत्म-विस्तार करना चाहता है। फैलने की इस मनोवृत्ति के सक्रिय होते ही, उसे मानव-वास्तविकता के मूल मार्मिक पक्ष दिखाई देने लगते हैं। किन्तु कहना चाहिए कि इन मार्मिक पक्षों का संवेदनात्मक आकलन करने की सारी तत्परता होते हुए भी, अभिव्यक्ति लँगड़ा जाती है। आज की काव्य-प्रवृत्ति की मनोवैज्ञानिक धारा यदि विशुद्ध आत्म-परक भाव-धारा होती, अर्थात् अनायास प्रवाहित होनेवाले स्वच्छन्द भावों का वह प्रवाह होता, तो दिक्कत का सामना न करना पड़ता। किन्तु वह कविता संवेदनात्मक ज्ञान और ज्ञानात्मक संवेदनों के तीव्र मानसिक प्रतिक्रियाघातों को प्रकट करना चाहती है (वह सर्वत्र कहाँ तक सफल है, यह एक अलग प्रश्न है)। ऐसी स्थिति में, उसे न केवल अनुभूति-पक्ष के वरन् वस्तु-पक्ष के, और उससे सम्बन्धित परिज्ञान-पक्ष के, विकास की अपेक्षा है। यह सवाल, या इससे सम्बन्धित प्रश्न, कविजनों के मन में उठते रहते हैं।

---

*'कृति' (फरवरी 1960) में प्रकाशित। 'नयी कविता का आत्मसंघर्ष' में संकलित।

किन्तु ज्ञान-पक्ष संवेदना से हटकर काव्योपयोगी नहीं रहेगा। यह तथ्य स्वीकृत करने पर भी, इस बात से मुँह नहीं मोड़ा जा सकता कि आज की नयी कविता के प्रगल्भ विकास के लिए कवि की मूलभूत संवेदन-शक्ति में विलक्षण विश्लेषण-प्रवृत्ति चाहिए।

ऐसा क्यों? इसलिए कि कविता पुराने काव्य-युगों से कहीं अधिक, बहुत अधिक, अपने परिवेश के साथ द्वन्द्व-स्थिति में प्रस्तुत है। इसलिए उसके भीतर तनाव का वातावरण है। परिस्थिति की पेचीदगी से बाहर न निकल सकने की हालत में, मन जिस प्रकार अन्तर्मुख होकर निपीड़ित हो उठता है, उसे देखते हुए यह कहा जा सकता है कि आज की कविता में घिराव का वातावरण भी है।

अतएव आज की कविता, किसी-न-किसी प्रकार से, अपने परिवेश के साथ द्वन्द्व-स्थिति में उपस्थित होती है, जिसके फलस्वरूप यह आग्रह दुर्निवार हो उठता है कि कवि-हृदय द्वन्द्वों का भी अध्ययन करे, अर्थात् वास्तविकता में बौद्धिक दृष्टि द्वारा भी अन्तःप्रवेश करे, और ऐसी विश्व-दृष्टि का विकास करे, जिससे व्यापक जीवन-जगत् की व्याख्या हो सके, तथा अन्तर्जीवन के भीतर के आन्दोलन, आरपार फैली हुई वास्तविकता के सन्दर्भ से, व्याख्यात, विश्लेषित और मूल्यांकित हों।

तभी हम आसपास फैली हुई मानव-वास्तविकता के मार्मिक पक्षों का उद्घाटन-चित्रण कर सकेंगे। माना कि यह उद्घाटन-चित्रण मात्र विवेचनात्मक बौद्धिक-दृष्टि से ही नहीं होगा। किन्तु उस बौद्धिक प्रतिभा के फलस्वरूप संवेदनात्मक ज्ञान और ज्ञानात्मक संवेदन अधिक पुष्ट होंगे। अनुभूति को ज्ञान-प्रेरित जीवनानुभव प्राप्त होने की सम्भावना बढ़ जाएगी। इस प्रकार व्यक्तित्व अधिक सक्षम हो सकेगा।

किन्तु केवल इतना ही काफी नहीं है। वैविध्यपूर्ण, स्पन्दनशील, आसपास फैले हुए मानव-जगत् के मार्मिक पक्षों के वेदनात्मक चित्रण के लिए अभिव्यक्ति-सम्पदा भी चाहिए। केवल आत्यन्तिक तीव्र संवेदनाघातपूर्ण मानसिक प्रतिक्रिया करनेवाली काव्य-शैली को अधिक लचीली, अधिक सक्षम और सम्पन्न बनाना होगा, जिससे कि वह एक ओर कवि-हृदय की अत्यन्त सूक्ष्म संवेदनाएँ मूर्तिमान कर सके, तो दूसरी ओर, वास्तव जीवन-जगत् की लहर-लहर को हृदयंगम कर उसे समुचित वाणी दे सके। पुरानी शास्त्रीय शब्दावली में कहा जाए तो, उसे भाव-पक्ष के साथ विभाव-पक्ष का चित्रण करना होगा।

सच बात तो यह है कि आज के कवि को एक साथ तीन क्षेत्रों में संघर्ष करना है। उसके संघर्ष का त्रिविध स्वरूप यह है या होना चाहिए : (1) तत्त्व के लिए संघर्ष; (2) अभिव्यक्ति को सक्षम बनाने के लिए संघर्ष; (3) दृष्टि-विकास का संघर्ष। प्रथम का सम्बन्ध मानव-वास्तविकता के अधिकाधिक सक्षम उद्घाटन-अवलोकन से है। दूसरे का सम्बन्ध चित्रण-सामर्थ्य से है। और तीसरे

का सम्बन्ध थियरी से है, विश्व-दृष्टि के विकास से है, वास्तविकताओं की व्याख्या से है। यह त्रिविध संघर्ष है।

कला-तत्त्व

कला वस्तु-तत्त्व-अन्तर्तत्त्व-व्यवस्था का ही एक भाग है। वे ऐसे अन्तर्तत्त्व हैं जो बाहर के धक्के से या उन धक्कों के संचय से उद्वेलित अर्थात् (1) तरंगायित, (2) मानसिक दृष्टि के सम्मुख उद्‌घाटित, (3) जीवन-मूल्यों तथा पूर्वतर अनुभवों से आलोकित, तथा (4) अभिव्यक्ति के लिए आतुर हो उठते हैं।

तरंगायित होकर जब अन्तर्तत्त्व मानसिक दृष्टि के सम्मुख उपस्थित हो उठते हैं, तभी उनमें रूप आ जाता है, अर्थात् कल्पना-बिम्ब या स्वर या प्रवाह से वे संवृत हो उठते हैं। कल्पना का कार्य यहीं से शुरू हो जाता है। बोध-पक्ष अर्थात् ज्ञान-वृत्ति भी यहाँ सक्रिय हो उठती है। यह उद्‌घाटन-क्षण है—यह कला का प्रथम क्षण है। इसके अनन्तर मानसिक दृष्टि, जो इस तत्त्व-रूप को देख रही थी, उसके रस में निमग्न-सी होने लगती है। साथ ही बोध-पक्ष यानी ज्ञान-वृत्ति की सक्रियता के फलस्वरूप वह तटस्थ भी हो जाती है। वह अन्तःप्रवेश करने लगती है, साथ ही वह बाहर से पर्यवलोकन भी करती है। फलतः एक ओर, रस का प्रवाह या भाव-प्रवाह अन्य समस्वभावी और समरूप अनुभवों को उस तत्त्व में मिला देता है, तो दूसरी ओर, हृदय में संचित जीवन-मूल्यों की, अर्थात् हमारे अन्तःकरण में स्थित आदर्शात्मक सत्ता की, भी एक धारा इस तत्त्व में मिलने लगती है। कल्पना उद्दीप्त होकर, संवेदना से आप्लुत उस तत्त्व को, समरूप अनुभवों और जीवन-मूल्यों से संश्लेषित करती हुई, एक संश्लिष्ट जीवन-चित्रशाला उपस्थित कर देती है। यह कला का दूसरा क्षण है कि जिसमें हमारे वेदनात्मक हेतु और संवेदनात्मक अभिप्राय किसी व्यापक मार्मिक जीवन-महत्त्व से न्यस्त हो जाते हैं, और हमारे लिए वह आत्म-तत्त्व इतना अधिक महत्त्वमय मालूम होता है कि हम उसकी अभिव्यक्ति के लिए छटपटाते हैं। इस छटपटाहट को जब हम शब्द, रंग तथा स्वर में अभिव्यक्त करने लगते हैं, तब कला का तीसरा क्षण शुरू हो जाता है। अभिव्यक्त के साधन, अर्थात्, भाषा, हमारे लिए सामाजिक है। इससे उसके शब्द-संयोग, भाव-परम्परा और ज्ञान-परम्परा से पूर्ण हैं। अतएव हमें अपने हृदगत् तत्त्वों को उनके मौलिक रूप रंग और भार में स्थापित और प्रकट करने के लिए नये शब्द-संयोग बनाने या लाने पड़ते हैं। शास्त्रीय शब्दावली में कहें तो, हमें नवीन वक्रोक्तियों और भंगिमाओं का सहारा लेना पड़ता है। साथ ही, कल्पना-शक्ति भी नव-नवीन रूप-बिम्बों का विधान करती है, जिससे मनस्तत्त्व अपने मौलिक रूप-रंग में प्रकट हो सकें।

अभिव्यक्ति का संघर्ष दीर्घ होता है। कला का यह तीसरा क्षण दीर्घ होता

है। उस संघर्ष में, अभिव्यक्ति के स्तर तक आते-आते, हमारे मनोमय तत्त्व-रूप बदलने लगते हैं। होता यह है कि उस संघर्ष के दौरान में भाषा के भीतर अवस्थित ज्ञान-परम्परा और भाव-परम्परा के कारण, जो पहले से ही शब्द-संयोग बने हुए हैं, उन शब्द-संयोगों के साथ अनिवार्य रूप से जुड़े हुए जो अर्थानुषंग हैं, उन अर्थानुषंगों के प्रभाव में आकर, समशील-समरूप अर्थानुषंगों को आत्मसात् कर, मनोमय रूप-तत्त्व अपने को और पुष्ट करते हैं। फलतः, वे इस हद तक बदल भी जाते हैं। जब वे अपने ख़ास साइज़ और अपनी खास काट की अभिव्यक्ति पा लेते हैं, तब उनके तत्त्व और रूप पहले से बहुत कुछ बदले हुए होते हैं। सामाजिक सम्पदा होने के कारण भाषा मनोमय रूप-तत्त्वों को उनके प्रकट होने के दौरान में घटा-बढ़ा देती है, और अनजाने ढंग से उनमें नये रूप-तत्त्व ला देती है। साथ ही यह अभिव्यक्ति-संघर्ष भाषा को कुछ बदल देता है, उसे नवीन शब्द-संयोग, नवीन अर्थवत्ता और नयी भंगिमाएँ और व्यंजनाएँ देता है। इस प्रकार, कलाकार भाषा का भी निर्माण करता है। अभिव्यक्ति समाप्त होते ही, उसके संघर्ष का अन्त होते ही, कला का तीसरा क्षण भी समाप्त होता है। अब कलाकृति सामने आ जाती है। अब उसमें केवल इधर-उधर कुछ शब्दों या स्वरों के फेरफार के सिवाय कुछ बाकी नहीं रह जाता।

यदि उपर्युक्त स्थापनाएँ सही हैं, तो उससे कई निष्कर्ष निकलते हैं। सृजन-प्रक्रिया के दौरान में काव्य के मनोमय तत्त्व और रूप स्थिर नहीं होते। वे मनोमय तत्त्व-रूप तब तक अपने को विकसित और संशोधित करते जाते हैं, अपने को पुष्ट और प्रकाशान्वित करते जाते हैं, जब तक कि अभिव्यक्ति में सम्पूर्णता आकर कला का तीसरा क्षण समाप्त न हो जाए। इसका अर्थ यह है कि जो महानुभाव आत्मोद्घाटन को ही काव्य का उद्देश्य समझते हैं, आत्म-प्रकटीकरण प्रधान मानते हैं, वे सज्जन आत्म-प्रकटीकरण की प्रक्रिया हृदयंगम नहीं कर सके हैं। कवि अपने अन्तर में व्याप्त जीवन-जगत् को प्रकट करता है। वह किसी भावोद्देश्य को प्रकट करता है, किन्तु यह भावोद्देश्य निरा व्यक्तिगत नहीं होता। सच तो यह है कि मनुष्य जब काव्य में अपने-आपको प्रकट करता है, तब वह केवल आत्म-उपस्थापना ही नहीं करता, वरन् वह आत्म-औचित्य की स्थापना करता है। आत्म-औचित्य की स्थापना के द्वारा ही वह आत्म-प्रस्थापना करता है। फलतः, इस औचित्य-स्थापना की भावना से प्रेरित होकर, वह अपने भीतर जो कुछ उसका अपना विशिष्ट है, उसे सामान्य में—उस सामान्य में जिसे वह सामान्य समझता है—इतना अधिक मिला देता है, कि उस सामान्य के प्रवाह में बहकर उसका विशिष्ट आमूलाग्र बदल जाता है। और जब वह विशिष्ट सामान्य में घुल-मिलकर रूपान्तरित हो जाता है, तब कवि आह्लाद और प्रकाश का अनुभव करता है। और उसे लगता है कि उसका विशिष्ट—जो

अब विशिष्ट रहा ही नहीं—बहुत ही मार्मिक महत्त्व-प्रकाश, मार्मिक महत्त्व-किरणें, विकसित कर रहा है। यह सामान्य क्या है? वे जीवन-मूल्य हैं, वे जीवन-दृष्टियाँ हैं, जो कवि ने अपने बाह्य विस्तृत जीवन में पाई हैं। दूसरे शब्दों में, उसके अन्तर में व्याप्त ये जीवन-मूल्य और यह जीवन-दृष्टि बाह्य जीवन-जगत् का ही मनावैज्ञानिक रूप हैं।

सृजन-प्रक्रिया के दौरान में एक विलक्षण बात घटित होती है। एक तो यह कि विशिष्ट जब सामान्य में घुलता है, तब उस विशिष्ट के कारण कवि की आत्मलीन दशा का जो संवेदनात्मक पुंज है वह तो स्थायी रहता है, किन्तु उस बद्धता के घेरे की दीवारें टूट जाती हैं। इस प्रकार कवि-मन, संवेदनात्मक पुंज धारण करते हुए भी, जो पुंज उसकी आत्मलीन स्थिति में उद्‌बुद्ध हुए थे—सामान्य भूमि पर आकर जीवन-मूल्य और जीवन-दृष्टियों से समन्वित होने से—अपने को उन संवेदना-पुंजों से ऊपर उठा हुआ अर्थात् तटस्थ महसूस करता है, तथा वे संवेदना-पुंज जीवन-मूल्यों और जीवन-दृष्टियों से तथा पूर्वगत अनुभवों से मिलकर अपने को व्यापक महत्त्व और प्रकाश से युक्त कर लेते हैं। अतएव उन संवेदना-पुंजों में दर्शक-मन को एक अद्वितीय आनन्द प्राप्त होता है। इस प्रकार दर्शक-मन अपने को एकदम तटस्थ, तो, दूसरी ओर, एकदम रसमग्न अनुभव करता है। विशिष्ट को सामान्य बनाने के हेतु, कवि-मन वेदनात्मक उद्देश्य से प्रेरित होकर निरन्तर भाव-संशोधन और भाव-सम्पादन करता जाता है। यह कवि की आन्तरिक प्रक्रिया का अंग है। सच तो यह है कि कविता एक सांस्कृतिक प्रक्रिया है।

अभिव्यक्ति प्राप्त होने पर, भाव-पक्ष का सामाजीकरण हो जाता है। सृजन-प्रक्रिया के अन्तर्गत विशिष्ट को सामान्य बनाने की यह क्रिया तभी से शुरू हो जाती है, जब कवि कला के प्रथम क्षण में अन्तर-नेत्रों से उस तत्त्व को देखने लगता है, कि जो तत्त्व उन अन्तर-नेत्रों के सामने तरंगायित और उद्‌घाटित हो उठता है। आगे चलकर, समरूप अनुभवों से मिलते हुए, वह मनोमय तत्त्व जब जीवन-मूल्यों और जीवन-दृष्टियों से अपना संगम करता है, तब वह और भी सामान्य हो उठता है। प्रश्न यह है कि वे जीवन-मूल्य और जीवन-दृष्टियाँ किसकी हैं? (केवल व्यक्ति की तो वे हो ही नहीं सकतीं)। वह सामान्य भूमि किसकी है? यह प्रश्न स्वाभाविक है। यह प्रश्न हमें समाजशास्त्रीय आलोचना की ओर ले जाता है। आगे चलकर जबकि कवि अपने मनोमय तत्त्व रूप को बाह्य अभिव्यक्ति के साँचे में ढालने लगता है, या जब वह बाह्य अभिव्यक्ति को अन्तर-अभिव्यक्ति (मनोमयतत्त्वात्मक रूप) के साइज़ की, काट की, रंग की, बनाने लगता है, तब उसकी आँखों के सामने जो सौन्दर्य-प्रतिमान होता है, वह सौन्दर्य-प्रतिमान किस सौन्दर्याभिरुचि ने, किस वर्ग की सौन्दर्याभिरुचि ने, उत्पन्न किया है, यह प्रश्न

स्वाभाविक हो उठता है। सौन्दर्याभिरुचि यदि मात्र व्यक्तिजन्य होती तो बात अलग थी। किन्तु सौन्दर्याभिरुचि का वह फ्रेम, मात्र व्यक्तिजन्य नहीं है। अतएव यह प्रश्न बिल्कुल स्वाभाविक है कि उस वर्ग ने सौन्दर्याभिरुचि के उस फ्रेम का विकास किया तो क्यों किया, उसका औचित्य क्या है, सीमाएँ क्या हैं, आदि-आदि।

ध्यान रहे कि सौन्दर्याभिरुचि अपनी रक्षा के लिए सेंसरों का भी विकास करती है। प्रश्न यह है कि सेंसर किन मनस्तत्त्वों के विरुद्ध हैं, क्यों हैं, क्या इसका विश्लेषण आवश्यक नहीं है? उदाहरण के लिए, आज की नयी कविता में कर्कश विद्रोह-स्वर, अथवा गली-कूचों की धूल और मिट्टी की व्यंग-तस्वीर, अथवा क्रान्तिकारी चण्डता सौन्दर्यजनक नहीं समझी जाती। भद्रवर्ग की बैठक में सुनाई गई ऐसे भावोंवाली कविताओं के प्रति प्रतिष्ठित महारथियों ने अविश्वास-अरुचि और वैराग्य ही प्रकट किया। उन्होंने बार-बार यह कहा कि उन्हें प्रतीत नहीं होता कि वह स्वर वस्तुतः आत्मानुभूति है। अर्थात्, उन्होंने उस पर अविश्वास किया। दूसरे शब्दों में, नयी कविता ख़ास काट की, खास शैली की होने के अलावा कुछ विशेष विषयों और मनस्तत्त्वों तक ही सीमित रहनी चाहिए। स्पष्ट है कि उनकी सौन्दर्याभिरुचि एक विशेष वर्ग की है, जिस विशेष वर्ग ने विशेष वर्ग-स्थिति में ही उस विशेष सौन्दर्याभिरुचि का अंगीकार किया है। और उस अभिरुचि के अन्तर्गत सेंसर काफ़ी सक्रिय हैं। उस उच्च-मध्यवर्गीय सौन्दर्याभिरुचि के अधीन हो निम्न-मध्यवर्गीय कविजन, जाने-अनजाने, उस फ्रेम के कारण सेंसर लगाते रहते हैं, और इस प्रकार अपने मानव-स्पन्दन और मर्मानुभव काटते रहते हैं। निस्सन्देह, सौन्दर्याभिरुचि और उसके अधीनस्थ सेंसर के विश्लेषण के सिलसिले में हमें उस सौन्दर्याभिरुचि और सेंसर की सामान्य भूमि, अर्थात् वर्गीय भूमि, तक पहुँचना ही पड़ता है।

सच तो यह है कि काव्य की विशिष्ट और सामान्य भूमियों को पूर्णतः समझने का अभी प्रयास नहीं किया गया है, अथवा उन उपायों में सर्वांगीण पूर्णता नहीं आ पाई है। जो हो, यह सही है कि कविता में कवि का आत्मोद्घाटन उतना विश्वसनीय नहीं है, जितनी कि उसकी सामान्य भूमि।

सृजन-प्रक्रिया के उपर्युक्त विश्लेषण से जो दूसरा महत्त्वपूर्ण निष्कर्ष निकलता है, वह यह है कि यदि कलाकार के तीनों क्षण पूर्ण न हुए, या उनमें शिथिलता आई, तो कविता सुन्दर नहीं होगी। उसके तत्त्वों में निखार नहीं आएगा। जो कविताएँ दुर्बोध हो जाती हैं, उन कविताओं में मन रस-मग्नता के साथ-ही-साथ पर्यालोचनपूर्ण तटस्थता का निर्वाह नहीं कर पाता। तटस्थता के पूर्ण निर्वाह के अभाव का प्रमुख कारण यह है कि वह अपनी वेदनाओं को जीवन-मूल्यों और जीवन-दृष्टियों के प्रकाश में नहीं देख रहा है, कि वह अभी भी व्यक्तिबद्ध है,

आत्मग्रस्त है। वे दृष्टियाँ और वे मूल्य उसके सम्बन्धित तत्त्वों का अंग नहीं बनी हैं, उनका सामाजीकरण नहीं हुआ है। मैं कला के दूसरे क्षण की बात कर रहा हूँ। फलतः, कवि अपने आत्मलीन भाव को तो देख पाता है, किन्तु उनको पूर्वगत अनुभवों से प्रकाशित और जीवन-मूल्यों से समन्वित करनेवाली जीवन-दृष्टि से एकात्म नहीं कर पा रहा है। इस सामान्य भूमि पर खड़े होकर वह तटस्थ हो सकता है। जब तक उसकी वेदना व्यापक मार्मिक अर्थ नहीं देती, तब तक कला का दूसरा क्षण सिद्ध-सम्पन्न ही नहीं हो सकता। संक्षेप में, वह उस सामान्य भूमि और अपनी विशिष्ट अनुभूति को समन्वित और एकात्म नहीं कर पाता। फलतः, वह मात्र आत्मग्रस्त होकर रह जाता है। इसके विपरीत जिन कवियों के पास अपने संवेदन शिथिल हैं, वे शीघ्र ही तटस्थ हो जाते हैं, अपने से वे जल्दी मुक्ति प्राप्त कर लेते हैं, किन्तु मनोमय तत्त्व में संवेदनात्मक आनन्द प्राप्त होने की दशा क्षीण होने के कारण, वे उस मनोमय तत्त्व के संवेदन-पुंजों को ही ग्रहण नहीं कर पाते। फलतः उनकी कविता रिक्त रह जाती है, शुष्क हो जाती है। मनोमय तत्त्व के संवेदन-पुंजों को प्राप्त करना कवि का आद्य-प्राथमिक कर्तव्य है। वे उसे ही भूल जाते हैं। सच तो यह है कि कवि सृजन-प्रक्रिया के दौरान में निराला जीवन जीता है। उस जीवन को उसे ईमानदारी से आग्रहपूर्वक ध्यानशील होकर जीना चाहिए। नहीं तो बीच-बीच में साँस उखड़ जाएगी और उसके फलस्वरूप काव्य में खोट पैदा होगी।

सृजन-प्रक्रिया के उपर्युक्त विश्लेषण से एक तीसरा निष्कर्ष निकलता है। वह यह है कि कवि की संवेदन-क्षमता, कल्पना की संश्लेषण-शक्ति और बुद्धि की विश्लेषण-शक्ति, इन तीनों में से कोई भी बात कमजोर हुई, तो मनोमय तत्त्व-रूप अपनी-अपनी सही-सही ऊँचाई को नहीं प्राप्त कर सकेगा। इसके साथ अभिव्यक्ति सामर्थ्य को भी जोड़िए। अभिव्यक्ति-सम्पदा की प्राप्ति के लिए निरन्तर संघर्ष आवश्यक है। यह प्रयत्नसाध्य है और अभ्यासवश है।

हमारे जन्मकाल से ही शुरू होनेवाला हमारा जो जीवन है, वह बाह्य जीवन-जगत् के आभ्यन्तरीकरण द्वारा ही सम्पन्न और विकसित होता है। यदि वह आभ्यन्तरीकरण न हो तो हम कृमि—पानी का जीव हायड्रा—बन जाएँगे। हमारी भाव-सम्पदा, ज्ञान-सम्पदा, अनुभव-समृद्धि उस अन्तर्तत्त्व-व्यवस्था ही का अभिन्न अंग है, कि जो अन्तर्तत्त्व-व्यवस्था हमने बाह्य जीवन-जगत् के आभ्यन्तरीकरण से प्राप्त की है। हम मरते दम तक जीवन-जगत् का आभ्यन्तरीकरण करते जाते हैं। किन्तु साथ ही, बातचीत, बहस, लेखन, भाषण साहित्य और काव्य द्वारा हम निरन्तर स्वयं का बाह्यीकरण करते जाते हैं। बाह्य का आभ्यन्तरीकरण और आभ्यन्तर का बाह्यीकरण एक निरन्तर चक्र है। यह आभ्यन्तरीकरण तथा बाह्यीकरण मात्र मननजन्य नहीं वरन् कर्मजन्य भी है। जो हो, कला आभ्यन्तर

के बाह्यीकरण का एक रूप है।

बातचीत, बहस, भाषण, लेखन, चित्रकला, काव्य-साहित्य, आदि द्वारा हम बाह्य जीवन-जगत् के साथ या तो सामंजस्य उत्पन्न करते हैं (या उस सामंजस्य के अनुकूल प्रस्तुत होते हैं), अथवा उसके साथ हम द्वन्द्व में उपस्थित होते हैं। काव्य भी या तो बाह्य जीवन-जगत् के साथ सामंजस्य में या उसके अनुकूल उपस्थित होता है, अथवा उसके साथ द्वन्द्व रूप में प्रस्तुत होता है, अथवा काव्य-प्रवृत्ति (बातचीत, भाषण, लेखन, के समान ही) एक स्तर या क्षेत्र में सामंजस्य, और दूसरे स्तर या क्षेत्र में द्वन्द्व, को लेकर प्रस्तुत होती है। संक्षेप में, आभ्यन्तर या बाह्यीकरण, विश्वव्यापी सामंजस्य या द्वन्द्व अथवा दोनों के भिन्न रूप में उपस्थित होता है। कला इस नियम का अपवाद नहीं है।

आज की कविता में उक्त सामंजस्य से अधिक द्वन्द्व ही है। इसलिए उसके भीतर तनाव या घिराव का वातावरण है। आज का पद्याभास गद्य, मुख्यतः यह बात व्यक्त करता है कि इसमें सुमधुर लयात्मक किन्तु गणितयन्त्रीय छन्दों का स्थान नहीं। संक्षेप में, इस पार्श्वभूमि को देखकर ही वर्तमान कविता की विवेचना होनी चाहिए।

किन्तु, आवश्यकता इस बात की है कि हम इस द्वन्द्व को पूर्णतः समझें और तदनुसार अनुभव-समृद्धि बढ़ाएँ। मेरा अपना मत है कि हमारे साहित्य-चिन्तन या कलात्मक दृष्टि का विकास तभी होगा, जब हम वास्तविक जीवन में व्यापक तथा विविध जीवनानुभवों से सम्पन्न होंगे, तथा हम विक्षुब्ध उत्पीड़ित मानवता के (वायवीय नहीं, पूर्ण) आदर्शों से एकात्म होंगे। इसके बिना तत्त्व-समृद्धि और तत्त्व-परिष्कार की समस्या अधूरी ही रह जाएगी। लेकिन पता नहीं क्यों मुझे यह विश्वास है कि नयी काव्य-प्रवृत्तियाँ चाहे वे गीत-रूप में ही क्यों न आएँ—उक्त कार्य कर सकेंगी।

वास्तविक जीवन-जगत् के मार्मिक पक्षों को प्रकट करने के लिए, दूसरे शब्दों में, हमारे आभ्यन्तर में व्याप्त वास्तविक जीवन-जगत् के मार्मिक पक्षों की अभिव्यक्ति के लिए, हमें कुछ खतरों से सावधान रहना होगा।

कुछ खतरे

एक खतरा है जड़ीभूत सौन्दर्याभिरुचि का। नयी काव्य-प्रवृत्ति के क्षेत्र के कुछ महान व्यक्ति, अपनी वर्गीय अभिरुचि के फलस्वरूप, सौन्दर्य का जो प्रतिमान हमारे सामने रखते हैं, उसमें जब तक व्यापक संशोधन नहीं होगा, तब तक हम अपने ही जीवन-अनुभवों का पूर्ण और प्रभावशाली चित्र उपस्थित नहीं कर सकते। जो काव्यात्मक व्यक्तित्व एक बन्द सन्दूक (क्लोज्ड सिस्टम) बनाता है, ('तुम नहीं व्याप सकते, तुममें जो व्यापा है, उसी को निबाहो'), वह जड़ीभूत

सौन्दर्याभिरुचि ही प्रस्तुत कर रहा है। इस तरह की जड़ीभूत सौन्दर्याभिरुचि के फलस्वरूप ही, कुछ साहित्यिक समाजशास्त्री अपने ढर्रे के बाहर के क्षेत्र में प्रचलित नयी काव्य-समृद्धि में विद्रूपता के अतिरिक्त कुछ नहीं देखते। यदि हमें वैविध्यपूर्ण, परस्पर द्वन्द्वमय, मानव-जीवन के (अपने अन्तर में व्यापित) मार्मिक पक्षों का वास्तविक प्रभावशाली चित्रण करना है, तो हमें जड़ीभूत सौन्दर्याभिरुचि और उसके सेंसर त्यागने होंगे, तथा अनवरत रूप से अपने ढाँचों और फ्रेमों में संशोधन करते रहना होगा। मनुष्य जीवन का कोई अंग ऐसा नहीं है जो साहित्याभिव्यक्ति के अनुपयुक्त हो। जड़ीभूत सौन्दर्याभिरुचि एक विशेष शैली को दूसरी विशेष शैली के विरुद्ध स्थापित करती है। गीतों का नयी कविता से कोई विरोध नहीं है, न नयी कविता को उसके विरुद्ध अपने को प्रतिष्ठापित करना चाहिए। आवश्यकता इस बात की है कि जीवन में नए तत्त्व आएँ, न कि [किसी] काव्य-शैली की धारा की समाप्ति हो। किन्तु जड़ीभूत सौन्दर्याभिरुचि जबर्दस्ती का विरोध पैदा करा देगी। वह स्वयं अपनी धारा का विकास भी कुण्ठित करेगी, साथ ही पूरे साहित्य का।

नयी कविता के विभिन्न कवियों की अपनी-अपनी विशेष शैलियाँ हैं। इन शैलियों का विकास अनवरत है। आगे चलकर जब वे प्रौढ़तर होंगी, नयी कविता विशेष रूप से ज्योतिर्मान होकर सामने आएगी। साथ ही, नयी कविता में स्वयं कई भाव-धाराएँ हैं, एक भाव-धारा नहीं। इनमें से एक भाव-धारा में प्रगतिशील तत्त्व पर्याप्त हैं। उनकी समीक्षा होना बहुत आवश्यक है। मेरा अपना मत है, आगे चलकर नयी कविता में प्रगतिशील तत्त्व और भी बढ़ते जाएँगे और वह मानवता के अधिकाधिक समीप आएगी।

काव्य : एक सांस्कृतिक प्रक्रिया*

यदि मैं अपने निवेदन में नयी कविता ही को प्रमुखता दूँ तो आप मुझे क्षमा करें। यह नये कवियों का अपराध नहीं है कि छायावादी कवि आज क्रमशः उच्च से उच्चतर स्तर प्राप्त नहीं कर पा रहे हैं। यह नयी कविता का अपराध नहीं है कि पुराने प्रगतिवादी कवि बहुत दिनों से चुप हैं।

आज की नयी कविता के भीतर जो मनोवैज्ञानिक प्रक्रिया लक्षित होती है, वह निःसन्देह छायावादी या प्रगतिवादी अथवा उसके पूर्व की काव्य-प्रक्रिया से बिलकुल भिन्न है। रोमैण्टिक कवियों की भाँति आवेशयुक्त होकर, आज का कवि भावों के अनायास, स्वच्छन्द अप्रतिहत प्रवाह में नहीं बहता। इसके विपरीत, वह किन्हीं अनुभूत मानसिक प्रतिक्रियाओं को ही व्यक्त करता है। कभी वह इन प्रतिक्रियाओं की मानसिक रूपरेखा प्रस्तुत करता है, कभी वह उस रूपरेखा में रंग भर देता है। इसका अर्थ यह नहीं है कि वह व्याकुलता या आवेश का अनुभव नहीं करता। होता यह है कि वह अपने आवेश या व्याकुलता को बाँधकर, नियन्त्रित कर, ऊपर उठाकर, उसे ज्ञानात्मक संवेदन के रूप में या संवेदनात्मक ज्ञान के रूप में प्रस्तुत कर देता है। यह सबके अनुभव का विषय है कि मानसिक प्रतिक्रिया हमारे आभ्यन्तर में गद्यभाषा को लेकर उतरती है, कृत्रिम ललित काव्य-भाषा में नहीं। फलतः, नयी कविता का पूरा विन्यास गद्यभाषा के अधिक निकट है।

आज की नयी कविता में तनाव का वातावरण है। ऐसा बहुत थोड़ा काव्य है जिसमें ऐसा वातावरण न हो। प्रकृति के कोमल दृश्य, हल्की प्रेममयी व्यंजना, तथा कहीं-कहीं वासना के चित्र भी देखने को मिलते हैं। किन्तु यदा-कदाचित्, वहाँ भी हमें तनाव ही दृष्टिगोचर होता है। हाँ, यह अवश्य है कि यह तनाव विविध रूपों में, अथवा गहरे या हल्के ढंग से, प्रकट होता है। आज हमारा जो व्यक्ति-जीवन है—साधारण मध्यवर्गीय लोगों का व्यक्ति-जीवन—उसके अच्छे या बुरे, ऊँचे और नीचे, गहरे और उथले क्षणों की झाँकी हमें उसमें प्राप्त होती है। मुख्य बात यह है कि आज का कवि अपनी बाह्य स्थिति-परिस्थितियों और अपनी

* कृति (मई 1960) में प्रकाशित। 'नयी कविता का आत्मसंघर्ष' में संकलित।

मनःस्थितियों से न केवल परिचित है, वरन् अपने भीतर वह उस तनाव का अनुभव करता है जो बाह्य-पक्ष और आत्म-पक्ष के द्वन्द्व की उपज है। हाँ, सही है कि यह तनाव विभिन्न क्षेत्रों को—यथा, प्रणय जीवन को, अपूर्तिग्रस्त व्यक्ति-मानस को, तो कभी-कभी सामाजिक पक्ष को—लेकर उत्पन्न होता है। कवि के आस-पास जो जीवन लहरायित और तरंगायित है, उसे अनुभव कर और उसके भीतर अपनी स्थिति को लेकर वह विशेष सुख अनुभव नहीं कर पाता। यह तनाव कभी-कभी आत्मालोचन के स्वर में फूट पड़ता है, तो कभी प्रकृति के रमणीय दृश्य में उदास भावों का आरोप करता-सा प्रतीत होता है, कभी वह आत्मविश्वास से प्लुत होकर गरज उठता है, तो कभी वह मात्र नपुंसक अहंकार का विस्फोट बनकर प्रकट होता है, कभी वह आस्था और प्रेम की बात करने लगता है। यह भी होता है कि कवि अपने मन के भीतर के उस तनाव को सामाजिक प्रश्नों के साथ जोड़ देता है, यहाँ तक कि वह सभ्यता के प्रश्न भी शान से उपस्थित करता है।

संक्षेप में, नयी कविता, वैविध्यमय जीवन के प्रति आत्म-चेतन व्यक्ति की संवेदनात्मक प्रतिक्रिया है। चूँकि आज का वैविध्यमय जीवन विषम है, आज की सभ्यता ह्रासग्रस्त है, इसलिए आज की कविता में तनाव होना स्वाभाविक ही है। किसी भी युग का काव्य अपने परिवेश से या तो द्वन्द्व रूप में स्थित होता है, या सामंजस्य के रूप में। नयी कविता अधिकतर द्वन्द्व रूप में स्थित है। इसका अर्थ यह नहीं है कि नयी कविता में हृदय का सहज रस या रमणीयता नहीं है। नयी कविता के निकृष्ट उदाहरणों को चुनकर उस पर दोषारोपण करना व्यर्थ है। उसके श्रेष्ठ उदाहरणों को लेकर ही उसके विषय में कुछ कहा जा सकता है। नयी कविता ने नये विषय, नयी उपमाएँ, नयी प्रतीक-योजना, नयी भाव-पद्धति प्रदान की है। लेकिन ये सब बातें मैं सिर्फ़ इसलिए कह रहा हूँ कि हम लोग उसकी उपलब्धियों को सबसे पहले पहचान लें। नयी कविता का स्वर एक नहीं है, विविध है। एक ओर, यदि उसमें सुकोमल तीव्र गीतात्मक स्वर है, तो दूसरी ओर, तीव्र आलोचना का स्वर भी। यह स्वर कभी आत्मालोचन का रूप धारण कर लेता है, तो कभी समाजोन्मुख आलोचना भी करता है। प्रकृति के कोमल रमणीय दृश्यों से लेकर तो हृदय की रसात्मक अनुभूतियों तक के मार्मिक चित्र नयी कविता में कम नहीं हैं। सच तो यह है कि नयी कविता के भीतर कई स्वर हैं, कई शैलियाँ हैं, कई शिल्प हैं, और कई भाव-पद्धतियाँ। नयी कविता एक काव्य-प्रकार का नाम है। उस काव्य-प्रकार के भीतर अनेकानेक व्यक्तिगत शैलियाँ, शिल्प, रचना-विधान और जीवन-दृष्टियाँ हैं। नयी कविता की प्रतिभा किस लेखक में कहाँ है और कहाँ तक है, यह विवाद का विषय है। आज काव्य-क्षेत्र में बहुत-से नये कवि हैं। इनमें से बहुतेरे अच्छी कविता करते

हैं। इन सारी उपलब्धियों को ध्यान में रखते हुए, मैं अब अपनी कुछ विशेष बातों को आपके सामने रखना चाहता हूँ।

पहली बात तो यह है कि युग-परिवर्तन के साथ, भिन्न स्वभाववाले कवि सामने आते हैं। उन कवियों के विषय भिन्न होते हैं और काव्य-शिल्प भी भिन्न। छायावादी कवि और रीतिकालीन कवि के अपने-अपने स्वभावों में बहुत भेद है। नयी कविता का स्वभाव भी पहले के कवि-स्वभावों से भिन्न है। सबसे पहली बात तो यह है कि नया कवि बाह्य के प्रति संवेदनशील है। इस संवेदना को वह आत्मपरक रूप में प्रकट करता है। किन्तु छायावादियों और प्रगतिवादियों की भाँति कोई दार्शनिक विचारधारा उसके पास नहीं है। यह बात मैं नयी कविता के बारे में कह रहा हूँ। हाँ, यह अवश्य है कि कुछ विशिष्ट कवियों के पास अपने विशिष्ट दृष्टिकोण, सर्वांगीण विचारधाराएँ हो सकती हैं; किन्तु सबके साथ यह बात सच नहीं है। हाँ, कुछ में कुछ विशेष वैचारिक प्रवृत्तियाँ हो सकती हैं, बाकी में बिलकुल नहीं। अधिक-से-अधिक, वे लोग मानवता में, मानवतावाद में, अपनी आस्था प्रकट करते हैं; किन्तु, यदि उनके बौद्धिक विचारों की जाँच की जाए तो आप पायेंगे कि मानवता की उनकी कल्पना अमूर्त्त और वायवीय है। फिर भी, इनमें से बहुतेरे लोग व्यक्तिगत भावना के धरातल पर समाज के शोषकों और उत्पीड़कों के विरुद्ध हैं, विषम समाज के भीतर गरीब मध्यवर्गीय जनता की स्थिति से उनका लगाव है। मैं नयी कविता के अधिकांश कवियों की बात कर रहा हूँ। शेष ऐसे भी राजनीतिक रूप से सचेत कवि हैं, जो लेखकों को समाज के उत्पीड़कों के विरुद्ध (अपने काव्य द्वारा) आवाज उठाने नहीं देते अथवा उन्हें ऐसे कार्य में हतोत्साह करते रहते हैं। किन्तु, दिवसानुदिवस, समाज और सभ्यता के प्रश्न विकट हो रहे हैं। नयी कविता उन प्रश्नों से बच नहीं सकती, न वह बची ही है। नयी कविता के क्षेत्र में, असन्दिग्ध रूप से, प्रगतिशील परम्परा की एक लीक चली आयी है। प्रश्न इस परम्परा को आगे बढ़ाने का है। कविता बाह्य के प्रति सामंजस्य के रूप में उपस्थित होती है या द्वन्द्व के रूप में। क्या यह आवश्यक नहीं है कि कवि अपनी मानसिक प्रतिक्रिया को उत्पन्न और उत्सर्जित करने वाले मूलभूत द्वन्द्वों का ठीक-ठीक आकलन करे, उन्हें समझे, और उनके कारणों का अध्ययन करे, उनका वैज्ञानिक विश्लेषण करे। यह तो कवि की जीवन-दृष्टि और जीवन-ज्ञान पर निर्भर है कि वह किस भाँति (1) बाह्य-पक्ष, (2) आत्म-पक्ष और (3) उन दोनों के द्वन्द्व से उत्पन्न तनाव को जाने-समझे, और उनकी व्याख्या करे। यदि कवि का ज्ञान-पक्ष दुर्बल है, यदि उसका ज्ञान आत्म-पक्ष और बाह्य-पक्ष और तनाव के सम्बन्ध में अधूरा अथवा धुँधला है, अथवा यदि वह तरह-तरह के कुसंस्कारों और पूर्वग्रहों तथा व्यक्तिबद्ध अनुरोधों से दूषित है, तो ऐसे ज्ञान की मूलभूत पीठिका पर विचरण करने वाली

भावना या संवेदना निःसन्देह विकारग्रस्त होगी। यही कारण है कि नयी कविता के क्षेत्र में हमें बहुतेरी ऐसी रचनाएँ मिलती हैं, जिन्हें हम स्मष्टतः लोकविरोधी कह सकते हैं। इसके साथ ही यह भी भूलने की बात नहीं है कि नयी कविता के क्षेत्र में ऐसी भी बहुतेरी रचनाएँ हैं, जिन्हें हम पूर्णतः लोकोन्मुख कह सकते हैं। मेरे खयाल से, आज की कविता का मूल प्रश्न जीवन-जगत् के ज्ञान के अधूरेपन या पूरेपन, विकारग्रस्तता या शुद्धता, के प्रश्न के साथ अटूट रूप से जुड़ा हुआ है। आज के कवि को, अर्थात् हमें, ज्ञान-पक्ष के विकास की जितनी अधिक आवश्यकता है, उतनी पहले कभी नहीं रही।

इसका कारण यह है कि आज का कवि एक असाधारण असामान्य युग में रह रहा है। वह एक ऐसे युग में है, जहाँ मानव-सभ्यता-सम्बन्धी प्रश्न महत्त्वपूर्ण हो उठे हैं। समाज भयानक रूप से विषमताग्रस्त हो गया है। चारों ओर नैतिक ह्रास के दृश्य दिखाई दे रहे हैं। शोषण और उत्पीड़न पहले से बहुत अधिक बढ़ गया है। नोच-खसोट, अवसरवाद, भ्रष्टाचार का बाजार गर्म है। कल के मसीहा आज उत्पीड़क हो उठे हैं। अध्यात्मवादी विचारक, जनता से दूर जा बैठे हैं। अधिकांश समीक्षकों का जीवन से कोई सम्बन्ध नहीं रहा। वे जीवन के कलात्मक साहित्यिक बिम्बों की तो व्याख्या करेंगे, किन्तु जीवन से दूर रहेंगे। सर्वत्र क्षोभ, कष्ट, अन्याय और उत्पीड़न के दृश्य दिखायी दे रहे हैं। समाज के भीतर के विभिन्न वर्गों की खाइयाँ और भी चौड़ी हो गयी हैं। यहाँ तक कि मध्यवर्ग में भी दो श्रेणियाँ पैदा होकर अपनी परस्पर दूरी खतरनाक तरीके से गहरी और चौड़ी कर रही हैं। जनपद स्कूल के शिक्षक और यूनिवर्सिटी-प्रोफेसर के बीच, गरीब जनता और खादीधारी नेता के बीच, क्लर्क और अफसर के बीच, दूरियाँ और खाइयाँ मुँह फाड़े खड़ी हैं—किसान-मजदूर और पूँजीपति-जमींदार के बीच की दूरियों का तो क्या कहना! मानव-सम्बन्ध टूट-फूट गये हैं, उलझ गये हैं। समाज में शोषकों, उत्पीड़कों और उनके साथियों का जोर बढ़ गया है। नयी कविता के क्षेत्र में भी दो दल तैयार हो रहे हैं। एक दल वह है जो उच्च-मध्यवर्ग का अंग है; दूसरे वे हैं जो निचले गरीब मध्यवर्ग से सम्बन्धित हैं। उनकी वर्गीयप्रवृत्तियाँ न केवल उनके काव्य में, वरन् साहित्य-सम्बन्धी उनके सिद्धान्तों में, परिलक्षित होती हैं।

ध्यान में रखने की बात है कि नयी कविता के अभ्युदय और प्रभाव के विस्तार के साथ ही काव्य-सौन्दर्य के सम्बन्ध में प्रश्न उठाये गए। ऐसा हमेशा होता आया है कि नयी काव्य-प्रवृत्ति के उदय के साथ ही, काव्यात्मक प्रभाव के सिद्धान्तों, साहित्य-सिद्धान्तों, की पुनर्व्याख्या हो। किन्तु नयी कविता वालों ने काव्य-सौन्दर्य-सम्बन्धी जो व्याख्या की, वह भले ही चाहे जितनी लचीली बना ली जाए, उन सिद्धान्तों का प्रयोग करते समय ऐसी विशेष भावनाओं और उनकी

अभिव्यक्ति को असुन्दर समझा गया जिनका सम्बन्ध ह्रासग्रस्त सभ्यता के विरोध से है। संक्षेप में, एक विशेष प्रकार की काव्याभिरुचि की औचित्य-स्थापना के लिए सिद्धान्त लाए गए अथवा सिद्धान्तों की पुनर्व्याख्या की गयी। दूसरे शब्दों में, अपनी काट की कविता—अपने फ्रेम में फिट होने वाली कविता—को तो कविता माना गया, चाहे वह महत्त्वहीन गद्य ही क्यों न हो: पर इसके विपरीत, राजनीतिक भावावेश से सम्पन्न काव्य विद्रूप करार दिया गया अथवा उसकी जान-बूझकर उपेक्षा की गई। जहाँ भी ऐसा प्रतीत हुआ कि अन्य की जीबन-दृष्टि उत्पीड़ित जनता का पक्ष ले रही है, वहीं नाक-भौं सिकोड़े जाने के चिह्न दिखाई दिए। ये सौन्दर्यवादी लोग यह भूल गए कि बंजर काले-स्याह पहाड़ में भी एक अजीब वीरान भव्यता होती है, गली के अँधेरे में उगे छोटे-से जंगली पौधे में भी एक विचित्र संकेत होता है। विशाल व्यापक मानव-जीवन में पाये जाने वाले भयानक संघर्ष के रौद्र रूप तो उनकी सौन्दर्याभिरुचि के फ्रेम के बाहर थे। आप मुझे क्षमा करेंगे यदि मैं यह कहूँ कि नयी कविता में आवेश के पंख काट दिये गये, कल्पना को अपने पिंजरे में पालकर रखा गया। उसे मानव-जीवन को मूर्त और साक्षात् करने वाली रचनात्मक शक्ति के रूप में उपस्थित नहीं किया गया, क्योंकि वह एक विशेष प्रकार की भद्रजनोचित सौन्दर्याभिरुचि के फ्रेम के खिलाफ जाती थी। व्यक्ति-मन की बात करके आत्मा की महान, दुर्दम, विप्लवकारिणी ज्ञानमूलक शक्ति को भुला दिया गया। 'लघु मानव' के सिद्धान्त का प्रचार किया गया। संक्षेप में, विषम ह्रासग्रस्त सभ्यता को उलटने वाली महान भावनाओं को परित्यक्त करके, तथाकथित आधुनिक भाव-बोध को उद्घोषित किया गया।

लेकिन, वस्तुतः, आधुनिक भाव-बोध क्या है? मैं अपनी खुद की जिन्दगी और दोस्तों की जिन्दगी के तजुर्बे से बता सकता हूँ कि अन्याय के खिलाफ आवाज बुलन्द करना आधुनिक भाव-बोध के अन्तर्गत है। आधुनिक भाव-बोध के अन्तर्गत यह भी है कि मानवता के भविष्य-निर्माण के संघर्ष में हम और भी अधिक दत्त-चित्त हों, तथा हम वर्तमान परिस्थिति को सुधारें, नैतिक ह्रास को थामें, उत्पीड़ित मनुष्य के साथ एकात्म होकर उसकी मुक्ति की उपाय-योजना करें। क्या यह आधुनिक भाव-बोध के अन्र्तगत नहीं है कि मैं अपनी लेखनी द्वारा किसी विशेष लोकादर्श के लिए कविताएँ लिखूँ? क्या जब बंगाल में अकाल पड़ा तब महादेवी से लेकर बच्चन तक ने, मैथिलीशरण गुप्त से लेकर मेरे जैसे तुच्छ कवि ने, कविताएँ नहीं लिखी थीं? क्या यह बात किसी से छिपी है कि कैसी श्रेष्ठ कविताओं का संकलन निकला और उसके पैसे अकाल-फण्ड में गये? क्या वह रेज़िमेण्टेशन था? क्या वह आधुनिक भाव-बोध के अन्तर्गत नहीं आएगा?

इसी प्रकार हम आत्माभिव्यक्तिवाद को लें। हमारी आत्मा को जो अनुभूत होता है, उसे हम लिखते हैं। ऊपर-ऊपर से यह सिद्धान्त सही मालूम होता

है। किन्तु हमारी आत्मा में बहुतेरा अनुभव संचित है। वह सब साहित्य में क्यों नहीं आता। इसके उत्तर में यह कहा जाता है कि गहन अनुभूति के क्षण थोड़े होते हैं, वे सौन्दर्यानुभव के क्षण होते हैं। जब हममें एस्थेटिक इमोशन जाग उठता है, तब हम कविता लिखते हैं। आत्मा की सब अनुभूतियाँ एस्थेटिक नहीं होतीं, इसलिए वे काव्य-रूप में व्यक्त नहीं होतीं। लेखको, तुम केवल अपने एस्थेटिक इमोशन को ही प्रकट करो, दूसरों के चक्कर में मत पड़ो। यदि तुम दूसरों के चक्कर में पड़े, तो गये!

सन् '36 से तो मैं भी कविताएँ लिख रहा हूँ। कविता में कहाँ कितना फ्राड होता है, यह मैं जानता हूँ। फ्राड को आप कौशल भी कह सकते हैं। नयी कविता का कवि बहुत सचेत है, वह काफी फ्राड करता है। दूसरे शब्दों में, यह आवश्यक नहीं है, अर्थात् यह अनिवार्य नहीं है कि काव्य की वास्तविक रचना का क्षण, युग-पत-रूप से, हृदय के द्रवण का, चित्त की रसात्मकता का, भी क्षण हो। हृदय में संचित प्रतिक्रियाएँ, अनुभव, आवेशमय अनुरोध, अतृप्त स्वप्न-राशियाँ—जो हृदय में संचित हैं—उत्थित, तरंगित और प्रवाहित होकर संवेदनात्मक उद्देश्यों की दिशा में जब उमड़ने लगती हैं, और साथ ही जीवन-दृष्टि से ज्योतित होकर अन्तर्नेत्रों के सम्मुख दृश्यमान होने लगती हैं, तब, वस्तुतः, हमें एस्थेटिक इमोशन प्राप्त होता है। ऐसे एस्थेटिक इमोशन्स हमें लिखते वक्त ही नहीं, सड़क पर चलते हुए भी प्राप्त होते हैं। माँ से, मित्रों से बातचीत करते समय, जुलूस में जाते समय, किसी फूल या पत्ते को देखकर, किसी सुन्दर मुख का दर्शन कर, किसी भव्य श्रद्धेय व्यक्ति का सम्पर्क पाकर, वे भाव हमें प्राप्त हो जाते हैं। ऐसे एस्थेटिक इमोशन केवल लेखक में ही नहीं होते, साधारण जन-हृदय में भी आते-जाते हैं। और खूब आते हैं। जनता स्वयं एस्थेटिक इमोशन का भण्डार है। यह कोई राजनीतिक बात नहीं, नितान्त सत्य है। फिर हमीं क्यों कवि हो जाते हैं, वे क्यों नहीं होते? यह इसलिए नहीं हो पाता कि यद्यपि वे भावों की व्यक्तिबद्ध दशा से हटकर, ऊपर उठकर, सामान्य और उच्चतर रस-दशा में चले जाते हैं, फिर भी कभी-कभी वे उनका ऐब्स्ट्रैक्शन—विलगीकरण—नहीं कर पाते। किन्तु बहुत बार वे लोग बातचीत के दौरान में वैसा कर जाते हैं। तब उनकी बात का प्रभाव रसात्मक होता है, और वाणी द्वारा प्रस्फुटित उनकी अभिव्यक्ति की अपनी शैली होती है, जिसमें प्रभावोत्पादक शब्द-योजना रहती है। काव्य या साहित्य पर्याप्त अमूर्त (ऐब्स्ट्रैक्ट) कला है। उसकी मूर्तिमानता उसकी बुनियादी विलगीकरण-क्रिया पर आधारित है। विलगीकरण-क्रिया ही ऐब्स्ट्रैक्शन है। सामान्य जन में बहुधा उचित शब्द-सम्पदा नहीं होती कि जिससे वह अपने सूक्ष्म भावों और आवेशों को ठीक-ठीक प्रस्तुत कर सके।

संक्षेप में, नये कवियों को यह बताया गया है कि वे तथाकथित एस्थेटिक

इमोशन तक ही सीमित रहें। हृदय में संचित वास्तविक जीवनानुभवों को—यदि वे एस्थेटिक इमोशन के क्षण में बहकर नहीं आते—व्यक्त करना गलत होगा। यह एक ऐसा सिद्धान्त है, जिसके पीछे न केवल विशेष सौन्दर्याभिरुचि है, वरन् विशेष प्रकार के विषय-संकलन का आग्रह भी है। किन्तु इस सिद्धान्त का मुख्य हेतु यह है कि व्यक्ति को व्यक्तिबद्ध बनाया जाए। यह सिद्धान्त मनोवैज्ञानिक दृष्टि से अनुचित और व्यावहारिक दृष्टि से प्रतिक्रियावादी है। नयी कविता के आचार्यों की कविता में कितना एस्थेटिक इमोशन है, यह हम जानते हैं।

माना कि नए कवि के पास कोई सर्वांगीण दार्शनिक विचारधारा नहीं है, किन्तु वह अपने जीवन की वास्तविकता के सम्पर्क में तो है। मैं यह मानने के लिए तैयार नहीं हूँ कि उसका मन आज की विषम परिस्थितियों के बीच पाये जाने वाले करुण, बीभत्स और कठोर, सुन्दर और सुषमामय, दृश्यों से संवेदित तथा व्याकुल नहीं होता। ये कवि-गण निःसन्देह इन स्थितियों का संवेदनात्मक अनुभव करते हैं। संवेदनशील मनुष्य होने के कारण, मानव के कष्टपूर्ण जीवन का उन पर अवश्य प्रभाव पड़ता है। आज की विषम सभ्यता के भयानक दृश्यों से उनका भी चित्त क्षुब्ध हो जाता है। फिर भी वे इन सब बातों के चित्रण की ओर ध्यान नहीं देते—भोक्ता और स्रष्टा मन के बीच का यह पार्टीशन बहुत खतरनाक है, अस्वास्थ्य-मूलक है। किन्तु वे ऐसा क्यों नहीं कर पाते?

मेरे खयाल से इसके कई कारण हैं। पहला कारण तो यह है कि विषय-संकलन-सम्बन्धी उनकी मूल्य-भावना, अर्थात् विवेक, क्षीण है। किन्तु वह क्षीण क्यों है? इसलिए कि वे उच्च-मध्यवर्गीय, सम्पन्न, विलायती संस्कारों से युक्त सौन्दर्याभिरुचि के चक्कर में हैं। वे एक विशेष प्रकार की सौन्दर्याभिरुचि की तानाशाही के शिकार हैं। इस विशेष प्रकार की सौन्दर्याभिरुचि ने विशेष प्रकार के भावों और शैलियों को ही उभारकर नयी कविता को, अदृश्य रूप से, एक ढर्रे में ढाल दिया है। नयी कविता की भी अपनी एक लीक बन गई है, उसमें भी एक फॉसिलाइजेशन—जड़ीभवन—परिलक्षित होता है, जो रेज़िमेण्टेशन ही का दूसरा रूप है।

सौन्दर्याभिरुचि के अपने सेंसर्स होते हैं। इन भीतरी थानेदारों के हाथ में पड़कर, हृदय में संचित महत्त्वपूर्ण वास्तविक अनुभव-संवेदनाएँ स्वतन्त्र नहीं रहतीं, दबा दी जाती हैं। कभी-कभी वे अनुभव-संवेदनाएँ जाग उठती हैं, लेखक उन्हें व्यक्त करने का प्रयत्न करता है। किन्तु सक्षम सुन्दर अभिव्यक्ति तो अविरत साधना और श्रम के फलस्वरूप उत्पन्न होती है। उन भावों से सम्बन्धित अभिव्यक्ति की साधना तो उसने कभी की नहीं; इसलिए उसकी वह अभिव्यक्ति अधूरी और पंगु दोनों हो जाती है। दूसरे, अन्य प्रकार के व्यक्तिबद्ध भावों को प्रकट करते रहने के कारण, उसकी शब्द-सम्पदा और भाषा-शक्ति उन्हीं भावों

से बद्ध तथा उन्हीं तक सीमित रहती है—वह उसके आगे नहीं बढ़ पाती। फलतः, अपने ही वे विशेष स्व-दृष्टि और स्वानुभूत भाव-संवेदन पूर्णतः अभिव्यक्त नहीं होते, उन भाव-समुदायों से सम्बन्धित अभिव्यक्ति की पंगुता से चिढ़कर वह उस रास्ते को ही छोड़ देता है, और फिर अपनी पुरानी लीक पकड़ लेता है। साथ ही, उसमें इतना प्रबल आग्रह और अनुभव अथवा भावनात्मक आस्था नहीं है कि वह (लेखक) आगे बढ़े। उन भावों की अभिव्यक्ति से सम्बन्धित उसके पास जो भी आत्मविश्वास है वह गड़बड़ा जाता है।

संक्षेप में, यदि लेखक आज ईमानदार है, तो उसे अपने प्रति और अपने युग के प्रति अधिक उत्तरदायी होना होगा। उसे अपनी सौन्दर्याभिरुचि के सेंसर्स जरा ढीले करने होंगे, विषय-संकलन को स्वानुभूत विवेक के विश्व-चेतस् हाथों में सौंपना होगा, अभिव्यक्ति-क्षमता बढ़ाने के लिए अथक प्रयास करना होगा। अधिक साहस और ज्यादा हिम्मत से काम लेना जरूरी है। अपनी सौन्दर्याभिरुचि के सेंसर्स के वशीभूत होना ठीक नहीं है। अनुभव-वृद्धि के साथ-साथ, सौन्दर्याभिरुचि का विस्तार और पुनः-पुनः संस्कार होना आवश्यक है।

मैं यह नहीं कहता कि अपने अन्तर्जीवन के विविध पक्षों के चित्रण में सौन्दर्य नहीं है, या आत्मपरकता गलत है। मैं यह कह रहा हूँ कि अपने अन्तःकरण में स्थित जीवनानुभवों को उनके सम्पूर्ण बाह्य सन्दर्भों के साथ उपस्थित करना आवश्यक है। हम अपने-आपको यदि काट देंगे, जैसे कि सौन्दर्याभिरुचि के नाम पर हम अपने-आपको काट रहे हैं, तो फिर कुछ नहीं बचेगा। इसलिए आवश्यक है कि हम अपने-आपको सम्पूर्ण रूप में देखें। प्रगतिवाद में मनुष्य-जीवन का केवल राजनीतिक पक्ष उठाया, उसने सम्पूर्ण मनुष्य को अपना काव्य-विषय नहीं बनाया। यदि इसी प्रकार नयी कविता (भिन्न प्रकार से) एकांगी हो जाती है, तो उसके लिए यह कल्याणकर सिद्ध नहीं होगा। संक्षेप में, चेतना के निरन्तर प्रसार और अभिव्यक्ति के विस्तार की अत्यन्त आवश्यकता है। नयी कविता को मानवता के भविष्य-निर्माण के संघर्ष से जोड़ना जरूरी है। मैं नयी कविता की उपलब्धियों को कम करके नहीं देखना चाहता। मैं उसके क्षेत्र का एक अंग हूँ।

फिर से कह दूँ कि काव्य-रचना केवल व्यक्तिगत मनोवैज्ञानिक प्रक्रिया नहीं, वह एक सांस्कृतिक प्रक्रिया है। और फिर भी वह एक आत्मिक प्रयास है। उसमें जो सांस्कृतिक मूल्य परिलक्षित होते हैं, वे व्यक्ति की अपनी देन नहीं, समाज की या वर्ग की देन हैं। यह ध्यान में रखने की बात है कि नयी कविता वर्तमान ह्रासग्रस्त, अधःपतनशील सभ्यता की असलियत को जब तक पहचानती नहीं है, सभ्यता के मूलभूत प्रश्नों से अपने को जब तक जोड़ नहीं लेती है, मानवता के भविष्य-निर्माण के संघर्ष से जब तक वह स्वयं को संयोजित नहीं कर पाती,

जब तक उसमें उत्पीड़ित और शोषित मुखों के बिम्ब दिखाई नहीं देते, उनके हृदयों का आलोक नहीं दिखाई देता, तब तक सचमुच हमारा कार्य अधूरा रहेगा। यह ठीक है कि शायद हम यह काम एक दिन में नहीं कर सकते। किन्तु विवेक-संवेदना, अनुभव-पीड़ा और अथक श्रम की सहायता से हम उस ओर बढ़ तो सकते ही हैं।

यहाँ मुझे एक इटेलियन कवि दोमेनिको कादोरेसी के एक वक्तव्य का स्मरण हो आता है। उसने एक जगह कहा है :

"हम व्यक्तिवाद के गहन दण्डकारण्य में से बाहर निकल पड़े, जिन-जिन स्थानों पर मनुष्य अपनी अस्तित्व-रक्षा में लीन है, वहाँ-वहाँ हमारे हित लगे हुए हैं। हमारे काव्य का चरित-नायक आज स्वयं मूर्तिमान यथार्थ ही हो...

"कला को अपने औजार उठा लेना चाहिए, शायद बारूद भी जरूरी है, जिससे कि चट्टानें तोड़ी जा सकें और युग के उन स्पन्दनशील सप्राण भाव-निर्झरों को मुक्त किया जा सके, कि जो उन चट्टानों के नीचे दबे हुए हैं। मनुष्य की मनुष्य के साथ बातचीत शुरू करनी होगी, मनुष्य का समाज के साथ वार्तालाप आरम्भ करना होगा। अब समय आ गया है कि हम अतीत के रहस्यात्मक जादुई धुँधले सूत्र-मन्त्रों को त्याग दें। यदि विशुद्ध काव्य हमें जीवन ही से पूर्णतः पृथक् करता है, तो उस काव्य को विशुद्ध रखने की आवश्यकता ही क्या है? हम गोल चहारदीवारी को तोड़कर निकल जाएँ और कूदकर खाइयाँ लाँघ लें। हम स्वगत-भाषण और एकालाप से हटकर वार्तालाप की ओर जाएँ। निःसंगता से हटकर संघर्ष में योग दें। अलग-अलग टुकड़ों-टुकड़ों में काम न कर अखण्ड पूर्ण रचना करें। लोगों की आँखों के सामने हम उन्हीं की गरीबी और दारिद्र्य की स्थिति स्पष्ट करें, और यदि हो सके तो हम उनकी मुक्ति के और सान्त्वना के शब्द खोज निकालें।"

संक्षेप में, आज का कवि जब तक अपनी चेतना का संस्कार नहीं कर सकता, तब तक वह वस्तुतः आत्म-चेतस् हो ही नहीं सकता, जब तक वह विश्व-चेतस् न हो। इसी बात को हम दूसरे शब्दों में इस प्रकार कहेंगे कि कवि-हृदय आज के जगत् के मूल द्वन्द्वों का अध्ययन करे, अर्थात् अपनी सम्पूर्ण चेतना द्वारा आज की वास्तविकता की तह में घुसे और ऐसी विश्व-दृष्टि का विकास करे, जिससे व्यापक जीवन-जगत् की व्याख्या हो सके, और अन्तर्जगत् के महत्त्वपूर्ण आन्दोलनों का बोध हो। तभी उसका विषय-संकलन-सम्बन्धी विवेक भी अधिक पुष्ट होगा। तभी हम आस-पास फैली हुई मानव-वास्तविकता के मार्मिक पक्षों का उद्घाटन और चित्रण कर सकेंगे। यह उद्घाटन-चित्रण मात्र विवेचनात्मक-बौद्धिक दृष्टि में ही सीमित रहकर नहीं होगा। उस बौद्धिक प्रतिभा के फलस्वरूप संवेदनात्मक ज्ञान और ज्ञानात्मक संवेदन अधिक पुष्ट होंगे, और

अनुभूति को ज्ञान-प्रेरणा प्राप्त होती जाएगी। साथ ही, उसे अपनी अभिव्यक्ति-शैली ज्यादा लचीली (बनानी) और शब्द-सम्पदा अधिकाधिक बढ़ानी होगी, जिससे कि वह, एक ओर, हृदय की अत्यन्त सूक्ष्म संवेदनाओं को मूर्तिमान कर सके, तो दूसरी ओर, वास्तव जीवन-जगत् की लहर-लहर हृदयंगम कर उसे समुचित वाणी दे सके।

आज के विकासमान कवि को तीन क्षेत्रों में एक साथ संघर्ष करना है–(1) तत्त्व के लिए संघर्ष; (2) अभिव्यक्ति सक्षम बनाने के लिए संघर्ष; और, (3) दृष्टि-विकास के लिए संघर्ष। तत्त्व के लिए संघर्ष का अर्थ अपने वास्तविक जीवनानुभव को सन्दर्भ-सहित व्यक्त करने के लिए उचित विषय-संकलन के विवेक से सम्बन्धित है। हमें अपने ही युग के ऐसे सारभूत बिम्बों और मूल प्रवृत्तियों को उठाना और चित्रित करना होगा, जिससे कि हम अपना युग वस्तुतः जी सकें, और हम सच्चे अर्थों में समसामयिक हो पाएँ। विषय-संकलन का विवेक हमारी अपनी अनुभूतिजन्य मार्मिक ज्ञान-दृष्टि से उत्पन्न होगा। इसीलिए यह आवश्यक है कि हमारा ध्यान दृष्टि-विकास की ओर जाए, और हम आज के तनाव-भरे जगत् की मूल गति और दिशा को समझ सकें।

किन्तु, विश्व-दृष्टि का विकास तब तक नहीं होगा, जब तक हम मानवता के भविष्य-निर्माण के संघर्ष में आस्था न रखें, और आध्यात्मिक रूप से उससे सम्बद्ध न हो जाएँ। संक्षेप में, आज एक दूसरे ही प्रकार का कवि-चरित्र चाहिए। वह नहीं कि जो निरा कार्यकर्ता है, अथवा केवल चारण है; वह भी नहीं जो आराम-कुर्सी-पसन्द बुद्धिजीवी हो; वह भी नहीं जो किसी सम्पन्न उच्च-मध्यवर्गीय परिवार में उत्पन्न चित्रकार है, जो चित्रकला के लिए दुनिया-भर में अपनी प्रदर्शनियाँ आयोजित करता रहता है। आज ऐसे कवि-चरित्र की आवश्यकता है, जो मानवीय वास्तविकता का बौद्धिक और हार्दिक आकलन करते हुए, सामान्य जनों के गुणों और उनके संघर्षों से प्रेरणा और प्रकाश ग्रहण करे, उनके संचित जीवन-विवेक को स्वयं ग्रहण करे, तथा उसे और अधिक निखारकर कलात्मक रूप में उन्हीं की चीज को उन्हें लौटा दे। सामान्य-जनों की अपार आध्यात्मिक और बौद्धिक क्षमता में यदि हमारा विश्वास है, हमारी आस्था है, तो हम अपने ही पिता के सच्चे पुत्र होंगे। अपने युग की विवेक-चेतना को मूर्तिमान करने का यह कार्य जितना गम्भीर और कठिन है, उतना ही प्रेरणाप्रद है, क्योंकि उससे तो हम अपने ही जीवन के मूल उत्सों के अमृत-रस का पान करेंगे, और अपनी सृजनशील अनुभूति और कल्पना द्वारा उस जीवन की साहित्यिक-कलात्मक पुनर्रचना करेंगे, कि जो जीवन अपने सारे आलोक में हमें इतना प्रिय है। कवि-चरित्र के विकास का हमारा यह संघर्ष, युग की विवेक-चेतना बनने का हमारा यह मौन प्रयास, अपने-आपमें आध्यात्मिक महत्त्व रखता है, इससे कौन इनकार करेगा?

रचनाकार का मानवतावाद*

नयी कविता पर विचार करते-करते मैं यह सोचने लगता हूँ कि उसमें प्रेरणामय मानवतावादी दृष्टि होनी चाहिए। किन्तु इस प्रकार कुछ कह देने से नयी कविता में, या किसी भी कविता में, वे गुण उत्पन्न नहीं हो सकते कि जिनका आग्रह मैं कर रहा हूँ या दूसरे कर रहे हैं। प्रेरणामय मानवतावादी भाव-धारा उसमें तब तक उत्पन्न नहीं हो सकती जब तक कि समाज में या जीवन-जगत् में मानवतावादी भावधारा का उत्कट और व्यापक प्रभाव न हो, अथवा रचनाकार का ऐसा प्रचण्ड व्यक्तित्व न हो कि जैसा, मान लीजिए, वॉल्ट ह्विटमैन का था। यदि कुछेक समीक्षाकारों और विचारकों के अनुरोधों और आग्रहों से कविता का रूप-रंग बदल पाता, तो न मालूम कितने ही समीक्षकों और विचारकों के भिन्न-भिन्न आग्रहों और अनुरोधों के अनुसार, कविता के भिन्न-भिन्न रूप-रंग हो जाते। लेकिन ऐसा नहीं हो पाता, न ऐसा होना चाहिए। क्यों, ऐसा क्यों नहीं होना चाहिए?

यह इसलिए नहीं होना चाहिए कि काव्य में—साहित्य में—चूँकि आभ्यन्तरीकृत जीवन और जीवन-दृष्टि प्रकट होती है, इसलिए जब तक कि रचनाकार बाह्य अनुरोधों और आग्रहों को स्वीकार करके उनके प्राप्त सत्यों के अनुसार जीवन का आभ्यन्तरीकरण नहीं करता, तब तक वह नवीन दृष्टि से, अर्थात् उन अनुरोधों और आग्रहों को, अन्तर में स्थान देकर उनकी क्रियाशील शक्ति से, आभ्यन्तरित जीवन को काव्य में कलात्मक रूप से प्रकट नहीं कर सकता। और, यदि वह इस प्रकार के आभ्यन्तरीकरण के बिना रचना उपस्थित करता है, तो निस्सन्देह उसकी उस रचना में कलात्मक गुण उत्पन्न नहीं होंगे—ऐसे गुण जो प्रभावकारी हों दूसरे शब्दों में, उसमें वह सौन्दर्य उत्पन्न नहीं होगा कि जो कलाकृति के लिए आवश्यक होता है।

तो मुख्य प्रश्न बाह्य अनुरोधों और आग्रहों की दृष्टि से जीवन के आभ्यन्तरीकरण का है, अर्थात् अपने व्यक्तित्व के—अपने कलाकार-व्यक्तित्व के—संशोधन तथा पुनः संशोधन का है, न कि केवल नवीन दृष्टि की अभिव्यक्ति का। दूसरे शब्दों में, मुख्य प्रश्न कलाकार की जीवन्त संवेदनशील मानसिकता का है, उसके वास्तविक संवेदनशील मन का है, जो अन्तर्बाह्य तत्त्वों का आकलन-ग्रहण

* संभावित रचनाकाल 1959-64 के बीच। 'नये साहित्य का सौन्दर्यशास्त्र' में संकलित।

तथा सम्पादन-संशोधन किया करता है।

अपने से बाह्य प्रतीत होनेवाले वे आग्रह और अनुरोध जब कलाकार के अन्तःकरण में स्थान ग्रहण कर लेते हैं, और अपनी क्रियाशील शक्ति के द्वारा संवेदनात्मक अनुभवों की गहन अन्तर-दृष्टि-सम्पन्न व्यवस्था में (और उस अन्तर्दृष्टि में) आवश्यक परिवर्तन उत्पन्न करने लगते हैं, तब यह कहा जा सकता है कि वास्तविक जीवन-जगत् का एक विशेष और विशिष्ट प्रकार से आभ्यन्तरीकरण हो रहा है। संवेदनात्मक अनुभवों की यह गहन अन्तर्दृष्टि-सम्पन्न व्यवस्था क्या है? संवेदनात्मक अनुभवों में गहन जीवन-आलोचना के जो सूत्र होते हैं वे सूत्र ही संवेदनात्मक अनुभवों से उत्पन्न या उनसे संयुक्त अन्तर्दृष्टि हैं। यह जीवनआलोचन इतना निजगत, निजबद्ध और संवेदनायित होता है कि उसको संवेदनात्मक अनुभवों से विच्छिन्न करके पृथक् रूप से स्थापित करना कदाचित् सम्भव नहीं है। वह हमारे संवेदनात्मक जीवन ही के इतिहास का एक अंश है।

तात्पर्य यह कि बाह्य आग्रहों और अनुरोधों के आभ्यन्तरीकरण की क्रिया सम्भव तो है। किन्तु, अन्तःकरण में स्थित होकर उन अनुरोधों की क्रियाशील शक्ति जब तक इतनी सक्षम और समर्थ नहीं हो जाती, कि वे अनुरोध गहन संवेदनात्मक अनुभवों की अन्तर्दृष्टि-सम्पन्न व्यवस्था का सम्पादन-संशोधन और पुनर्गठन कर सकें--जब तक वह इतनी सक्षम और समर्थ नहीं हो जाती कि लेखक की अपनी मूलभूत प्रेरणा बन सके, और लेखक की अपनी मूलभूत प्रेरणा बनकर उसके अन्तर्तत्त्वों की व्यवस्था को पुनर्रूपायित और पुनर्निरूपित कर सके, तब तक लेखक के द्वारा स्वीकृत वे बाह्य अनुरोध और आग्रह केवल सतही ढंग से उसके मन में रह रहे हैं, यही तो कहा जाएगा।

लेखक के अन्तर्जीवन--संवेदनशील अन्तर्जीवन--के संशोधन-परिष्करण का कार्य इतना सरल भी नहीं है, भले ही लेखक स्वयं उसे करे। वह एक क्रमशः विकसित विवेक की क्रियाशीलता के बिना अधूरा ही है। किन्तु, केवल विवेक भी अपने-आपमें कुछ नहीं कर सकता, जब तक संवेदनात्मक अनुभवों का वह स्वयं अंग नहीं बन जाता, आन्तरिक-मानसिक-संवेदनात्मक प्रवाह का जब तक वह, बेमालूम ढंग से, अंग नहीं बन जाता। दूसरे शब्दों में, संवेदनात्मक ज्ञान और ज्ञानात्मक संवेदनों की एकमेक स्थिति जब तक उपस्थित नहीं हो जाती, तब तक वह विवेक अन्तर में भी संवेदनात्मक जीवन का अंग न होगा।

आन्तरिक जीवन के अपने भीतरी विरोध होते हैं, अपना तनाव होता है। उसमें पनपने और तड़पनेवाले अनेकानेक मूल्यवान अनुभव और महत्त्वपूर्ण सत्य, अभिव्यक्ति--कलात्मक अभिव्यक्ति--प्राप्त नहीं कर पाते। क्यों प्राप्त नहीं कर पाते?

केवल वे ही संवेदनात्मक अनुभव, केवल वे ही अनुभवात्मक सत्य, कलात्मक अभिव्यक्ति पा लेते हैं, जो लेखक के संवेदनात्मक उद्देश्यों के--रचना उपस्थित

करनेवाले संवेदनात्मक उद्देश्यों के—अनुसार होते हैं। रचना उपस्थित करनेवाले संवेदनात्मक उद्देश्य किस प्रकार के होते हैं?

क्या यह सत्य नहीं है कि अपने जीवन में प्राप्त विशेष अनुभवों और विशेष भाव-प्रेरणाओं को ही लेखक प्रकट करता है, तथा इतर अनुभवों और भाव-प्रेरणाओं को वह व्यक्त नहीं करना चाहता या उन्हें व्यक्त करने की व्याकुलता उसमें उत्पन्न नहीं हो पाती? रचना प्रसूत करनेवाले उसके संवेदनात्मक उद्देश्य, उन विशेष व्याकुलताओं की ही एक शाखा हैं, कि जो व्याकुलताएँ अनुभूत जीवन के किसी विशेष अंग या क्षेत्र ही से सम्बद्ध होती हैं, और उन्हीं से उत्पन्न या निष्पन्न होती हैं। शेष अनुभवात्मक जीवन उनसे अलग रह जाता है, अर्थात् कलात्मक अभिव्यक्ति प्रस्तुत करने के लिए आतुर नहीं होता। क्या यह सत्य नहीं है?

कलात्मक रचना का मनोविज्ञान निःसन्देह एक महत्त्वपूर्ण विषय है। कलाकार बाह्य अनुरोधों और आग्रहों को स्वीकार करके भी, और तदनुसार अपने अन्तर्तत्त्वों की व्यवस्था का संस्कार करते हुए भी, उन अनुरोधों और आग्रहों को कलाकृति में अवतरित करे ही, यह आवश्यक नहीं होता—अर्थात् वह वैसा करेगा ही, यह अनिवार्य नियम नहीं है। इसके विपरीत, बहुधा यह देखा गया है कि लेखक चुप हो जाता है (सम्भवतः इसके कारण तरह-तरह के होंगे), अथवा वह अपनी दिशा बदल देता है, या वह संकल्पशील कर्म-जीवन में प्रविष्ट होकर उनकी पूर्ति करने लगता है।

किन्तु इसका अर्थ यह नहीं है कि आभ्यन्तरीकृत अनुरोध तथा आग्रह कलाकृति में व्यक्त नहीं होते, या उनके अनुसार कलाकृति निर्मित नहीं होती, नहीं हुआ करती। यह सबकुछ कलाकार की उन आन्तरिक व्याकुलताओं पर निर्भर है, जिन्हें मैंने पहले संवेदनात्मक उद्देश्य कहा। सच बात तो यह है कि सबकुछ कलाकार के व्यक्तित्व-निर्माण के इतिहास, उसके संवेदनात्मक जीवन के इतिहास, और उन सबसे बने हुए कवि-स्वभाव, पर निर्भर है।

किन्तु ऊपर जो पेचीदगियाँ बताई गई हैं उनका मतलब यह नहीं है कि लेखक-कलाकार बाह्य अनुरोधों या आग्रहों को स्वीकार नहीं करता। अथवा उसके स्वभाव से जो भिन्न और बाह्य हैं—अर्थात् वैसे अनुरोध—उनका वह विरोध ही करता रहता है। नहीं, यह बात नहीं।

इसके विपरीत, सच्चा संवेदनशील लेखक कलाकार, अपने को बाह्य प्रभावों को ग्रहण करने के लिए छुट्टा छोड़ देता है या उसे छोड़ देना चाहिए। कलाकार चाहे जितना महान क्यों न हो, जीवन जगत् की तुलना में उसका अन्तर छोटा ही है। इसलिए, वह जीवन जगत् के बिम्बों, प्रेरणापूर्ण दृश्यों, भाव-विचारधाराओं के सार-सत्यों को पीता रहता है, या पीते रहना चाहिए।

इस प्रकार की प्रवृत्ति यदि उसमें है, तो वह बाह्य अनुरोधों और आग्रहों को

अपने संवेदनशील विवेक द्वारा ग्रहण कर उन्हें अपने ढंग से आत्मसात् करता रहता है। लेखक-कलाकार भले ही इस तथ्य को अस्वीकार कर दे कि वह बाह्य अनुरोधों या आग्रहों को कदापि नहीं मानता, किन्तु सच तो यह है कि वह अपने ढंग से उन्हें किसी-न-किसी रूप में स्वीकार करता रहता है। जहाँ भी और जिसमें भी उसे सत्यांश दिखाई देता है, उस सत्यांश को वह सोख लेता है। निःसन्देह, यह आत्मसात्करण उसके अपने अन्तर्जीवन से सम्बद्ध है। वह उन सत्यांशों को अपने संवेदनशील अन्तर्जीवन में मिला लेता है। इस प्रकार, क्रमशः लेखक के व्यक्तित्व का विकास होता जाता है।

ऊपर कहा जा चुका है कि लेखक बहुत बार बाह्य अनुरोधों या आग्रहों को स्वीकार करके उन्हें आत्मसात् करके, अपने संवेदनात्मक अन्तर्जीवन में मिलाकर भी, या तो चुप हो जाता है, या अपनी दिशा बदलकर संकल्पशील कर्म-जीवन में प्रविष्ट हो जाता है। किन्तु आत्मसात्कृत उन बाह्य अनुरोधों या आग्रहों के अनुसार कलाकृतियाँ उपस्थित नहीं कर पाता।

यदि हम यह मान लें कि वे बाह्य अनुरोध और आग्रह उसके अन्तर्जीवन के इतिहास बन चुके हैं, उसके प्रेरक तत्त्व बन चुके हैं, तो क्या कारण है कि वह वैसी कलाकृतियाँ उपस्थित नहीं कर पाता?

इसका, सम्भवतः, एक कारण यह है कि लेखक के पास उस प्रकार की अभिव्यक्ति का अभ्यास नहीं है, कि जैसी अभिव्यक्ति उन अनुरोधों और आग्रहों की दिशा में चलने के लिए आवश्यक है।

अभिव्यक्ति का अभ्यास कलाकार का एक मुख्य कर्तव्य है। सूचित दिशा में चलने के लिए अनवरत अभ्यास की आवश्यकता है। होता यह है कि लेखक अपने नवीन अनुरोधों (बाह्य अनुरोधों के आत्मसात् प्रभावों से उत्पन्न आग्रहों) द्वारा प्रेरित होकर चलता तो है, उसके पास कहने के लिए भी बहुत-कुछ होता है; किन्तु तदनुसार सक्षम अभिव्यक्ति के विकास के प्रारम्भिक चरण में होने से वह आत्मविश्वास खो देता है। नवीन अनुरोध नवीन कथ्य ले आते हैं, उन कथ्यों को कथात्मक अभिव्यक्ति प्रदान करना सरल कार्य नहीं होता। उन कथ्यों को व्यक्त करने के लिए, प्रभावोत्पादक कलात्मक रूप से प्रस्तुत करने के लिए, तदनुसरणशील अभिव्यक्ति-पद्धति का विकास करना पड़ता है। अतएव लेखक, वस्तुतः शुरू में, सक्षम अभिव्यक्ति के विकास के प्रारम्भिक चरण ही में, लड़खड़ाता रहता है।

क्यों लड़खड़ाता रहता है? इसलिए कि अब तक उसने जिस अभिव्यक्ति पद्धति और सौन्दर्याभिरुचि का विकास किया है, वह—एस्थेटिक पैटर्न—नवीन कथ्य की अनुसारिणी सक्षम अभिव्यक्ति के पथ पर चलनेवाले मन को मोड़ती रहती हैं, भावों और शब्दों को व्यवस्था-बद्ध करनेवाली (गलत शब्दों को, और अनायास उत्पन्न हुए किन्तु सन्दर्भ न रखनेवाले भावों और शब्दों को, स्वीकार करनेवाली) उसकी

आलोचन-संशोधन-सम्पादन दृष्टि में बाधा और व्यतिरेक, सन्देह और शंका उत्पन्न कर देती हैं। बार-बार यह घटना होने पर लेखक उस विषय-क्षेत्र के उस पथ पर आत्म-विश्वास खो देता है, लड़खड़ा जाता है, और हाथ में लिया हुआ काम फेंक देता है।

किन्तु, यदि वह कथ्य अन्तर्जीवन में स्थायी बना हुआ है, उस कथ्य को संवेदित करनेवाली अन्तर्बाह्य स्थिति-परिस्थितियाँ बराबर बनी हुई हैं, अथवा जीवन-जगत् का वातावरण ऐसा है, देश-समाज और साहित्य-क्षेत्र का वातावरण ऐसा है, कि उस विशेष प्रकार के कथ्य को महत्त्व प्राप्त हो गया है, तो लेखक श्रमपूर्वक, तथा पुनः-पुनः प्राप्त असफलताओं के बावजूद, सक्षम अभिव्यक्ति प्राप्त करने के बारम्बार प्रयत्न में स्वयं कलात्मक अभिव्यक्ति प्राप्त कर लेता है, और साहित्य-क्षेत्र में, निज-विशिष्ट स्थान बना लेता है।

मनुष्य का स्वभाव है कि जो सुकर है, जो सुगम है, उसे अपनाता है, जो कठिन है, जो श्रम-साध्य है, उसे बाह्यतः मूल्य प्रदान करते हुए भी अपनाता नहीं। उसकी यह आदत अपने जीवन ही के मूल्यवान् तत्त्वों को अभिव्यक्ति प्रदान नहीं करने देती। परिणामतः, स्वयं के ही कुछ आवृत्त और पुनरावृत्त भावों और अभिव्यक्ति-पद्धति को--भले ही वे उसके जीवन में, वस्तुतः, विशेष स्थान न रखते हों—दुहराता रहता है, उन्हीं की जुगाली करता रहता है। परिणामतः, उसका वास्तविक अन्तर्जीवन (और उसका व्यक्तित्व तथा जीवन-प्रसंग भले ही किसी अन्य उपन्यासकार का विषय हो जाएँ) उसकी कला में व्यक्त नहीं हो पाता। ऐसी स्थिति में, यह कहना कि कलाकृति में कवि-कलाकार आत्मोद्घाटन करता है, अत्यन्त संकुचित और वायवीय अर्थ ही में सही हो सकता है।

कलाकृति में व्यक्त भाव किन्हीं विशेष सन्दर्भों में लेखक के लिए महत्त्वपूर्ण होते हैं। कोई लेखक मात्र आत्मग्लानि अथवा किसी बुभुक्षित वासना का दमित रूप अथवा अन्य कोई सामाजिक आलोचन प्रकट करता है। किन्तु जो विशेष भाव लेखक प्रकट करता है, केवल वे ही उसके हृदय में हैं, तथा अन्य नहीं, यह मानना गलत है। होता यह है कि लेखक व्यक्त किये जानेवाले भावों को कोई अतिरिक्त मूल्य प्रदान करता है, शेष भावों को नहीं। परिणामतः केवल वे ही भाव तथा उनके आसपास लगे हुए भाव ही वह प्रकट करता है। शेष को छोड़ देता है। दूसरे शब्दों में, लेखक अपनी मूल्य-भावना के अनुसार आभ्यन्तर भावों को प्रस्तुत करता है। और उसके अन्तःकरण में एक मूल्य-भावना होती है। जो उसे किन्हीं विशेष भावों को प्रकट करने के लिए तैयार करती रहती है। दूसरे शब्दों में, लेखक अपना एक एस्थेटिक्स तैयार कर लेता है।

मानव-अन्तःकरण में आलोचन-धर्म मूलभूत है। वह संवेदनात्मक अनुभवों से, प्राथमिक अवस्था में, अविच्छिन्न होता है। किन्तु आगे चलकर वह सामान्यीकरणों के रूप में, जीवन-तथ्यों के सामान्यीकरणों के रूप में, प्रकट होता

है। इस प्रकार मानव-अन्तःकरण में संवेदनात्मक आधारों पर, अनुभवात्मक आधारों पर, एक विशेष प्रकार की जीवन-ज्ञान-व्यवस्था उत्पन्न और विकसित हो जाती है। यह जीवन-ज्ञान-व्यवस्था मूल्य-भावनाओं और आलोचन-सूत्रों को अपने में सम्मिलित किये रहती है। संक्षेप में, जीवन-ज्ञान-व्यवस्था में मूल्य-भावना और आलोचनासूत्र होते ही हैं। यह जीवन-ज्ञान-व्यवस्था जीवन-यात्रा के क्रम में विकसित होती जाती है। किन्तु यह आवश्यक नहीं है कि इसके अन्तर्गत समाया हुआ जो विश्व-बोध या जीवन-जगत्-बोध है, जो मूल्य-भावना है, जो विचार-व्यवस्था है, जो आलोचन-सूत्र हैं, वे परिष्कृत हों, निज-बद्धता से परे होकर वे संशोधित-सम्पादित किए गए हों।

इस जीवन-ज्ञान-व्यवस्था की, विचार-व्यवस्था की, एक विशेषता ध्यान में रखने योग्य है। उसमें जीवन-व्याख्यान के जो सूत्र होते हैं वे उस दृष्टि के अंग हैं, कि जो दृष्टि भोक्ता मन ने जीवन-यात्रा में निजगत प्रयासों और बाह्य प्रभावों से प्राप्त और विकसित की है। यह दृष्टि और मूल्य-भावना बाह्य और अन्तर के योग से प्राप्त और विकसित होती है। चूंकि उसकी वास्तविक जीवन-प्रणाली एक विशेष वर्ग के क्षेत्र में ही चलती रहती है, अतएव उस वर्ग में प्रचलित सामान्य भाव-धारा भी उसके विकास में सहयोग प्रदान करती है। इस प्रकार उस मूल्य-भावना तथा दृष्टि के विकास में जितना निजगत योग है, उतना ही पारिवारिक तथा वर्गीय क्षेत्रों का भी उसके विकास में सहयोग है। इस प्रकार, एक ही साथ, वह दृष्टि निजगत तथा जीवन-क्षेत्रगत अर्थात् वर्गगत प्रयासों के योग का एक परिणाम है, भले ही संवेदना के रूप में, अनुभूति के रूप में, उसके तत्त्व तथा कार्य निजी मालूम हों।

संवेदनात्मक-अनुभवात्मक आधारों पर उपस्थित यह जो विचार-व्यवस्था है, यह जो जीवन-ज्ञान-व्यवस्था है, वह उसके साहित्य में, उसकी रचना में, उसकी कलाकृति में, तरह-तरह से प्रकट होती है। मेरे अपने खयाल से वह मुख्यतः दो प्रकार से प्रकट होती है। एक तो वह भाव-दृष्टि, जीवन-आलोचन, जीवन-विवेक अथवा विचार-चित्रण या भावांकन के रूप में प्रकट होती है। किन्तु इसके अतिरिक्त वह कलात्मक विवेक का रूप धारण कर, कला-सम्बन्धी विचारधारा भी बन जाती है, और उसके प्रभाव से वह कलाकृति का अन्तर्बाह्य संगठन भी करती है।

किन्तु, महत्त्व की बात यह है कि उसके अन्तःकरण में स्थित यह जो जीवन-ज्ञान-व्यवस्था है—जिसके मूल-जाल संवेदनात्मक-अनुभवात्मक होते हैं—उस जीवन-ज्ञान-व्यवस्था को जीवन-जगत् की व्याख्या के साथ, अर्थात् किसी व्यापक विचारधारा के साथ, किसी दर्शन के साथ, जोड़ने का प्रयत्न होता रहता है। एक ओर लेखक स्वयं जीवन-जगत् की व्याख्या चाहता है, तो, दूसरी ओर, साहित्य-क्षेत्र में विभिन्न प्रकार की विचारधाराएँ और दर्शन जीवन-जगत् की व्याख्या को लेकर उपस्थित होती हैं। इस प्रकार लेखक के अन्तःकरण में उपस्थित

संवेदनात्मक-अनुभवात्मक जीवन-ज्ञान-व्यवस्था के साथ जीवन-जगत् की दार्शनिक व्याख्या का समन्वय हो जाता है, और वह दार्शनिक धारा लेखक को आत्मविस्तार के रूप में ही दिखाई देती है।

यह आवश्यक नहीं है कि लेखक जिस जीवन-ज्ञान-व्यवस्था को लेकर चलता है उसमें विकास नहीं होता, अथवा जिस दार्शनिक धारा को लेकर चलता है, उसमें वह अपनी ओर से कोई नवीन तत्त्व नहीं जोड़ता।

इसके विपरीत, वह स्वयं भी अपने-आपको उस दार्शनिक धारा द्वारा परिपुष्ट करता है, अपने स्वयं की जीवन-ज्ञान-व्यवस्था का व्याख्यान उस दार्शनिक धारा की सहायता से करता है, साथ ही उस दार्शनिक धारा को वह अपनी विशेष दृष्टि से व्याख्यात करता हुआ उसमें नवीन अर्थ भर देता है।

किन्तु, अब तक विकास-प्राप्त जीवन-ज्ञान-व्यवस्था, जो लेखक के अन्तःकरण में स्थित होती है और कलाकृति में किसी-न-किसी रूप में प्रकट होती है, वह नवीन जीवन-परिस्थितियों की पेचीदगियों में पड़कर नवीन जीवन-प्रसंगों में ठेस खाकर जब नवीन तत्त्व ग्रहण करने लगती है, तब ऐसे नवीन संवेदनात्मक अनुभवतत्त्वों के स्तर-के-स्तर हृदय में बन जाने के उपरान्त, या तो कलाकार पूर्व-प्राप्त दार्शनिक धारा को ही लचीली बनाकर उसमें नवीन अर्थ भरते हुए उसे नये रूप में, किन्तु पुराने नाम से ही, विकसित कर लेता है, अथवा जीवन-जगत् की व्याख्या करनेवाली ऐसी नवीन विचारधारा को ग्रहण करता है जिसमें उसके नव-प्राप्त अन्तर्तत्त्वों की व्याख्या प्राप्त हो सके।

संक्षेप में, इस प्रकार हम देखते हैं कि दार्शनिक विचारधारा लेखक की एक निजी आवश्यकता होती है। वह दार्शनिक विचारधारा कितनी दार्शनिक है, अथवा वह कितनी व्यवस्थाबद्ध है, वह कितनी सत्याधारित है, यह एक भिन्न प्रश्न है। महत्त्व की बात (लेखक के लिए) इतनी ही है कि वह अन्तःकरण-स्थित जीवन-ज्ञान-व्यवस्था को व्यापक दृष्टिकोण से व्याख्यात करती है।

लेखक कलाकृति में उस दार्शनिक भाव-धारा को ज्यों-का-त्यों प्रकट नहीं करता, वरन् वह उसे एक दृष्टि-रूप में ग्रहण कर उसके अनुसार जीवन-व्याख्यान या जीवन-आलोचन (जैसा और जितना कलाकृति में सम्भव है) उपस्थित करता है। उस दृष्टि द्वारा उसके हृदय में मूल्य-भावना विकसित होती है, और उस मूल्य-भावना के अनुसार, वह किन्हीं विशेष अन्तर्तत्त्वों को महत्त्व प्रदान कर शेष को अभिव्यक्ति-क्षेत्र से बहिर्गत कर देता है, अथवा उन्हें उपेक्षित करता है।

कलाकृति में—कलाकार के कार्य में—यह मूल्य-भावना बहुत सक्रिय होती है। वह किन्हीं विशेष भाव-दशाओं, किन्हीं विशेष जीवन-तत्त्वों को अभिव्यक्ति-महत्त्व प्रदान करती हुई, उन्हें विशेष कोण से, विशेष दृष्टि से ही स्थापित करती है। यह कोण, यह दृष्टि, क्या है? वह उस ज्ञानात्मक भाव-धारा का ही एक रूप है जिसे

मैंने दार्शनिक विचारधारा कहा।

अतएव, कलाकार अपने औचित्य की स्थापना के लिए, आत्म-विस्तार के लिए, अपने को उच्चतर स्थिति में उद्बुद्ध करने के लिए, अपना अन्तःसंगम दार्शनिक भाव-धाराओं से करता है। चूँकि वह कलाकार है, इसलिए वह कला में जीवन-चित्र ही प्रस्तुत करता है, न कि दर्शन की व्याख्या। किन्तु, उसके पास अपना एक वैचारिक दृष्टिकोण रहता ही है, जो एक मूल्यांकनकर्त्री और नियन्त्रण-शील शक्ति के रूप में, उसकी कलाकृति के रूप-तत्त्व और तत्त्व-रूप को नियमित करता है। अतएव यह कहना गलत है कि लेखक के पास जीवन-जगत् की व्याख्या अर्थात् विचारधारा का नितान्त अभाव है।

हाँ, यह कहना सही हो सकता है कि अपनी एक विशेष अवस्था में वह एक सर्वांगीण जीवन-जगत्-व्याख्या—ऐसी व्याख्या जो सब दृष्टियों से उसे सन्तोष प्रदान कर सके—उसने अभी प्राप्त नहीं की है, अतएव उसने अमुक विचारधारा से अमुक तत्त्व लेकर, भिन्न भाव-धारा से कोई अन्य तत्त्व लेकर, किसी दूसरी फिलॉसफी से कोई तीसरी बात लेकर, अपने-आपको परिपुष्ट करने का प्रयत्न किया है, अथवा जीवन-जगत् के वास्तविक क्षेत्र में किसी सामान्य ज्ञान से बहुत-सी बातें लेकर उसने अपने को सन्तुष्ट कर लिया है। यह सब हो सकता है। सम्भवतः आज की नयी काव्य-प्रवृत्ति के क्षेत्र में ऐसा ही कुछ है।

बात जो भी हो, यह निश्चित है कि लेखक के व्यक्तित्व का एक पक्ष वैचारिक है, और यह वैचारिक पक्ष अपनी पूरी वैचारिकता भले ही कलाकृति में उपस्थित न करे, वह स्वयं ओझल रहकर, किन्तु एक शक्ति के रूप में, उसके उस संवेदनात्मक-अनुभवात्मक पक्ष का, जो कि कलाकृति में उपस्थित होता है, नियमन-नियन्त्रण अवश्य ही करता है।

इन्हीं बातों को देखते हुए, लेखक के इस वैचारिक पक्ष के महत्त्व को ध्यान में रखते हुए, साहित्य के क्षेत्र में अनेक विचारधाराएँ उपस्थित की जाती हैं, उपस्थित होती हैं—आध्यात्मिक, समाजवादी तथा समाजवादी-विरोधी तथा अन्य।

कलाकार का अन्तर्मन विचारों को आत्मानुभूत जीवन-सन्दर्भों से एकाकार करके ग्रहण करता है। अन्तर्मन में उपस्थित वास्तविक जीवन विचारों में प्रवाहित होता है। विचारों की यह प्रवहणशीलता लेखक की सारी संवेदनाओं से मिलकर उसके अन्तर्जीवन का अंश बन जाती है।

किन्तु जहाँ ये विचार कलाकार के अन्तःकरण में संवेदनात्मक रूप से उपस्थित जीवन-सन्दर्भों द्वारा ग्रहण नहीं किए जाते, वहाँ वे बाहरी ही रह जाते हैं। ऐसे न मालूम कितने विचार हैं, जो अपने-आपमें सुसंगत और न्यायोचित रहते हैं। किन्तु कलाकार के लिए वे उसी ढंग से बाहरी हो जाते हैं, जिस प्रकार बाजार घर के बाहर ही होता है।

ऐसी स्थिति में, लेखक के द्वारा आत्मानुभूत न हो पानेवाले विचारों का आग्रह यदि उससे किया जाए, अथवा लेखक यह समझे कि ऐसे विचारों को उस पर लादा जा रहा है, तो मन-ही-मन अथवा प्रकट रूप से वह विक्षुब्ध होकर विद्रोह कर उठता है।

लेखक चूँकि किसी-न-किसी रूप से जीवन का चित्रण करता है, इसीलिए उसकी जीवनानुभूतियों को, उसकी भावनाओं-कल्पनाओं और जीवनानुभूति-रंजित बुद्धि को, उत्तेजित और प्रोत्साहित करने या कर सकनेवाली शब्दावली और शैली में जब तक कोई समीक्षा या सिद्धान्तवाद या विचारधारा प्रस्तुत नहीं की जाती, तब तक वह उसे प्रभावित या प्रोत्साहित अथवा प्रेरित नहीं कर सकती।

यह विशेषकर उस स्थिति में होता है जब लेखक उस विचारधारा या भाव-धारा या सिद्धान्तवाद को अपने वायुमण्डल से नहीं खींच पाता, क्योंकि वह विचारधारा या भाव-धारा या सिद्धान्तवाद उस वायुमण्डल में होता ही नहीं, न उस समय उसके होने की कोई सम्भावना ही दिखती है।

किन्तु जब किसी विशेष स्थिति-परिस्थिति में, वैसी विचारधारा या भाव-धारा या सिद्धान्तवाद स्वाभाविक हो उठता है, अर्थात् उस विशेष स्थिति-परिस्थिति में जब उस ढंग के झुकाव या रुझान या उन्मुखताएँ स्वाभाविक रूप से उपस्थित होती हैं, तब वैसी स्थिति-परिस्थिति में कलाकार उस विचारधारा को, उसकी बौद्धिक-सैद्धान्तिक शब्दावली को, अनायास ग्रहण कर लेता है, अर्थात् वह विवेचनात्मक-सैद्धान्तिक शब्दावली यदि उसके निकट नहीं तो दूर भी नहीं मालूम होती।

किन्तु ऐतिहासिक युगों में ऐसी भी विशेष स्थिति-परिस्थितियाँ होती हैं, जब समीक्षा या सिद्धान्त-विवेचना और सिद्धान्तों का बौद्धिक प्रयोग एक विशेष स्तर पर चलता रहता है, तथा कलाकार का जीवन-चिन्तन या जीवन-अनुभव और उनकी कलात्मक अभिव्यक्ति किसी भिन्न स्तर पर चलती रहती है, और ये दोनों स्तर एक-दूसरे से समानान्तर चलते रहते हैं, और, बावजूद उनकी टकराहट के, कलाकार का जीवन-चिन्तन और कलात्मक अभिव्यक्ति समानान्तर चलती रहती है। ऐसी भी एक परिस्थिति होती है।

इसका परिणाम यह होता है कि सिद्धान्त-विवेचन अर्थात् विचारधारा की मूल दृष्टि या तो स्वयं बदलकर कलाकार के समीप आने लगती है, अथवा उस विवेचन की मूलधारा एक स्वतन्त्र विचार-सरणि बनकर, बदलते हुए जीवन के मूल स्रोतों से विच्छिन्न होकर अपने-आपको जड़ीभूत अवस्था में परिणत कर लेती है। विचारधाराओं की जड़ीभूत स्थिति यही सूचित करती है कि जीवन द्वारा उपस्थित नए सत्यों, तथ्यों तथा समस्याओं से उसने अपने-आपको अलग करके कूटस्थ ब्रह्म की स्वयंपूर्ण-सम्पूर्ण इयत्ता स्थापित कर ली है।

इस प्रकार उस विचारधारा के क्षेत्र में जब सृजनशील और जीवनजन्य उद्वेगों

से परिपूर्ण चिन्तन रुक जाता है तब, वैसी स्थिति में, उसमें उदात्त और उच्च गौरव गर्वपूर्ण अहंकार की भव्यता भले ही झलकने लगे, वह, बावजूद उसमें स्थित महत्त्वपूर्ण सत्यों के, जीवन-विकास के लिए निरुपयोगी हो उठती है—अपनी जड़ता के कारण, सत्यांशों के कारण नहीं।

दूसरे शब्दों में, समीक्षात्मक विवेचन तथा कलाकार के जीवन-चिन्तन की समानान्तरता तथा परस्पर-संवाद के अभाव की स्थिति जब स्पष्टतः दिखाई देने लगती है, तब यह सोचना आवश्यक हो जाता है कि उस विचारधारा के क्षेत्र में काम करनेवाले लोग अपनी स्वयं की अक्षमताओं की घनी परछाईं अपनी स्वयं की विचारधारा के क्षेत्र में तो नहीं डाल रहे हैं। दुर्भाग्य की बात यह है कि किसी भी विचारधारा के क्षेत्र में, या कहिए, समीक्षात्मक विवेचन के क्षेत्र में, काम करनेवाले लोगों में आत्मालोचन और आत्म-समीक्षा बहुत कम दिखायी दी है। अपनी अनेकानेक असफलताओं के दोष, अपनी प्रभावहीनता के अपराध, का कुछ भी भाग अपने हिस्से में न रखकर उन्होंने सर्वथा कलाकार के मत्थे मढ़ा है।

कलाकार होने मात्र से कोई व्यक्ति, बहैसियत एक कलाकार के, कोई देवता, सन्त या वांछनीय कलाकार नहीं हो जाता। अगर ऐसा होता तो औरंगजेब की प्रशस्ति में काव्य करनेवाला कवि कालिदास [त्रिवेदी (एक रीतिकालीन कवि)], बहैसियत एक कलाकार के, औरंगजेब से सम्बन्धित कविताओं में भी जीवन-सत्य की कलात्मक अभिव्यक्ति कर रहा होता। उन कलाकृतियों में, अर्थात् उन सवैयों-कवित्तों में, वह चाटुकार का कार्य कर रहा था। प्रसिद्ध कवि पद्माकर ने अपने संरक्षक हिम्मत बहादुर की बहादुरी के जो गीत गाए हैं उससे यही प्रमाणित होता है कि कलाकार, केवल रचना-कर्म के कारण ही अपने-आपमें कोई देवता या सन्त या वांछनीय कलाकार नहीं हो जाता। वह कहाँ तक, किस हद तक, किस सीमा तक, वांछनीय कलाकार है, यह उसकी कलाकृति के अपने रूप-स्वरूप पर, उस कलाकृति की मूल प्रेरणा पर, उस कलाकार के व्यक्तित्व पर (जो उस कलाकृति में प्रकट हुआ है), तथा उस कलाकृति में जो जीवन-मर्म प्रकट किये गये हैं (यदि वे प्रकट किये गए हैं तो)—इन सब पर और उनके प्रभावों के स्वरूप पर, इन सब परस्पर-सन्निविष्ट बातों पर, एक साथ निर्भर करेगा। कलाकार होने मात्र से, रचनाकार होने मात्र से, कोई व्यक्ति श्रेष्ठ वांछनीयता का अधिकारी नहीं होता।

समीक्षक के अहं-बद्ध विचारों का तुषार जिस भाँति उसके उग्र अहंकार का ही द्योतक होता है, उसी प्रकार कलाकार का अहंकार भी एक बड़ी अजीब चीज होती है। ऐसी अहंकारात्मक मनीषा जब प्रतिभा के नाम से खुलकर खेलती है, तब साहित्य का 'कल्याण' हो जाता है। समीक्षा और कला की यह टकराहट, असल में, महामहिम व्यक्तियों या महत्त्वाकांक्षी किन्तु पदहीन महानुभावों की आपस की टकराहट है।

कला, चाहे वह यथार्थवादी कला ही क्यों न हो, एक आत्मपरक प्रयास है। यह उसकी विशेषता है, बहुत बड़ी विशेषता। कला न केवल एक आत्मपरक प्रयास है, वरन् उसकी अपनी एक सापेक्ष स्वतन्त्रता है। वह व्यक्ति-सापेक्ष है, जीवन-सापेक्ष है, वर्ग-सापेक्ष है, युग-सापेक्ष है। वह स्वतन्त्र भी है। वह स्वतन्त्र इस अर्थ में है कि जो भाव-बीज कलाकार के अन्तःकरण में उदित होकर, उसके सारे संवेदनों और अनुभवों द्वारा परिपोषित होकर, विस्तार ग्रहण करके, उसके अन्तर्मन को आच्छादित करते हुए अपनी अभिव्यक्ति-लक्ष्य की ओर विकासयात्रा करता है, तो उस भाव-बीज की विकास-यात्रा और उसकी अभिव्यक्ति अपने-आपमें विभिन्न और अनुकूल-विपरीत तत्त्वों का एक गतिशील किन्तु संगतिबद्ध और सामंजस्यबद्ध रूप बन जाती है।

उस भाव-बीज की (इस प्रकार की) गतिशील अभिव्यक्ति के दौरान में, यह सामंजस्य-बद्धता का, तथा उसके भीतर के तत्त्वों के विभिन्न अन्तःसम्बन्धों में एक गतिशील संगति की स्थापना का, यह जो शब्दात्मक-भावात्मक प्रयास है, उसके अपने विशेष-विशेष नियम हैं, जो कलाकार द्वारा अपने अन्तःकरण में अपने-अपने ढंग से अनुभूत तथा विकसित होते हैं।

यही कारण है कि दॉस्तॉवस्की की उपन्यास-रचना का शिल्प और शैली तुर्गनेव की उपन्यास-रचना के शिल्प और शैली से भिन्न है। यही कारण है कि उपन्यास-कला के किन्हीं सिद्धान्त-ग्रन्थों को पढ़कर, उनमें बताए नियमों का अनुसरण करते हुए, उन नियमों पर चलने की पूरी पाबन्दी बताते हुए, कलाकृति प्रस्तुत नहीं की जाती।

कला की स्वतन्त्रता का अर्थ है कला-तत्त्वों की अन्तःसंगठनशील, गतिशील संगति का, अर्थात् कला की स्वाभाविकता का, निर्वाह। इस गतिशील संगति की स्थापना के कार्य में जो भी अन्दर या बाहर के व्यवधान उत्पन्न होते हैं, वे कलातत्त्व की (अभिव्यक्ति रूप धारण करनेवाली) आत्म-विकसनशील गति में बाधा डालते हैं, अतएव वे कला की स्वतन्त्रता की उपेक्षा करते हैं।

कला की स्वतन्त्रता और कलाकार की स्वतन्त्रता, ये दोनों समानार्थी अथवा समीपार्थी शब्द नहीं हैं। कला की स्वतन्त्रता जीवन-सापेक्ष है, व्यक्ति-सापेक्ष है। क्योंकि यदि कलाकार अन्तर्तत्त्वों की गतिमानता में उनके विशिष्ट अन्तःसम्बन्धों को अनुभूत करके उनमें संगति और सामंजस्य स्थापित नहीं करता—अर्थात् काव्य-निर्वाह नहीं करता—तो इसका अर्थ ही यह है कि अन्तर्तत्त्वों की गति जिस दिशा की ओर जाना चाहती है, वहाँ से उसे मोड़कर (क्यों मोड़कर? एस्थेटिक पैटर्न के मोह से ग्रस्त होने से? अथवा अन्य आदर्श, निष्कर्ष, उपदेश, शैली-सौन्दर्य आदि के सम्मोह से जड़ होकर ?) कोई भिन्न दिशा देना चाहता है। वैसी स्थिति में उसके अन्तःकरण में भावना, कल्पना, बुद्धि, इन तीनों का, तथा जीवनानुभूति और

उसको प्रकट करने का संवेदनात्मक उद्देश्य, इन दोनों का, योग न होकर वे अलग-अलग पड़ जाते हैं। इस प्रकार कलाकृति बाधा-ग्रस्त हो जाती है।

इस बात को हम यों कहेंगे कि लेखक के अन्तःकरण में संचित जो भाव-तत्त्व हैं, जो जीवन-ज्ञान-व्यवस्था है, और उस व्यवस्था के अन्तर्गत जो दृष्टि है, उनसे परिचालित और परिपुष्ट जो संवेदनात्मक उद्देश्य हैं—उन [सब] से कलाभिव्यक्ति अपनी अभिव्यक्ति के लिए अपेक्षा रखती है, उन पर निर्भर करती है अपने रूप-तत्त्व के विकास के लिए। इस प्रकार कला की स्वतन्त्रता लेखक के अन्तर पर, लेखक के अन्तर में उपस्थित जीवन-तत्त्वों पर, कलाकार के अन्तर में उपस्थित भाव-दृष्टि तथा जीवन-ज्ञान-व्यवस्था पर, निर्भर है और उन्हीं से मर्यादित है।

दूसरे शब्दों में, इस अन्तःस्थित भाव-दृष्टि तथा जीवन-ज्ञान-व्यवस्था से भिन्न, पृथक् तथा बाह्य तत्त्वों के दबाव में आकर लेखक जब-जब कलाकृति में संशोधन करता है, अथवा ऐसे तत्त्वों के दबाव में आकर वह नवीन रचना उपस्थित करना चाहता है, करता है, तो वैसी स्थिति में कला की आत्मतन्त्रता-स्वधर्मिता में बाधा होने से उसकी स्वतन्त्र स्थिति नष्ट हो जाती है।

संक्षेप में, कला की स्वतन्त्रता जीवन-सापेक्ष है—वह जीवन जो भाव-रूप में अन्तःकरण स्थित है। वह उसी पर निर्भर है। कलाकार की स्वतन्त्रता का अर्थ यह है कि कलाकार मनचाहे जैसे भावों को मनचाही जैसी रूप-शैली में प्रकट कर सकता है। यहाँ उसकी कला के स्वरूप पर, और उस स्वरूप का कवि-अन्तःकरण से जो सम्बन्ध है उस पर, दृष्टि नहीं है, वरन् उस अधिकार पर दृष्टि है जिसे कलाकार अपना अधिकार समझता है। कलाकार की, लेखक की, यह स्वतन्त्रता समाज-सापेक्ष और समाज-स्थिति-सापेक्ष है। पूँजीवादी देशों में साम्यवादी साहित्य पर न मालूम कितनी बार, साम्यवादी लेखकों पर न मालूम कितनी बार, प्रगतिशील चित्रकारों पर न मालूम कितनी ही बार, अंकुश लगाया गया, उनकी कृतियाँ जब्त की गईं, उन रचयिताओं को जेल की हवा खानी पड़ी। जब तक अपनी कलाकृति में आप समाज की आलोचना ऐसे ढंग से करते रहेंगे कि जिससे आग सुलगेगी, तब तक आपकी कुशल नहीं। आप अपनी चाल बदलिए, नहीं तो मार खानी पड़ेगी।

मेरा सरीखा एकान्तप्रिय निःसंग व्यक्तिवादी स्वभाववाला लेखक एक पुस्तक लिखता है—भारत : इतिहास और संस्कृति। मध्य प्रदेश के शिक्षा-विभाग द्वारा पुस्तक स्वीकृत हो जाती है। एक सरकारी पाठ्यपुस्तक समिति उसे स्वीकार कर लेती है। किन्तु उसके बाद मध्य प्रदेश सरकार का गृह-विभाग क्रुद्ध होकर उस पर पाबन्दी लगा देता है। वह पुस्तक अब इस राज्य में खरीदी-बेची नहीं जा सकती। वह यहाँ गैर-कानूनी घोषित हो गई है। (देखिए 19 सितम्बर, 1962 का सरकारी गजट। वह दिन मेरे लेखक-जीवन की एक महान तिथि है!)।

संक्षेप में लेखक की स्वतन्त्रता तथा कलाकार की स्वतन्त्रता, वस्तुतः,

अभिव्यक्ति के अधिकार की स्वतन्त्रता है, किन्तु यह स्वतन्त्रता समाज-सापेक्ष और समाज-स्थिति-सापेक्ष है। कुछ बातें कहने का, कुछ बातें शब्दबद्ध करने का मुझे अधिकार नहीं है, भले ही सैद्धान्तिक रूप से विद्वान लोग अपनी विद्वत्ता का परिचय देते हुए पूँजीवादी जनतन्त्र की प्रशंसा करें, और यह कहें कि वैसी बातें मुझे लिखने-करने का बराबर अधिकार है।

चूँकि मैंने अपनी पुस्तक का उल्लेख किया, इसलिए कह दूँ कि उस पुस्तक में (अ) क्रान्तिकारी आवाहन नहीं है, (ब) हिंसा का प्रचार नहीं है, (स) वह अश्लील भी नहीं है। फिर भी उसमें कुछ ऐसे महत्त्वपूर्ण सत्यांश हैं जो नागवार गुजरे हैं। बस, उसके गैर-कानूनी करार दिये जाने का यही रहस्य है।

दूसरे शब्दों में, लेखक और कलाकार की स्वतन्त्रता समाज-सापेक्ष है, समाज-स्थिति-सापेक्ष है। मानव-गौरव और उच्च अभिरुचि को ध्यान में रखते हुए भी जो रचनाएँ आती हैं, उनमें ऐसे सत्यांश हो सकते हैं जो अप्रिय हों। अतएव वे सत्ताधारी अथवा सम्पन्न या प्रभावशाली वर्गों की भावना को ठेस पहुँचा सकते हैं।

इस बात को ध्यान में रखते हुए समाज में उन सत्यों के विरुद्ध ऐसी मनोग्रन्थियाँ तैयार कर दी जाती हैं कि जिससे अमुक-अमुक लेखक को प्रकाशक न मिल सके।

जनमत और लोकाभिरुचि बनाने का ठेका जहाँ उच्च-सम्पन्न वर्गों ने ले लिया है, वहाँ किसी भी बात की परिभाषा जो उनकी दी हुई होती है, खूब चलती है। और उस परिभाषा को विश्वविद्यालयों से लेकर छोटे-मोटे प्रकाशकों तक में इस तरह स्वीकृत करा लिया जाता है कि जिससे उसी के माप-मान चल पड़ते हैं। संक्षेप में, एक भाव-प्रवाह, विचारधारा, सत्य और सत्यांश के विरुद्ध मनोग्रन्थियाँ स्थापित करा दी जाती हैं। कलाकार या तो इस तरह की मनोग्रन्थियों का स्वयं शिकार हो जाता है, और अपनी जिन्दगी के एक हिस्से को अभिव्यक्ति के क्षेत्र से निकालकर फेंक देता है, अथवा यदि वह बहुत ही आतुर है तो चुपचाप लिखता जाता है, छपाता नहीं, छिपाता है, और बाह्य प्रोत्साहन के अभाव में बहुत बार वह रचनाएँ अधूरी छोड़ देता है। पूरी नहीं करता, इसलिए कि उसकी अभिव्यक्ति का भाव-बिन्दु प्रकट हो गया होता है, किन्तु उसका सांगिक सावयव अन्तःसंगठन उपस्थित करने की उसे आवश्यकता नहीं रह जाती।

विभिन्न समाजों में इस प्रकार की मनोग्रन्थियाँ जो क्रमशः अथवा अचानक प्रचार द्वारा उत्पन्न ही जाती हैं, विकसित की जाती हैं, वे अच्छी हैं या बुरी यह एक भिन्न प्रश्न है। एक खास ढंग की अलिखित सोशल सैंक्शन्स, अर्थात् समाज-मान्यताएँ और समाज-अस्वीकृतियाँ, उचित होंगी, अमरीका में वे स्वतन्त्रता की कसौटी घोषित की जाएँगी, भले ही फिर हब्शियों को, एफ्रो-अमेरिकनों को, गोरों के होटलों और रेस्तराओं से अलग रखा जाए। वह चल जाएगा। लेकिन

साम्यवादी समाज-रचना को उलट देने या उसको निन्दनीय ठहराने की गरज से लिखे गए साहित्य या उसमें प्रकट भाव-दृष्टि को लेखक और कलाकार की स्वतन्त्रता की कसौटी माना जाएगा। हाँ, चार्ली चैपलिन की ओर ध्यान मत दिलाओ।

कलाकार की स्वतन्त्रता समाज-सापेक्ष और समाज-स्थिति-सापेक्ष है, यह निर्विवाद है। सम्पूर्ण स्वतन्त्रता कहने-भर की बात है। कलाकार को तो केवल यह देखना है—यदि वह मानव-धर्म और मानव-न्याय-बुद्धि की भावना रखता है, (सब कलाकार ऐसे नहीं करते)—कि वह सर्वोच्च मानव-मूल्यों की, मानव-मुक्ति के लक्ष्य की, स्थिति कहाँ पाता है, और कहाँ नहीं पाता, अर्थात् किस प्रकार की भाव-दृष्टियों में वह अपनी अनुकूलता पाता है, और किस प्रकार की भाव-दृष्टियों में नहीं। दूसरे शब्दों में, किस प्रकार के सोसल सैंक्शन्स उसके अनुकूल हैं और किस प्रकार के नहीं।

मूलभूत अन्तर्विरोधों से ग्रस्त समाजों में, निःसन्देह लेखक-वर्ग में भी, कलाकार वर्ग में भी, सोशल सैंक्शन्स अर्थात् सामाजिक निबन्धों के प्रति भिन्न-भिन्न दृष्टियाँ होती हैं; तथा न केवल वे दृष्टियाँ भिन्न-भिन्न होती हैं, वरन् परस्पर-विरोधी भी हो सकती हैं।

ऐसी स्थिति में, कोई एक भाव-दृष्टि अथवा कुछ समानतामूलक भाव-दृष्टियों का समूह, सामाजिक प्रभाव तथा प्रतिष्ठा-सम्पन्न उच्च पदासीन वर्गों द्वारा मान्यता-प्राप्त हो जाते हैं, तथा शेष दृष्टि या दृष्टियाँ मलिन भाव की सूचक, निम्न भाव की सूचक, निम्न-पदासीन, तथा रिक्त और अर्थहीन करार दी जाती हैं।

इस प्रकार का यह दृष्टि-भेद, या यों कहिए कि दृष्टि-संघर्ष, सदा-सर्वदा तथा अनिवार्यतः नए और पुराने का झगड़ा नहीं होता, वरन् वह वर्गों का संघर्ष होता है। साथ ही यह भी ध्यान में रखना चाहिए कि वह नए और पुराने का भी संघर्ष हो सकता है। वह वैसा है या नहीं, यह देखने-समझने की बात होती है।

एकाध उदाहरण अप्रासंगिक न होगा। छायावाद तथा द्विवेदीयुगीन काव्यप्रवृत्ति, दोनों एक ही मध्यवर्ग से निःसृत हुईं। अपने-अपने ढंग से दोनों आदर्शवादी और अध्यात्मवादी थीं। फिर भी भाषा, भाव, शैली, तीनों क्षेत्रों की भिन्नता ने संघर्ष का रूप भी धारण कर लिया, यह किसी से छिपा नहीं। उसी प्रकार प्रयोगवादी या नयी कविता का जन्म भी मध्यवर्ग में हुआ। छायावाद और इस आधुनिकतावादी प्रवृत्ति में संघर्ष रहा, यह सर्वविदित है। यह नए-पुराने का झगड़ा है।

किन्तु, मध्यवर्ग के क्षेत्र में प्रयोगवादी प्रवृत्ति का उदय, विकास और प्रसार, और फिर उसी मध्यवर्गीय क्षेत्र में उसी प्रगतिवादी प्रवृत्ति की क्षीणता और दुर्बलता का ऐतिहासिक सत्य यही तो प्रकट करता है कि इस मध्यवर्गीय क्षेत्र को, एक ओर, वैभव-सम्पन्न उच्चवर्गीय प्रवृत्ति हथियाना चाहती है तो, दूसरी ओर, समाजवादी

आदर्श का समर्थन करनेवाली शक्ति--सर्वहारा शक्ति--उसे अपने प्रभाव में लाना चाहती है।

मध्यवर्गीय क्षेत्र में इन दोनों के प्रचार-प्रसार का खूब क्षेत्र भी है। उच्च-मध्यवर्गीय आभिजात्य-मानवतावादी आध्यात्मिकता, व्यक्ति-स्वातन्त्र्यवादी प्रणाली के नाम पर, साहित्य-क्षेत्र से समाजवादी प्रभाव का उन्मूलन करना चाहती है। उसका मूल सामाजिक आधार है--उच्च-मध्यवर्गीय लोग और उनकी सौन्दर्याभिरुचिपूर्ण जगमगाहट से मोहमुग्ध वे निम्न-मध्यवर्गीय लेखक, जो लोभग्रस्त और पिपासु होकर उनके आसपास मँडराते हैं, या व्यक्तिगत आधार पर उनसे घृणा करते हुए भी उनके पद-चिह्नों पर चलने में अपनी कलात्मक प्रवृत्ति की सार्थकता समझते हैं।

इसके विपरीत, इसी मध्यवर्ग में भिन्न-भिन्न स्थानों पर ऐसे लोग भी हैं, जो न अत्यन्त दरिद्र निम्न-मध्यवर्गीय हैं, न ऐसे जिन्हें हम आर्थिक दृष्टि से किसी भी हालत में सुखी कह सकते हैं। यह श्रेणी साहित्य तथा कला के क्षेत्र में भी काम करती है, तथा वह ज्ञान-भिक्षु है, यह कहा जा सकता है। इसकी मनोवृत्ति में प्रगतिवादी प्रवृत्तियों के प्रति समीपता, सम्भवतः, पाई जा सकती है, और वह बहुत-कुछ अंशों में अभी भी देखी जा सकती है। प्रगतिवादी जीवन-मूल्य भी इनमें देखे जा सकते हैं। यह है सामाजिक आधार, उस सर्वहारा आन्दोलन के, मध्यवर्ग के ऊपर, प्रभाव का।

इसके बावजूद, प्रगतिवादी आन्दोलन यदि बहुत-कुछ पीछे हटा है, तो इसका कारण यह नहीं है कि मध्यवर्ग पूरा-का-पूरा अवसरवादी हो गया है, यद्यपि उच्च-मध्यवर्गीय प्रभुता तथा बल-सम्पन्न पूँजी की सत्ताधारिता ने भी इसमें अत्यन्त महत्त्वपूर्ण योग दिया है। किन्तु इसका एक कारण यह भी है कि प्रगतिवादी प्रवक्ताओं ने अपनी वही पुरानी छर्रेवाली बन्दूक और वही पुराने तमंचे निकाले जिनकी आज कोई कीमत नहीं। संक्षेप में, उनके पास, प्रगतिवादी प्रवक्ताओं के पास, मध्यवर्गीय अन्ध-सिद्धान्तवादी अहंकार तो था, किन्तु कला की सृजनशील प्रक्रिया में, कला-सम्बन्धी समस्याओं में, वह सूक्ष्म गति नहीं थी, जो कि एक जीवन-मर्मज्ञ और कला-मर्मज्ञ के लिए आवश्यक होती है। यही नहीं, लेखकों से, विशेषकर नए ढंग के लेखकों से, वे तनकर अलग रहते थे। सिद्धान्तों के आइवरी टॉवर में रहकर (अपनी ठाठदार रोजी-रोटी का सवाल वे पहले ही हल कर चुके थे) वहाँ के बुर्जों से वे लेखकों के नएपन पर, और नए लेखकों के यूथ पर, अपने तीर-कमान का प्रयोग करते थे, खूँखार होकर। निःसन्देह, उनमें से कुछ ने नयी प्रवृत्ति के साथ चलने का प्रयत्न किया भी तो लँगड़ाते हुए। सच तो यह है कि वे घिसे-पिटे थे और अपने घिसे-पिटेपन को सिद्धान्तवादिता का जामा पहनाकर सर्वमान्य होने का प्रयत्न करते थे।

यहाँ उनकी आलोचना करने का मेरा अभिप्राय नहीं है। मैं तो यह कह रहा हूँ कि प्रगतिवादी धारा का जो पीछे हटना हुआ, उसमें प्रगतिवाद के प्रवक्ताओं की निःसंज्ञ अक्षमता और जड़-बधिर-अन्ध-पंगु प्रतिभा का भी विलक्षण योग था।

हिन्दी साहित्य-क्षेत्र में शीत-युद्ध अब भी चला हुआ है। साहित्य-क्षेत्र में मध्यवर्ग ही क्रियाशील है, और, सम्भवतः आगामी दसियों वर्षों तक वह क्रियाशील रहेगा। मध्यवर्ग के ही लेखक आज भी हैं। जीवन की समस्याएँ जटिलतर होती जा रही हैं। ये समस्याएँ भिन्न-भिन्न प्रकार की हैं। समाज में आज उत्पीड़न और शोषण की मात्रा, अतिचार और अत्याचार की मात्रा, और भी अधिक, और भी तीव्र हो रही है। अवसरवाद, भ्रष्टाचार, नैतिकता का ह्रास, मानवतावादी मूल्यों की अवनति और व्यक्तिबद्ध अहंवादी मूल्यों का बढ़ता हुआ प्रभाव, लूट-खसोट आदि-आदि बातों से सामान्य मानव का दुःख, अपरिसीम होता जा रहा है।

ऐसी स्थिति में, शीत-युद्ध के एक केन्द्र को यह चिन्ता सता रही है कि कहीं यह सन्तप्त मानव समाजवाद और साम्यवाद का शिकार न हो जाए। ऐसी स्थिति में, वह पाता है कि पश्चिमी जगत् का उच्च साहित्य साम्यवादी या समाजवादी प्रभाव को रोकने में विशेष सहायक नहीं होता। हाँ, यह सही है कि समाज की जो आलोचना उसमें की गई है वह कोई साम्यवादी दृष्टि या समाजवादी दृष्टि से नहीं। यहाँ तक कि कभी-कभी उस दृष्टि की आलोचना समाजवादी भी करते हैं। किन्तु फिर भी वह आलोचना तो हुई है। ऐसी स्थिति में, वे अमरीकी प्रयोगवादी और श्रेष्ठ उपन्यासकारों का, अथवा ब्रिटेन या फ्रांस के उच्च साहित्य का, प्रचार नहीं करते, क्योंकि आज के सन्दर्भ में उनके लिए वे उपयोगी सिद्ध नहीं होते।

आज तो उन्हें पाश्चात्य जगत् की अराजकतापूर्ण स्थिति को, तथा उससे उत्पन्न मानव-दुःख को, इस प्रकार परिभाषित करना है कि जिससे मनुष्य संकल्प-धर्मा बनकर महान कार्यों के लिए, मुक्ति-कार्यों के लिए, उद्युक्त न हो।

उदाहरणतः, वीरता की व्याख्या लीजिए। वीरता क्या है? अपने लघुत्व को ढाँकने का एक तरीका है। फिर लोग उस ओर उन्मुख क्यों होते हैं? इसलिए कि वे अपने लघुत्व की वास्तविकता से घृणा करते हैं। निष्कर्षतः (1) मानव निरन्तर लघु है। (2) इसलिए उसका दुःख स्थायी है। (3) वह दुःख से मुक्ति के प्रयत्न में वीरता बताता है, किन्तु यह वीरता वस्तुतः उसके लघुत्व ही का मानसिक विक्षेप है। (4) यह मानसिक विक्षेप उसमें क्यों होता है? इसलिए कि उसमें बहुत बार आत्म-घृणा और आत्म-दया होती है, अतएव अपने लघुत्व से घृणा करते हुए वह अपनी ऊँचाइयाँ प्रदर्शित करने के लिए वीरता के दृश्य प्रस्तुत करता है। (5) वीरता के दृश्य प्रस्तुत करने से वह महान नहीं हो जाता, क्योंकि वह निरन्तर लघु है। (6) इसलिए उसका दुःख स्थायी है। (7) अतएव मानव-मुक्ति के लिए प्रयत्न वृथा है, क्योंकि मुक्ति-जैसी कोई चीज नहीं है—एक दुःख से दूसरे दुःख की ओर

जाने का वह प्रयत्न है।

यह मानवतावादी अद्यतन दर्शन है। मानव के सम्बन्ध में यह एक प्रकार का नकारवाद है। मानवीय भाग्य और वर्तमान स्थिति के सम्बन्ध में यह एक प्रकार का निराशावाद है।

[इस] विचारधारा के दो पक्षों की तरफ हमारा ध्यान जाना जरूरी है। एक तो यह कि यह मुख्यतः मानव-मुक्तिवादी विचारधाराओं के विरुद्ध है। उसकी तीखी नोक खासकर साम्यवादी धारणाओं के विरुद्ध है, क्योंकि साम्यवादी धारणाओं में यह बताया गया है कि मनुष्य चाहे तो अपना भाग्य-परिवर्तन कर सकता है। मनुष्य के अन्तःकरण में वे शक्तियाँ मौजूद हैं जो व्यक्ति और समाज, इन दोनों में सामंजस्य स्थापित करते हुए मनुष्य को अधिक पूर्ण, अधिक सक्षम और अधिक सुखी बना सकती हैं। उसमें यह बताया गया है कि जन-साधारण में महान सम्भावनाएँ छिपी हुई हैं। मनुष्य ने अपने श्रम और बुद्धि द्वारा महान उपलब्धियाँ प्राप्त की हैं, और मनुष्य का सच्चा सुख और मुक्ति तथा उपलब्धि सर्वजनहितार्थ उसकी सृजनशीलता में ही निहित है, उसके सृजनशील कार्यों में ही है। इस कारण साम्यवादी नैतिक जगत् की विचारधारा लोगों को आकर्षित करती है, बहुत आकर्षित करती है।

इस आकर्षण के प्रतिरोध के लिए यह आवश्यक है कि ऐसी भाव-धारा प्रचलित की जाए, जिससे दुःख को शाश्वत मानकर उससे समझौता करते हुए, समाज-परिवर्तन और मानव-परिवर्तन के स्वप्न को छोड़ दिया जाए।

इस भाव-धारा की यह विशेषता ऐसी है जो मानव-प्रगति के चक्र में रोध और बाधा उत्पन्न करती है। दुःख के स्थायित्व, लघुत्व की मूल स्थिति, तथा उच्चतर गुणों के माया-स्वप्नत्व, का पाठ पढ़ाकर, मनुष्य को मानव-सत्ता के उच्चतर रूपान्तर के कार्यों और कार्यक्रमों से अलग करने का उद्देश्य और प्रेरणा उसमें समाई हुई है।

हिन्दी काव्य-सृष्टि की वर्तमान गतिविधि में इस भाव-धारा का प्रभाव स्वाभाविक होता जा रहा है।

कारण क्या है? कारण है—वर्तमान देशकालावस्था की कतिपय विशेषताएँ। देश में, सामान्यतः, अवसरवाद, अनाचार, स्वार्थपरता, लाभ-लोभ और व्यक्तिवादी महत्त्वाकांक्षा का प्रभाव विभिन्न सामाजिक क्षेत्रों में लगातार बढ़ता जा रहा है। परिणामतः, जन-साधारण का जीवन मलिन और दुःखपूर्ण तथा वैयक्तिक आशाहीनता और भविष्यहीनता के भावों से ग्रस्त हुआ जा रहा है। काव्य में भी यही भविष्यहीनता तथा आशाहीनता के अराजक भाव बढ़ते जा रहे हैं। बाह्य समाज के जो सामान्य दृश्य कवि को दिखाई दे रहे हैं, वे उत्साह-संहारक, प्रेरणा-नाशक और हृदय-विदारक हैं।

शीत-युद्ध के दौरान में, नवीन भाव-धारा ने विगत जनतन्त्रवादी विचारधारा

से भी युद्ध किया और प्रगतिवादी विचारधारा से भी। इसको दुहराने की आवश्यकता नहीं। महत्त्व की बात यह है कि लेखक में साम्यवाद-विरोधी, राजनीति-विरोधी और अब जन-विरोधी, मनोग्रन्थियाँ पहले से ही तैयार कर दी गई हैं। वे अब और भी अधिक दृढ़ बनाई जा रही हैं।

ध्यान में रखने की बात है कि सभ्यता, समाज, व्यक्ति, इन सबकी (इनकी दृष्टि से देखी गई) वर्तमान स्थिति की आलोचना के तत्त्व इन कवियों में खूब प्रचलित हैं, किन्तु ये आलोचना के तत्त्व अत्यन्त व्यक्तिवादी दृष्टि की उपज हैं।

इस आलोचना का सारांश यह है कि रूस हो या अमरीका, सर्वत्र औद्योगिक सभ्यता है। औद्योगिक सभ्यता व्यक्तित्व का नाश करती है। व्यक्ति में आत्मनिर्णय, विवेक की शक्ति का ह्रास हो जाता है। उसका व्यक्तित्व भी विखण्डित हो जाता है। साम्यवादी जगत् और 'स्वतन्त्र' जगत् इन दोनों में अन्तर केवल यह है कि 'स्वतन्त्र' जगत् में व्यक्ति, बावजूद व्यक्तित्व-विभाजन के, बावजूद व्यक्तित्व-नाश के, अपने स्वतन्त्र निर्णय के लिए स्वतन्त्र है।

व्यक्ति अपना स्वतन्त्र निर्णय तब तक नहीं कर सकता, जब तक वह भीड़ का अंग है। समाज में जब तक व्यक्ति पृथक्-पृथक् हैं और मनन के जगत् में रहकर निर्णय करने को स्वतन्त्र हैं, तब तक ही वह व्यक्ति है। तब तक वह आत्मा का केन्द्र है। किन्तु ज्यों ही वह एक हो जाता है, वह जन-यूथ के मनोविज्ञान की धारा में बहता है। स्वतन्त्र निर्णय की उसकी शक्ति या तो क्षीण हो जाती है या लुप्त हो जाती है। इसलिए, ये जो सड़कों पर जुलूस चल रहे हैं, ये जो हड़तालें हो रही हैं, ये जो सामूहिक-राजनीतिक आक्रमण-प्रत्याक्रमण हो रहे है, वे सब भीड़ की मनोवृत्ति के परिचायक होने से, स्वतन्त्र निर्णय के अभाव की अन्ध शक्ति को ही सूचित करते हैं। परिणामतः, लेखक—जो कि अकेले में ही रहता है—उसे अकेले में रहना ही अच्छा है। तभी वह मानवता के उच्च गुणों को (यदि वे हैं तो) प्रतिष्ठापित कर सकता है। जनवाद, समाजवाद भीड़ की मनोवृत्ति के परिचायक हैं। जुलूस, हड़ताल आदि राजनीतिक सामूहिक कार्य गलत हैं। जनता ढोर है, वह पशु है, क्योंकि वह नेताओं के बहकावे में आती है, क्योंकि उसमें 'स्वतन्त्र' निर्णय करने की शक्ति नहीं है।

व्यक्ति अपनी व्यक्ति-सत्ता में अद्वितीय है, निःसंग है। और ऐसी बाह्य प्रभावहीन निःसंग स्थिति में ही, अपने इस प्रकार के एकान्त में ही, वह स्वतन्त्र निर्णय कर सकता है, अन्यथा नहीं।

दुःख की स्थिति प्रायः स्थायी है। मनुष्य लघु है। लघुत्व से पूर्ण मनुष्य अपने लघुत्व से घृणा करता है, इसलिए कुछ काल के लिए वह 'वीर' बन जाता है। वीरता या महानता भ्रमात्मक है। लघुत्व मनुष्य की मूल प्रकृति है। अतएव, हे महोदय, महानों और वीरों के चक्कर में मत पड़िए।

दूसरे शब्दों में, यह जो विद्यमान स्वार्थग्रस्त अहंग्रस्त व्यक्ति-सत्तात्मक स्थिति है—जिससे कि यह समाज बना हुआ है—उसको पहचानना, और उस यथार्थ को पहचानकर अपनी अद्वितीयता की रक्षा करना आवश्यक है।

अद्वितीयता की यह रक्षा उन दार्शनिक या कहिए धार्मिक अथवा आध्यात्मिक या रहस्यात्मक अनुभवों में हो सकती है, जिनकी परिभाषा करना, जिनके स्वरूप की व्याख्या करना, उनका काम है जिनको इसमें दिलचस्पी है।

और, इस प्रकार की अन्तिम व्याख्या और अन्तिम परिभाषा—वह जो भी है—यदि व्यक्ति-सत्ता की एकमेव अद्वितीयता की रक्षा करती है तो उस स्थिति में वह मानव की सर्वोच्च परिभाषा, उसकी निजी शक्तियों की, आत्म-शक्तियों की सर्वोच्च परिभाषा भी होगी।

मैंने इस भाव-धारा की कतिपय विशेषताओं को अपने शब्दों में रखने का प्रयत्न किया है, न कि भाव-धारावालों के शब्दों में। अतएव इसमें उनके विचारों को सम्भवतः भद्दा बनाकर भी रखा गया है। किन्तु, भले ही मैंने उसे हलके ढंग से या भद्दे ढंग से रखा हो, उसका सार-सत्य वही है जो मैंने कहा।

उपर्युक्त भाव-धारा सम्पूर्ण-सर्वांगपूर्ण अथवा व्यवस्था-बद्ध या सुसंगठित रूप से सब कवियों में नहीं पाई जाती है। किसी में उसका कोई अंश है, तो किसी में कोई और। इन कवियों की आभ्यन्तर जीवन-ज्ञान-व्यवस्था में इस भाव-धारा का योग है, वह कितना और कैसा योग है, यह एक भिन्न प्रश्न है।

यह भी ध्यान में रखने की बात है कि सब प्रयोगवादियों या नए कवियों की यह विशेषता नहीं है। सभी में यह भाव-धारा पाई जाती है—यह कहना यथार्थ के अनुसार नहीं।

महत्त्व की बात केवल यह है कि यह भाव-धारा नितान्त प्रतिक्रियावादी है। इसके सारे आघात का मुख्य लक्ष्य कवि-कलाकार को लेखक-समाज से, सामाजिक-मानवीय भावनाओं से, सामाजिक-मानवीय लक्ष्यों से, सामाजिक-मानवीय सत्ता के उच्चतर रूपान्तर के स्वप्न-लक्ष्य और प्रयत्न से, पृथक् निःसंग और विरोधात्मक रूप में स्थापित करना है।

इस लेखक का मुख्य उद्देश्य इस भाव-धारा के मुद्देवार खण्डन उपस्थित करना नहीं है। इसका मुख्य उद्देश्य वर्तमान स्थिति पर अपनी बुद्धि अनुसार प्रकाश डालते हुए यह बताना है कि आखिर किस प्रकार इस भाव-धारा से छुटकारा प्राप्त हो सकता है।

यह जानना जरूरी है कि आखिर इस क्षेत्र में इस भाव-धारा का प्रचार क्यों-कर हुआ। बाह्य परिस्थिति वैसी थी, यह कहकर छुट्टी लेना गलत है। आन्तरिक अवस्था का भी इस भाव-धारा के प्रचार-प्रसार में योग है। यह आन्तरिक अवस्था साहित्य-क्षेत्र की आन्तरिक अवस्था तथा अन्तःकरण के भीतर की अवस्था भी है।

काव्य एक आत्मपरक प्रयास है। भारतीय साहित्य—विशेषकर हिन्दी साहित्य—में आत्मपरक काव्य की परम्परा रही आयी। उसी प्रकार साहित्य के तत्त्वों के विश्लेषण और उसके प्रभाव के विश्लेषण की भी परम्परा रही है।

प्रगतिवादी समीक्षा और प्रगतिवादी साहित्य ने मनुष्य के मात्र सामाजिक-राजनीतिक पक्ष पर ही खूब जोर दिया। उसके शेष पक्षों पर, तुलनात्मक दृष्टि से, बहुत कम बल रहा, या नहीं ही रहा। परिणामतः, पाठक के सामने मनुष्य का जो चित्र प्रस्तुत हुआ, वह एकपक्षीय ही था, उसमें मानव-सत्ता की सर्वांगीण प्रगतिशील दृष्टि का प्रकटीकरण नहीं था।

इसका प्रभाव प्रगतिशील साहित्यकारों के व्यक्तित्व पर भी हुआ। एक ओर, वे अनेकानेक रचनाओं में केवल उद्बुद्ध सामाजिक-क्रान्तिकारी भाव-दृष्टि प्रकट करते थे; तो दूसरी ओर, उनके वास्तविक जीवन में जो दृश्य बहुत-बहुत लोगों ने समीपता से देखा है उसमें उच्चवर्गीय संकीर्णता, विलास-लोलुपता, अपने पास अधिकाधिक उच्चवर्गीय सामाजिक प्रभाव तथा अधिकाधिक वस्तु-संग्रह और कीर्ति-संग्रह की लालसा प्रत्यक्ष दिखाई दे रही थी। इसी मनोवृत्ति के उदाहरण अधिकतर दिखाई दे रहे थे। अपवाद कुछ थे, वे अत्यन्त अल्प थे। संक्षेप में, इन लेखकों के वास्तविक जीवन में प्रगतिशील दृष्टि का अनुशासन नहीं था, और उस प्रगतिशील दृष्टि से जीवन-संगठन नहीं था। उच्च और सुखपूर्ण वैयक्तिक जीवन ही उनका प्रधान जीवन-लक्ष्य था।

वैसे ही उनके सामाजिक सम्बन्ध भी थे। उन सामाजिक सम्बन्धों के कारण और उनके द्वारा ही वे भौतिक उन्नति के सोपानों पर चलते जा रहे थे। यदि समाजवाद के द्वारा उनका निजी प्रभाव बढ़ता है तो वह भी अच्छा ही है—यह मानकर मानो कि वे चलते थे। उच्च वर्गों में उनके गहन सामाजिक सम्बन्धों ही के कारण, उन्हें अपने प्रगतिवाद से कोई आर्थिक या सामाजिक हानि नहीं हुई।

परिणामतः, उनके वास्तविक जीवन और आचरण के द्वारा कोई विशेष प्रेरणा नहीं मिल पाती थी। अपने भौतिक अस्तित्व की रक्षा का संघर्ष, जो एक साधारण मनुष्य को, एक गरीब आदमी को करना पड़ता है, वह उनके लिए मानो कि नहीं था, और अगर था भी तो वह एक ऐसे ढंग से था जिसे हम मोटर-कारवालों पर लदे हुए कर्ज से छुटकारे का संघर्ष कह सकते हैं। दूसरे शब्दों में, ये लोग मानव, मानवता, संघर्षशील मानवता, मुक्ति-संघर्ष, जनवाद, किसान-मजदूर क्रान्ति, आदि शब्दों का प्रयोग करते थे, और विभोर होकर, भक्ति-भावपूर्वक, उन सब तत्त्वों का प्रतिपादन भी करते थे।

इसका परिणाम यह हुआ कि, जैसा कि दिखाई देता था, उनकी विभिन्न कल्पनाएँ अतिसरलीकरण पर आधारित हो गई थीं। जिन्दगी की पेचीदगियों पर उनका ध्यान न जाकर, सामान्य विशेषताओं पर ही दृष्टि टिक जाती थी। इसलिए

उनका 'प्रगतिशील' मानव एक निष्ठावान क्रान्तिकारी मानव था, जो प्रगतिशील मूल्यों की स्थापना के लिए जूझ पड़ता है। उसके हृदय में कहीं भी कोई शंका, अपने व्यक्ति-सुख के सम्बन्ध में कोई चिन्ता, अथवा अपनी परिस्थितियों से कोई घबराहट, नहीं थी—यद्यपि यह साफ था कि वास्तविकता बराबर यह सूचित करती रहती थी कि वास्तविक 'प्रगतिशील' मनुष्य, जो कि हमें काम करते हुए दिखाई देता है, प्रगतिशील कविता में दिखाई दे रहे प्रगतिशील मानव से कहीं अधिक उलझाव-भरा, कमजोर और विविधपक्षीय रुझान रखने वाला मनुष्य है। संक्षेप में, प्रगतिवादी मानव-बिम्ब जो काव्य में उपस्थित हुआ, प्रगतिवादी मानव के वास्तविक जीवन संघर्ष और वास्तविक व्यक्तित्व से बहुत कुछ दूर होकर, अतिसरलीकरण पर आधारित कल्पना के रूप में था। साथ ही, उसका केवल [एक] ही पक्ष—सामाजिक-राजनीतिक पक्ष ही—सामने आता था, दूसरे पक्ष नहीं।

परिणामतः, प्रगतिवादी काव्य एक हद तक, एक सीमा तक, ही प्रभावित करता था। सारे जीवन को, मन-वचन-कर्म को—जीवन-यापन पद्धति को,—हृदय, आत्मा और बुद्धि को, एक केन्द्र से अनुशासन और नियन्त्रण करने वाले प्रगतिवादी आदर्श और प्रगतिवादी जीवन-मूल्यों और उनके कार्यात्मक तथा अनुभावात्मक रूपों का चित्रण हमें दिखाई देता था, न आन्तरिक तथा बाह्य समस्याओं का चित्रण जो कि इस प्रकार के आत्मैक्य (?) से स्वभावतः उत्पन्न होता है।

इसके विरुद्ध प्रतिक्रिया स्वाभाविक थी। प्रगतिवाद के कतिपय प्रवक्ता अपने प्रवचनों को विशुद्ध मार्क्सवाद और उसका विशुद्ध प्रयोग समझते हुए, और इस महान कार्य से प्रसूत अहंकार के प्रतिनिधि बनकर, जिस प्रकार आलोचना करते जाते थे उससे, देश में वामपन्थी समाजवादी राष्ट्रवाद के बढ़ते हुए प्रभाव की धारा की उच्चलहरों पर चढ़कर, वे नित्य-नूतन विजय प्राप्त करते जाते थे। वह युग ही वैसा था।

महत्त्व की बात यह है कि [उन्होंने] प्रयोगवादी और नयी कविता का आरम्भ ही से विरोध किया। वे उसकी सूरत देखकर ही चिढ़ते थे। किसी विशेष साहित्य-धारा की उत्पत्ति-विकास के मूलभूत कारणों का तटस्थ विश्लेषण न कर, उसका विस्तृत स्वरूप-विश्लेषण और उस पर आधारित मूल्यांकन न कर, वे केवल उसको नष्ट-भ्रष्ट कर डालने के लिए ही कटिबद्ध रहे।

खैर, यह पुरानी बात हो गई दुःख की बात यह है कि आज भी उनके द्वारा [सिवाय] केवल विरोध के, विशुद्ध विरोध के, और कुछ नहीं हो पाता। ऐसी स्थिति में, जब नए प्रकार के लेखकों से उन्होंने अपने को अलग कर डाला, वे कैसे प्रतिक्रियावादी विचारधाराओं से मोर्चा ले सकते थे, उन्हें बचा सकते थे?

आज आवश्यकता इस बात की है कि नए काव्य-क्षेत्र में एक विशेष केन्द्र से प्रतिक्रियावादी, जन-विरोधी, विचारधारा का परिचालन किया जाता है, इसको

रोका जाए। किन्तु यह कौन कर सकता है? क्या यह नए काव्य के स्वरूप ही से भड़कनेवाले लोगों से ही सिद्ध होगा?

मेरे सामने मुख्य प्रश्न यह है कि समीक्षा की भाषा, समीक्षा-शैली, समीक्षा के अन्तर्गत विचारधारा की अभिव्यक्ति, इस प्रकार से हो कि लेखक यह समझ सके कि समीक्षक उसका शत्रु नहीं, उसका मित्र है, उसका भ्राता है। तभी वह लेखकों का विश्वास प्राप्त कर सकेगा।

लेखक लम्बी-चौड़ी सिद्धान्तवादी शब्दावली से न प्रभावित होता है, न उसे जान ही पाता है। अतएव यह आवश्यक है कि इस ढंग से बात की जाए कि जिससे समीक्षक और लेखक की दूरी कम हो, वे दो विभिन्न पृथक् लोकों में न रहकर, एक ही जगत् में रहकर, एक ही भाषा बोलते-से प्रतीत हों।

महत्त्व की दूसरी बात यह है कि साहित्य-क्षेत्र में जिन केन्द्रों से जो प्रतिक्रियावादी विचारधारा प्रचारित और प्रतिचालित होती है, उन केन्द्रों और उनकी प्रतिक्रियावादी विचारधाराओं की मूलगामी और प्रखर आलोचना करते हुए—इस प्रकार आलोचना करते हुए कि जिससे प्रगतिशील मानवतावाद का मार्मिक और सर्वांगपूर्ण तथा प्रेरणापूर्ण चित्र उपस्थित हो सके—अनेक व्यापक विवेचन और मन्थन करने वाली पुस्तकें लिखी जाएँ, लेख लिखे जाएँ, तथा उस चुनौती को सहर्ष स्वीकार किया जाए जो भारतीय मानवता को विचारधारा के रूप में विशेष केन्द्र या केन्द्रों से दी गई है।

दूसरे शब्दों में, समीक्षा एक ऐसा सिद्धान्त-संगत, जीवन-ज्ञानपूर्ण, जीवन-संवेदनपूर्ण, मार्मिक मानव-चित्र प्रस्तुत करे, जो आज की व्यापक दुःख और कष्ट की स्थिति-परिस्थिति से ग्रस्त लेखक की विभिन्न वास्तविक मनोदशाओं के लिए न केवल ग्राह्य हो, वरन् उसके विभिन्न पूर्वाग्रह-ग्रस्त भावों को छिन्न-भिन्न करते हुए उसे प्रेरणा प्रदान करे—ऐसी प्रेरणा जो एक ही साथ उसकी समस्याओं और विश्व की समस्याओं के समाधान का एक नम्र, किन्तु अत्यन्त भाव-संवेदनशील प्रयत्न हो।

सिद्धान्त जीवन-जगत् के विभिन्न सामान्यीकरणों ही पर तो आधारित होते हैं। वे मानव के अन्तःकरण में स्थित जीवन-ज्ञान-व्यवस्था का ही तो एक ऊर्ध्व-विकास रूप हैं। अतएव मेरा यह आग्रह है कि समीक्षा में आज के लेखक के परिवेश, उसकी रचना-प्रक्रिया, उसके अन्तःकरण के संवेदन-पुंजों को समझते हुए, उसकी विशेष सन्दर्भयुक्त भाषा को समझते हुए, और यह मानते हुए कि लेखक मानव-जीवन ही की अभिव्यक्ति कर रहा है—संक्षेप में, लेखक के अन्तःकरण और काव्य में सहानुभूतिशील अन्तर्दृष्टि को परिचालित करते हुए—कार्य किया जाए। विरोधी विचारधारा के क्षेत्र में तथा स्वरूप-विश्लेषण करने वाली वास्तविक साहित्य-समीक्षा के क्षेत्र में क्या ऐसी अपेक्षा करना गलत है?

व्यावहारिक समीक्षा

कामायनी : एक फैण्टेसी*

हमारा जीवन त्रिकोणात्मक है। उसकी एक भुजा हमारे बाह्य जगत्, यानी मानव-सम्बन्धों के विशिष्ट क्षेत्र अर्थात् वर्ग-जगत्, और उस जगत् के विविध जीवन-मूल्यों और आदर्शों के बीच से होती हुई, उस छोर तक पहुँच जाती है, जिसे हम देश और जाति की राजनीतिक-सामाजिक स्थिति कह सकते हैं; कि जो स्थिति मानवेतिहास के विकास के एक विशेष स्तर और विशेष अवस्था का नाम है। इस त्रिकोण की दूसरी भुजा हमारा वह अन्तरंग जीवन है कि जो अन्तर्जीवन बाल्यकाल से ही बाह्य को, बाह्य की क्रियाओं और रूपों को आत्मसात् करता हुआ, उस बाह्य के विरुद्ध या अनुकूल प्रतिक्रियाएँ करता हुआ, उन प्रतिक्रियाओं के विभिन्न संवेदनात्मक पुंज बनाता हुआ, और उन पुंजों के सहारे जीवन-ज्ञान का विकास करता हुआ, और उस जीवन-ज्ञान के सहारे स्वयं को बाह्य से मिलाने और बाह्य को अपने से मिलाने—अर्थात् उस बाह्य के साथ स्वयं को द्वन्द्व रूप में या सामंजस्य रूप में अथवा इन दो स्थितियों के संगत-असंगत सम्मिलित रूप में स्थापित करने, बाह्य की काट-छांट कर उसे अपने अनुकूल बनाने या स्वयं ही की काट-छांट कर उसके अनुसार बनाने—का प्रयत्न करता रहता है। अन्तर्निहित इच्छाएँ जो मूलतः आत्मरक्षा और आत्मविकास की बुनियादी वृत्तियों से संचलित और परिचलित होती रहती हैं, उनकी तृप्ति के, तथा बाह्य से सामंजस्य की स्थापना के, द्विविध किन्तु एकीभूत प्रयत्न, मनुष्य स्वभाव ही का धर्म है। मनुष्य के अन्तर्जीवन का इतिहास बाह्य द्वारा दिये गये तत्त्वों से बना हुआ होता है।

मनुष्य के हृदय में संचित जो अनुभव होते हैं उनका एक पक्ष आभ्यन्तर और दूसरा पक्ष बाह्यगत होता है। अनुभव में जो प्रवृत्ति परिलक्षित होती है वह अनुभव का आत्मपक्ष है। अनुभव के अन्तर्गत जो बिम्ब, भाव अथवा विचार प्रस्तुत होते हैं, वे बाह्य के ही सम्पादित, संशोधित रूप हैं।

हमारे जीवन के इस त्रिभुज की आधार-रेखा हमारी अपनी चेतना है, कि जो चेतना उपर्युक्त दो भुजाओं के बिना अपना स्वरूप और आकार ही स्थापित नहीं कर सकती। उन दो में से यदि एक भी लुप्त हो तो चेतना का कोई अर्थ

* कामायनी : एक पुनर्विचार में संकलित।

ही नहीं रहता। हमारा अन्तर्जीवन और उसका क्रम अपने बाह्य परिवेश और परिस्थिति से आवयविक सम्बन्ध रखता है, और दोनों—अन्तर तथा बाह्य—अंगांगिभाव से एकीभूत होकर हमारा जीवन बनाते हैं।

समाज रेत का वह ढेर नहीं जिसमें का प्रत्येक कण एक-दूसरे से घनिष्ठ सम्पर्क रखते हुए भी एक-दूसरे से विलग और स्वतन्त्र रहता है। समाज एक वृक्ष की भाँति है, जिसका प्रत्येक भाग, प्रत्येक अंश, प्रत्येक कण और प्रत्येक बिन्दु एक-दूसरे से और अपने पूर्ण अखण्ड से आवयविक सम्बन्ध रखता है।

मानव-चेतना की प्रक्रियाएँ प्राणिशास्त्रीय आधार पर खड़ी होते हुए भी, मूलतः मनोवैज्ञानिक हैं, अर्थात् चेतना की प्रक्रियाओं के अन्तर्नियम प्राणिशास्त्रीय आधार पर स्थित होते हुए भी उससे भिन्न हैं। किन्तु चेतना के तत्त्व बाह्य के आभ्यन्तरीकृत रूप हैं।

दूसरे शब्दों में, अन्तःप्रवृत्तियों में तथा उनके द्वारा प्राप्त अनुभवों में परस्पर वैभिन्न्य है। चेतना के तत्त्व बाह्य के आत्मसात्कृत बिम्ब हैं। उनका आधार बाह्यगत है, आकार बाह्यगत है, किन्तु उनकी अग्नि और उनका तेज आत्मगत है।

जीवन, स्वरूपतः त्रिकोणात्मक होने के कारण, उसकी व्याख्या किसी एक भुजा की उपेक्षा करके पूरी नहीं हो सकती। न केवल वह अधूरी रहेगी वरन् विकृत और एकांगी भी। इसका मूल कारण यह है कि अन्तर और बाह्य का परस्पर-सम्बन्ध आवयविक है। इसीलिए, किसी भी कलाकृति की मात्र मनोवैज्ञानिक व्याख्या न केवल अपूर्ण होती है, वरन् असंगत भी।

'कामायनी' का जो विश्लेषण मैंने किया है, वह एक ओर प्रसादजी का युग तो दूसरी ओर उनका व्यक्तित्व—इन दोनों की परस्पर क्रिया-प्रतिक्रियाओं के संघनित योग को ध्यान में रखकर ही 'कामायनी' उस अर्थ में कथा-काव्य नहीं है कि जिस अर्थ में 'साकेत' है। 'कामायनी' की कथा केवल एक फैण्टेसी है। जिस प्रकार एक फैण्टेसी में मन की निगूढ़ वृत्तियों का, अनुभूत जीवन-समस्याओं का, इच्छित विश्वासों और इच्छित जीवन-स्थितियों का, प्रक्षेप होता है, उसी प्रकार 'कामायनी' में भी हुआ है। 'कामायनीकार' के हृदय में चिरकाल से संचित (किन्हीं विशेष बातों के सम्बन्ध में), जो संवेदनात्मक प्रतिक्रियाएँ हैं, जो तीव्र दंश हैं, जो निगूढ़ आघात हैं, उन सबमें एक जीवन-आलोचनात्मक व्याख्यान के सूत्र हैं। ये सब प्रतिक्रियाएँ, ये सब दंश और आघात, जीवन-आलोचनात्मक वेदना से युक्त होकर उस फैण्टेसी में प्रकट हुए हैं जिसे हम 'कामायनी' कहते हैं। दूसरे शब्दों में, प्रसादजी के अन्तःकरण में जो एक जीवित और जीवन्त, छटपटाती हुई दुखती हुई ग्रन्थि है—वह आभ्यन्तर ग्रन्थि, अपने पूरे दुःख, अपने सम्पूर्ण ज्ञान, अपने पूरे आवेग और अपने सम्पूर्ण भान, और भान के उलझाव के साथ कामायनी में प्रकट हुई है। इस आभ्यन्तर

ग्रन्थि का प्रतिनिधित्व करनेवाला पात्र है मनु। मनु मानवमात्र का, मन का, मानव-मात्र के मन का, प्रतीक नहीं, वह केवल उस मन का प्रतीक है जो प्रसादजी का अपना या उन जैसा मन है। इस बात को हम दूसरे शब्दों में यों कहेंगे कि मनु उस जीवन-समस्या का प्रतीक है, कि जो जीवन-समस्या, किसी-न-किसी अंश में, प्रसादजी की अपनी समस्या रही है। इस जीवन-समस्या पर प्रसादजी चिरकाल चिन्तन करते रहे। प्रसादजी ने स्वयं इस जीवन-समस्या को मानव-सभ्यता-सम्बन्धी प्रश्नों से जोड़ दिया, उसे मानव-आदर्शों और जीवन-मूल्यों-सम्बन्धी प्रश्नों से संलग्न किया। इतना ही नहीं, वरन् उन्होंने उस जीवन-समस्या का एक दार्शनिक निदान भी प्रस्तुत किया।

अतएव, 'कामायनी' का अध्ययन और उसके मूल सूत्रों का आकलन तब तक नहीं हो सकता जब तक कि हम मानव-जीवन को उसके समस्त परिवेश और परिस्थिति से, आवयविक रूप से सम्बन्धित करके न देख सकें। 'कामायनी' की केवल मनोवैज्ञानिक व्याख्या अपर्याप्त है, असंगत भी। आलोचक का यह धर्म है कि वह 'कामायनी' में उपस्थित जीवन-समस्या की, उस आवयविक रूप से संलग्न परिवेश-परिस्थिति की, तथा इन दोनों के सम्बन्ध में कवि-दृष्टि की, तथा उस जीवन-समस्या के कवि-कृत निदान की, समीक्षा करे। मैंने वैसा करने का प्रयत्न किया है।

कलाकृति स्वानुभूति जीवन की कल्पना द्वारा पुनर्रचना है। यथार्थवादी शिल्प के अन्तर्गत, कलाकृति यथार्थ के अन्तर्नियमों के अनुसार, यथार्थ के बिम्बों की क्रमिक रचना प्रस्तुत करती है। किन्तु भाववादी रोमैण्टिक शिल्प के अन्तर्गत, कल्पना अधिक स्वतन्त्र होकर जीवन की स्वानुभूत विशेषताओं को समष्टि-चित्रों द्वारा, प्रतीक-चित्रों द्वारा, प्रस्तुत करती है। फैण्टेसी के अन्तर्गत कवि-कल्पना, जीवन की सारभूत विशेषताएँ प्रकट करते हुए, एक ऐसी चित्रावली प्रस्तुत करती है कि जिससे वह तथ्यात्मक जीवन, जिसकी कि स्वानुभूत विशेषताएँ प्रोद्भाषित की गई हैं, अधिकाधिक प्रच्छन्न, गौण और नेपथ्यवासी हो जाय। संक्षेप में, फैण्टेसी के अन्तर्गत भाव-पक्ष प्रधान और विभाव-पक्ष गौण और प्रच्छन्न तो होता ही है, साथ ही यह भाव-पक्ष कल्पना को उत्तेजित करके, बिम्बों की रचना करते हुए, एक ऐसा मूर्त विधान उपस्थित करता है, कि जिस विधान में उस विधान ही के नियम होते हैं। इस मूर्त विधान में विभाव-पक्ष मात्र सूचित होता है, मात्र ध्वनित होता है। किन्तु, उस नेपथ्यवासी मूलाधार के बिना, उस अण्डरग्राउण्ड—भूमिगत—विभाव-पक्ष के बिना, उस मूर्त विधान का जीवन-महत्त्व प्रोद्भाषित ही नहीं हो सकता।

फैण्टेसी के अन्तर्गत कल्पना का मूल कार्य, मन के निगूढ़ तत्त्वों को प्रोद्भाषित करते हुए, विभिन्न रंगों में उन्हें अपने समस्त सौन्दर्य के साथ

उद्घाटित करना रहता है। मन के ये निगूढ़ तत्त्व, अन्तर और बाह्य की परस्पर क्रिया-प्रतिक्रिया द्वारा उपलब्ध, सम्पादित और संशोधित होने वाले वे जीवन-सत्य हैं, कि जो सत्य, आन्तरिक संवेदनाओं और बाह्य तथ्यों को परस्पर-समन्वित और एकीभूत करके, अपना रूप-स्वरूप विकसित करते हैं। संक्षेप में, चेतना प्रवृत्ति-रूप में, अपनी स्वयं की है और तत्त्व-रूप में बाह्य की। प्रवृत्तियों द्वारा प्राप्त जीवनानुभव में संवेदना अपनी, अग्नि अपनी, किन्तु तत्त्व बाह्यगत होते हैं। संक्षेप में चेतना के तत्त्व बाह्य का सम्पादित और संशोधित आभ्यन्तर रूप हैं। अन्तःकरण में चिरकाल से उपस्थित जीवन-समस्या, बाह्य और अन्तर के द्वन्द्व से उत्पन्न समस्या है—जिसका यदि एक छोर अन्तर है तो दूसरा बाह्य। बाह्य और आभ्यन्तर आपेक्षिक शब्द हैं। वे एक-दूसरे की परिस्थिति हैं।

दूसरे शब्दों में, प्रसादजी ने 'कामायनी' में एक विशाल फैण्टेसी के अन्तर्गत स्वानुभूत जीवन-समस्या को एक परिवेश से संलग्न कर उपस्थित किया है, तथा उस जीवन-समस्या का स्व-चिन्तित दार्शनिक निदान प्रस्तुत किया है। यह जीवन-समस्या, फैण्टेसी-रूप में उपस्थित होकर, फैण्टेसी के नियमों में बँधकर, अपने मूल वास्तविक जीवन-सन्दर्भ को, अर्थात् अपने मूल वास्तविक मानव-सम्बन्ध क्षेत्र को—जिससे कि वह आवयविक सम्बन्ध रखती है—भूमिगत बना चुकी है—उस क्षेत्र को नेपथ्य में डालकर ही वह समस्या कल्पना-चित्रों के रूप में उद्घाटित हुई है और कल्पना के गति-नियमों में बँध गई है। अतएव मैंने उस जीवन-समस्या के, उसकी परिवेश-परिस्थिति के, प्रसाद-कृत अध्ययन की समीक्षा और उस समस्या के कविकृत निदान की आलोचना करने का यत्न किया है।

साहित्यिक कलाकार अपनी विधायक कल्पना द्वारा जीवन की पुनर्रचना करता है। जीवन की यह पुनर्रचना ही कलाकृति बनती है। कला में जीवन की जो पुनर्रचना होती है, वह सारतः उस जीवन का प्रतिनिधित्व करती है कि जो जीवन इस जगत् में वस्तुतः जिया और भोगा जाता है—स्वयं द्वारा तथा अन्यों द्वारा। यह जीवन जब कल्पना द्वारा पुनर्रचित होता है, तब उस पुनर्रचित जीवन में, तथा वास्तविक जगत्-क्षेत्र में जिये और भोगे जानेवाले जीवन में, गुणात्मक अन्तर उन्पन्न हो जाता है। पुनर्रचित जीवन जिये और भोगे गये जीवन से सारतः एक होते हुए भी स्वरूपतः भिन्न होता है। यदि पुनर्रचित जीवन वास्तविक जीवन से निःसारतः एक हो, सिर्फ़ ऊपरी तौर पर एकसापन रखता हो, तो वह पुनर्रचित जीवन निष्फल होता है। पुनर्रचित जीवन और वास्तविक जीवन के बीच जो अलगाव है, उनकी जो पृथक्-पृथक् स्थिति है, उस अलगाव और पृथक् स्थिति के कारण ही, कला के भीतर के सहारे मूर्त विधान के बावजूद, उस कला में मूलबद्ध रूप से एक अमूर्तीकरण और सामान्यीकरण उत्पन्न होता है।

यह अमूर्तीकरण इसलिए उत्पन्न होता है कि जीवन की पुनर्रचना, जिये

और भोगे गये जीवन से सारतः एक होते हुए भी, उससे कुछ अधिक होती है। यह बात महत्त्व की है कि जीवन की यह पुनर्रचना, जिस वास्तविक जीवन से सारतः एक है और जिसका वह प्रतिनिधित्व करती है, वह पुनर्रचना जिये और भोगे गये या जिये और भोगे जानेवाले जीवन की वास्तविकताओं के साथ ही तत्समान सारी वास्तविकताओं और तत्सदृश सारी सम्भावनाओं का भी प्रतिनिधित्व करती है। इसीलिए उसमें सारभूत 'विशिष्ट', विकसित और परिणत होकर, 'सामान्य' बन जाता है। इसी को हम प्रातिनिधिकता कहते हैं।

कल्पना-बिम्ब दो प्रकार के होते हैं। एक वे हैं जिनका कार्य ऊपरी-सतही तथ्यों का उद्घाटन है। किन्तु दूसरे वे होते हैं जो जिये और भोगे गये जीवन से सारभूत एकता रखने के कारण प्रातिनिधिक हो उठते हैं। उनकी यही प्रातिनिधिकता गम्भीर बन जाती है। यह कवि-बुद्धि पर निर्भर है कि जिये और भोगे गये जीवन की सारभूत विशेषता कौन-सी है और कौन-सी नहीं। यह आवश्यक नहीं है कि जिया और भोगा गया जीवन कवि का अपना नितान्त व्यक्तिगत जीवन हो। किन्तु उसकी कलाकृति में वास्तविक का साक्षात्कार और आत्मचरित्रात्मक संस्पर्श तो होना ही चाहिए। कल्पना-बिम्बों द्वारा जीवन की पुनर्रचना करते समय लेखक, जाने-अनजाने रूप से, जीवन की व्याख्या भी करने लगता है।

यथार्थवादी शिल्प के अन्तर्गत यथार्थ के बिम्ब, यथार्थ के स्वरूप और गति के नियमों में बँधकर, प्रस्तुत होते हैं। दूसरे शब्दों में, यथार्थवादी शिल्प के अन्तर्गत विभाव-पक्ष (वस्तु-पक्ष) का चित्रण होता है, और उस पक्ष के आधार पर ही भाव-पक्ष का उद्घाटन। इसके विपरीत, भाववादी रोमैण्टिक शिल्प के अन्तर्गत भाव-पक्ष का ही चित्रण होता है, और विभाव-पक्ष को नेपथ्य में डाल दिया जाता है, अथवा उसे यत्र-तत्र सूचित कर दिया जाता है। भाव-स्थितियों से ही हम विभाव-स्थिति का अनुमान कर लेते हैं। रोमैण्टिक भाववादी आत्मपरक कला में, कल्पना अधिक स्वतन्त्र होकर, अधिकतर, भाव-पक्ष ही का मूर्त विधान करती है, और विभाव-पक्ष को प्रतीकों अथवा अन्य प्रकार से मात्र सूचित अथवा ध्वनित कर देती है। फैण्टेसी में विभाव-पक्ष के कल्पना-बिम्ब प्रतीकात्मक होकर अपनी मूल भूमि से इतने दूर जा पड़ते हैं कि वे विभाव-पक्ष का भूगोल और इतिहास छोड़कर, उसका दिक्काल त्यागकर, अपना एक स्वतन्त्र भूगोल और इतिहास, अपना स्वतन्त्र दिक्काल, स्थापित कर लेते हैं।

कलाकृति में यथार्थवादी रूप-विधान का अर्थ यह नहीं है कि लेखक ने वास्तविकता को वैज्ञानिक दृष्टि से, यथार्थवादी दृष्टि से, समझा हो और वैसा उसका आकलन और मूल्यांकन किया हो। संक्षेप में, यथार्थवादी शिल्प और यथार्थवादी दृष्टिकोण में अन्तर है। यह बहुत ही सम्भव है कि यथार्थवादी शिल्प

के विपरीत जो भाववादी शिल्प है—उस शिल्प के अन्तर्गत, जीवन को समझने की दृष्टि यथार्थवादी रही हो। कवि के जीवन-ज्ञान के स्तर पर और कवि-व्यक्तित्व की अनुभव-सम्पन्नता के स्तर पर, उसकी दृष्टि पर, यह निर्भर है कि वह कहाँ तक वास्तविक जीवन-जगत् को, उसके सारे वास्तविक सम्बन्धों के साथ ग्रहण कर, उसे वस्तुतः समझता है। संक्षेप में, कला के शिल्प और उसकी आत्मा में अन्तर करना होगा। यह बहुत ही सम्भव है कि तथाकथित यथार्थवादी कलाकार [ने] यथार्थ को रंगीन चश्मे से देखकर, उस यथार्थ की अशुद्ध व्याख्या करते हुए, उसका अशुद्ध मूल्यांकन करते हुए, और इस प्रकार उस यथार्थ ही को विकृत बनाकर, किन्तु यह विश्वास करते हुए कि उसकी अपनी समझ के अनुसार जो यथार्थ है सचमुच वही उसका यथार्थ स्वरूप भी है—उसने अपनी कल्पना को यथार्थ के बिम्बों द्वारा खूब घुमाया-फिराया हो। संक्षेप में, जीवन की पुनर्रचना को जाँचने के पहले—चाहे वह भाग्यवादी शिल्प के अनुसार ही क्यों न बनायी गई हो, उस पुनर्रचना को प्रस्तुत करनेवाले संवेदनात्मक उद्देश्य, उन उद्देश्यों द्वारा परिचालित कल्पना, तथा वह सामग्री जिसे कल्पना अपने रंगों में उपस्थित करती है, तथा वह अनुभवात्मक जीवन-ज्ञान जो कल्पना के भीतर की सामग्री बनता है—इन सब बातों के स्वरूप और स्तर को हमें देखना ही होगा।

भाववादी कला में कल्पना वास्तविकता के यथार्थ बिम्बों में न उलझकर उस वास्तविकता को मात्र प्रतीकों द्वारा, समष्टि-चित्रों और उपमा-दृश्यों द्वारा, सूचित भर कर देती है। संक्षेप में, फैण्टेसी के अन्तर्गत, भाव-पक्ष प्रधान होकर विभाव-पक्ष मात्र सूचित होता है, मात्र ध्वनित होता है, अथवा केवल प्रतीकों में प्रकट होता है। इस प्रकार के शिल्प में वास्तविकता प्रतीकात्मक रूप से ही झलकती है।

फैण्टेसी के प्रयोग में कई प्रकार की सुविधाएँ होती हैं। एक तो यह कि जिये और भोगे गये जीवन की वास्तविकताओं के बौद्धिक अथवा सारभूत निष्कर्षों को, अर्थात् जीवन-ज्ञान को, (वास्तविक जीवन-चित्र उपस्थित न करते हुए) कल्पना के रंगों में प्रस्तुत किया जा सकता है। इस प्रकार की ज्ञान-गर्भ फैण्टेसी वास्तविक जीवन ही का प्रतिनिधित्व करती है। लेखक वास्तविकता के प्रदीर्घ चित्रण से बच जाता है। वह, संक्षेप में, ज्ञान-गर्भ फैण्टेसी द्वारा, सार-रूप में, जीवन की पुनर्रचना करता है। किन्तु फैण्टेसी का प्रयोग कुछ विशेष असुविधाएँ भी उत्पन्न करता है, जिनमें से एक यह है कि फैण्टेसी में कभी-कभी जीवन-तथ्य इस प्रकार प्रस्तुत होते हैं कि उन्हें पहचानना भी मुश्किल होता है। यहाँ तक कि कभी-कभी उनका क्रम स्थापित करने में भी अड़चन होने लगती है। प्रतीकात्मक रूप से प्रस्तुत होने के कारण वास्तविकता या जीवन-तथ्य, अधिकतर अनुमान ही से, संवेदनात्मक अनुमान ही से, पहचाने जा सकते हैं। संक्षेप में, फैण्टेसी एक

झीना परदा है जिसमें से जीवन-तथ्य झाँक-झाँक उठते हैं। फैण्टेसी का ताना-बाना कल्पना-बिम्बों में प्रकट होने वाली विविध क्रिया-प्रक्रियाओं ही से बना हुआ होता है। दूसरे शब्दों में, तथ्यों का उद्घाटन अत्यन्त गौण और विकारपूर्ण होता है; किन्तु उन तथ्यों के प्रति की गई क्रिया-प्रतिक्रियाएँ प्रधान होती हैं।

ऐसी स्थिति में, मेरे ख़्याल से, फैण्टेसी का विश्लेषण इस प्रकार होना चाहिए—सबसे पहले हम फैण्टेसी में गुँथी हुई क्रिया-प्रतिक्रियाएँ जानें, और उन क्रिया-प्रतिक्रियाओं के सूत्र से हम प्रच्छन्न और अर्धप्रच्छन्न जीवन-तथ्यों तक जाएँ। ये जीवन-तथ्य संवेदनात्मक उद्देश्यों की अपनी निधि हैं—अर्थात् जीवन की वह विशेष सामग्री है कि जिसके प्रति कवि द्वारा क्रिया-प्रतिक्रियाएँ उपस्थित की गई हैं।

फैण्टेसी में प्रतिच्छायित जीवन-तथ्य फैण्टेसी के अपने फ्रेम के अंग ही हों, यह आवश्यक नहीं है। आवश्यक इतना ही है कि फैण्टेसी के रंग जीवन-तथ्यों के रंग से मिलते-जुलते हों, अथवा उन तथ्यों के रंग से अनुस्यूत हों। हम एक उदाहरण लें :

तुम हो कौन और मैं क्या हूँ
इसमें क्या है धरा सुनो,
मानस-जलधि रहे चिर चुम्बित
मेरे क्षितिज उदार बनो।

इस फैण्टेसी का फ्रेम, उसका ढाँचा, वस्तुतः अध्यात्मवादी-रहस्यवादी है, इसीलिए प्रिय सौन्दर्य को क्षितिज कहा गया है। 'तुम कौन?' 'मैं कौन?'—ये प्रश्न भारतीय दर्शन के अंग रहे हैं। इन प्रश्नों में आत्मा-परमात्मा का सम्बन्ध द्योतित है।

किन्तु उपर्युक्त काव्य-पंक्तियों की सारी अर्थ-दीप्ति कहाँ से उत्स्फुरित हुई है? प्रियतम और प्रेयसी के परस्पर-सम्बन्धों के जीवन-तथ्य से। संक्षेप में, कवि जीवन के प्रणय-तथ्य का उद्घाटन कर रहा है। यही नहीं, इस प्रणय के क्षेत्र में वह अपनी जीवन-दृष्टि भी प्रकट कर रहा है। तुम कौन और मैं कौन हूँ, हमारी वास्तविक स्थिति और स्तर क्या हैं—इससे हमें मतलब नहीं। हम प्रेम करते हैं इतना काफ़ी है। संक्षेप में, इस फैण्टेसी का ढाँचा अध्यात्मवादी-रहस्यवादी है। किन्तु उसका मूल तथ्य प्रणय-तथ्य है, कि जिसने संवेदनात्मक उद्देश्यों के अनुसार कल्पना-विधान किया। उस तथ्य के जो रंग हैं, वे फैण्टेसी में भी हैं। निष्कर्ष यह कि फैण्टेसी का आकार तो अपना होता है, किन्तु उसमें के रंग जीवन-तथ्यों से उद्गत होते हैं।

वास्तविकता अनेक प्रतीकों द्वारा प्रस्तुत होती है। सामाजिक क्रान्ति को,

युद्ध और संघर्ष को, प्रायः प्राकृतिक विप्लव द्वारा ही सूचित किया जाता है। इस प्राकृतिक विप्लव में कभी-कभी अति-प्राकृतिक शक्तियाँ भी काम करती दिखायी जाती हैं। जब प्राकृतिक विप्लव में, आकस्मिक रूप से, अति-प्राकृतिक शक्तियाँ योग देती हुई बताई जाती हैं, तब यह अनुमान होना स्वाभाविक ही है कि फैण्टेसी का अंकनकर्ता नियतिवादी है।

कभी-कभी फैण्टेसी जीवन की विस्तृत वास्तविकता के लिए, और उसको लेकर, उपस्थित होती है। 'कामायनी' में यही हुआ है। ऐसी स्थिति में फैण्टेसी के रूप में जो कथा प्रस्तुत होती है, और कथा के अन्तर्गत जो पात्र, चरित्र और कार्य प्रस्तुत होते हैं, वे सब प्रतीक होते हैं वास्तविक जीवन-तथ्यों के। यही कारण है कि फैण्टेसी का चित्रण करते हुए लेखक पात्रों, चरित्रों और उनके कार्यों के बारे में अनेकानेक ऐसी बातें कह जाता है, कि जो बातें पात्र-चरित्र और पात्र-कार्य के भीतर से उद्‌गत नहीं होतीं—नहीं हो सकतीं, क्योंकि वस्तुतः वे उन चरित्रों और कार्यों की अंगभूत नहीं हैं। उदाहरणतः, मनु, इड़ा और श्रद्धा के सम्बन्ध में ऐसी-ऐसी बातें कही गई हैं जो उनके अपने-अपने चित्रित चरित्रों द्वारा न उद्‌गत होती हैं, न वैसा होना ही स्वाभाविक है। संक्षेप में, लेखक आरोप कर रहा है अपने भावों का, अपनी दृष्टियों का, अपने पात्र-चरित्रों पर। फैण्टेसी की आत्मपरक शैली के कारण ऐसी असंगतियाँ यूँ ही खप जाती हैं, और हम उस आरोप को एकदम पहचान नहीं पाते। उदाहरणतः श्रद्धा अपने बारे में कहती है :

मैं लोक-अग्नि में तप नितान्त
आहुति प्रसन्न देती प्रशान्त

श्रद्धा का यह आत्म-निवेदन पाठक को बहुत कम अखरता है। किन्तु श्रद्धा का जो चरित्र प्रस्तुत किया गया है, उसमें श्रद्धा कहीं भी अपनी आहुति नहीं देती, न वह लोक-अग्नि के प्रति कोई विशेष आकर्षण रखती है। फिर भी श्रद्धा का यह आत्मश्लाघापूर्ण वक्तव्य अखरता नहीं, क्योंकि श्रद्धा वहाँ दिव्य रूप में प्रस्तुत की गई है, और देवी-देवता के सब गुनाह माफ होते हैं। संक्षेप में, पाठक प्रसाद की भावनापूर्ण उक्तियों से प्रभावित होकर अनेकानेक असंगतियों को अपनी आँखों से ओझल कर देता है।

और वह फैण्टेसी ही क्या जिसमें असंगतियाँ न हों? किन्तु असंगतियाँ भी तरह-तरह की होती हैं। फैण्टेसी में सब तरह की असंगतियाँ खप नहीं सकतीं। फैण्टेसी में किन्हीं बातों को बिलकुल दबाकर अन्यों को प्रकट किया जाता है। दबायी गई बातें कभी-कभी उन बातों से अधिक महत्त्वपूर्ण होती हैं कि जो प्रकट की गई हैं। प्रकट की गई बातों में आवेग और आग्रह को देख कभी-कभी यह सन्देह हो उठता है कि या तो यह आवेग और आग्रह अनावश्यक है (और,

इसलिए अनुचित है), अथवा वह आवेग और आग्रह धारण करनेवाली प्रतिक्रियाओं के मूल उत्स, कथा या पात्र या चरित्र अथवा घटना या परिस्थिति में न होकर, और कहीं उपस्थित हैं। हाँ, यह तो ठीक है कि ये प्रतिक्रियाएँ कथा या पात्र या चरित्र के सन्दर्भ से उपस्थित हुई हैं; किन्तु यह सन्दर्भ क्षीण है और भावों का आलोड़न-विलोड़न अत्यधिक। ऐसी स्थिति में यह अनुमान स्वाभाविक हो उठता है कि कथा या पात्र या चरित्र इतना महत्त्वपूर्ण नहीं है, महत्त्वपूर्ण है कलाकार की अपनी संचित अनुभूतियाँ, अपना स्वयं का जीवन, अपना स्वयं का इतिहास। संक्षेप में, फैण्टेसी में कलाकार का व्यक्तित्व प्राथमिक है। फैण्टेसी में इच्छित विश्वासों का सन्निवेश हो जाता है, और व्यक्तित्व की कुछ मूलभूत कमजोरियों या कमियों की भी मनोवैज्ञानिक-मानसिक पूर्ति हो जाती है।

'कामायनी' की कथा के रूप में प्रस्तुत फैण्टेसी वस्तुतः लेखक के आभ्यन्तर भाव-उत्सों को मुक्त कर देती है। इसका परिणाम यह होता है कि कथावस्तु पात्र इत्यादि गौण होकर, कवि की भाव-दृष्टि ही प्रमुख रहती है। सच तो यह है कि वैदिक साहित्य के मनु-कथानक का आधार लिये जाने के बावजूद, 'कामायनी' की फैण्टेसी कलाकार के आभ्यन्तर उत्सों द्वारा अपना रूप प्रकट कर रही है। फलतः उस फैण्टेसी के अन्तर्गत पात्र, चरित्र घटनाएँ आदि लेखक के संवेदनात्मक उद्देश्यों द्वारा उपस्थित और परिचालित दिखाई देते हैं। ये संवेदनात्मक उद्देश्य लेखक की जीवन-भूमि के अविच्छिन्न अंग हैं, तथा उस जीवन-भूमि से प्राप्त ज्ञान-अज्ञान, अनुभव-अनुभूति तथा अन्तःप्रवृत्ति आदि की राशियों से अन्वित हैं। कामायनी की फैण्टेसी के कैनवास पर लेखक का 'स्व' प्रकट हो रहा है—ऐसा 'स्व' जो अपनी भावुक आदर्शवादी आँखों से वास्तविक जगत् की, जिसका कि प्रत्यक्ष-अप्रत्यक्ष अनुभव लेखक को रहा आया, उस आधुनिक जगत् की आलोचना कर रहा है। 'कामायनी' में प्रसाद का आत्मरूप प्रकट हुआ है, और इस आत्मरूप में वह विश्वरूप समाहित है, कि जो विश्वरूप आधुनिक जगत् की वास्तविक आधार भूमि पर, उसी आधुनिक जगत् का मनोमय-मनःकृत बिम्ब-विधान है। दूसरे शब्दों में, आधुनिक वास्तविक जगत् प्रसाद जी के मनोलोक में, अन्तःप्रवृत्तियों द्वारा सम्पादित और संशोधित होकर, व्याख्यायित और आलोचित होकर, अनुभवात्मक जीवन-ज्ञान के रूप में तथा उसके चिन्तनात्मक निष्कर्षों के रूप में संचित रहा आया। एक विशेष कथावस्तु का आधार मिलते ही, वह अन्तःसमृद्धि भावनात्मक रूप से, अनेक पात्र-स्थितियों तथा जीवन-स्थितियों के माध्यम से, प्रवाहित हो उठी। लेखक की कल्पना ने कथावस्तु को अपने रंग में डुबो दिया। कथावस्तु की आत्मा में लेखक की स्वानुभूत जीवन-समस्या झलकने लगी। फलतः इच्छित विश्वासों और इच्छित जीवन-स्थितियों के अतिरिक्त, उस फैण्टेसी के फलक पर, हृदय के गहन अन्तराल में संचित

अन्तर्वासी अनुभूतियाँ, ज्ञान-रूप में उपस्थित जीवन-निष्कर्ष, आत्म-चरित्रात्मक स्वजीवन-जन्य अनुभव, आदि तेजस्वी होकर प्रोद्भाषित हो उठे। यहाँ तक कि वे जीवन-निष्कर्ष और संचित अनुभव पात्र की वाणी में चढ़कर, अथवा लेखकीय व्याख्यानों द्वारा अनायास प्रकट होने लगे।

हम पहले बता ही चुके हैं कि 'कामायनी' उस अर्थ में कथा-काव्य नहीं है कि जिस अर्थ में 'साकेत' अथवा 'प्रियप्रवास'। 'कामायनी' की कथावस्तु, पात्र, चरित्र, घटनाएँ आदि वे माध्यम हैं, जिनके द्वारा लेखक के हृदय-अन्तराल में संचित जीवन-निष्कर्ष और जीवन-अनुभव प्रकट हो रहे हैं। संक्षेप में 'कामायनी' में प्रधान हैं लेखक के जीवन-निष्कर्ष और जीवन-अनुभव, न कि कथावस्तु और पात्र। साधारणतः, कथावस्तु के भीतर पात्र अपने व्यक्तित्व-चरित्र का स्वतन्त्र रूप से विकास किया करते हैं, अर्थात् लेखक की अपनी इयत्ता से स्वतन्त्र होकर पात्र-चरित्र विकसित होते हैं। किन्तु 'कामायनी' में पात्र और घटनाएँ लेखक की भावना के अधीन हैं। कथानक, घटनाएँ, पात्र आदि तो वे विशेष-सुविधारूप हैं, कि जो सुविधा-रूप लेखक को अपने भाव प्रकट करने के लिए चाहिए। इसीलिए 'कामायनी' में कथावस्तु फैण्टेसी के रूप में उपस्थित हुई है, और उस फैण्टेसी के माध्यम से लेखक आत्म-जीवन को और उस आत्म-जीवन में प्रतिबिम्बित जीवन-जगत् के बिम्बों को, और तत्सम्बन्ध में अपने चिन्तन को, अपने जीवन-निष्कर्षों को, प्रकट कर रहा है।

किन्तु यह जीवन-जगत् कौन सा है? यह वह जीवन-जगत् है जो प्रसादजी ने जन्मतः प्राप्त किया, और अपनी आयु-वृद्धि के साथ जिसमें उन्होंने परिवर्तन की तीव्र प्रक्रियाएँ देखीं और पहचानीं। यह जीवन-जगत् मानव-सम्बन्धों का वह क्षेत्र है, कि जिस क्षेत्र के सामाजिक और राजनीतिक अर्थ होते हैं। इस जीवन-जगत् में प्रवहमान आदर्शवादी विचारधाराओं और भाव-दृष्टियों को भी उन्होंने प्राप्त किया। उनको प्रसादजी ने अपनी अन्तःप्रकृति के अनुसार सुसम्पादित और संशोधित किया। संक्षेप में, प्रसादजी के पास ऐतिहासिक बुद्धि थी। वे मानव-भाग्य के सम्बन्ध में दार्शनिक दृष्टिकोण से तो चिन्तन करते ही थे, समाज और जाति के भाग्य के सम्बन्ध में भी उन्हें सोचना पड़ा। प्रसादजी के पास कोई वैज्ञानिक इतिहास-दृष्टि नहीं थी। किन्तु मानव-सभ्यता-सम्बन्धी प्रश्नों पर उनका चिन्तन बराबर चलता था। प्रसादजी को समाज और जाति ने, अर्थात् आधुनिक जीवन-जगत् ने, जो दृष्टि प्रदान की वह थी राष्ट्रवादी सांस्कृतिक अभ्युत्थान से प्रेरित। प्रसादजी ने अतीत के गौरवमय चित्र उपस्थित कर इस राष्ट्रीय सांस्कृतिक अभ्युत्थान में योग दिया। किन्तु उन्होंने राष्ट्रवाद और उस वाद की आर्थिक-सामाजिक भूमि, अर्थात् पूँजीवादी समाज-रचना, पर भी दृष्टिपात किया। प्रसादजी के पास मानव-इतिहास--सभ्यता के इतिहास--का वैज्ञानिक

अध्ययन न था। वे इस राष्ट्रवाद और उसके आर्थिक मूलाधार पूँजीवाद का उसी तरह विरोध करने लगे, कि जिस प्रकार पश्चिम के आदर्शवादी विचारक करते रहे। इन विचारकों का प्रभाव बंगाल से होते हुए भारत पर भी पड़ा। और पश्चिम की ओर से राष्ट्रवादी भारत को यह कहा जाने लगा कि पश्चिम की ग़लती भारत में न दुहरायी जाए। प्रथम विश्वयुद्ध के अनन्तर का यह काल था। इस सम्बन्ध में रवीन्द्र की पुस्तक 'नेशनलिज्म' पठनीय है।

प्रसादजी ने अतीत की भावुक गौरव-छायाओं से ग्रस्त, वेदोपनिषदिक आर्य वातावरण से अनुप्राणित, समाजादर्श से प्रेरित होकर अपनी विश्व-दृष्टि तैयार की। यह विश्व-दृष्टि 'कामायनी' में प्रकट हुई। संक्षेप में, 'कामायनीकार' अपने युग से न केवल प्रभावित था, वरन् अपनी युग-समस्याओं के प्रति उसने बहुत आवेग और विश्वास के साथ प्रतिक्रियाएँ की हैं। ऐसी स्थिति में, 'कामायनी' का अध्ययन तब तक सुचारु रूप से नहीं हो सकता जब तक कि हम लेखक का व्यक्तित्व, उस व्यक्तित्व के सामाजिक सन्दर्भ, और उस व्यक्तित्व के अपने परिवेश-परिस्थिति से आवयविक सम्बन्ध, उसका जीवन-जगत्-सम्बन्धी भाव-लोक, उसके जीवन-निष्कर्ष, आदि का अध्ययन नहीं करते।

अब तक 'कामायनी' का अध्ययन मेरे द्वारा इस प्रकार हुआ है—प्रथमतः, काव्य का आस्वादन और उस काव्य के अन्तःसूत्रों की राह से कवि-व्यक्तित्व के आकलन की चेष्टा और उस व्यक्तित्व के माध्यम से उससे सम्बन्धित समाज और विश्व का अध्ययन। दुबारा फिर, समाज और विश्व और उसके प्रति प्रसाद की प्रतिक्रियाएँ, और प्रसाद-व्यक्तित्व की अन्तःप्रकृति, इस अन्तःप्रकृति के सूत्रों के मार्ग से कलाकृति का अध्ययन। इस प्रकार अध्ययन की ये दो यात्राएँ हैं जो दो प्रकार की हैं। वे एक-दूसरे की कमी या अतिरंजना को पूरा करती हैं।

'कामायनी' को लेकर इस प्रकार से अध्ययन होना चाहिए। प्रथम, भावानुभूति का आकलन और उसके साथ कथावस्तु और पात्र-चरित्र से उस भावानुभूति की संगति या असंगति की खोज का प्रयास; द्वितीय, उस जीवन-तथ्य की खोज जो लेखक का अपना जीवन-तथ्य है, अर्थात् काव्यानुभूति के आत्म-चरित्रात्मक रंग खोजने का प्रयास; तृतीय, उस जीवन-तथ्य का भूगोल और इतिहास अर्थात् दिक्काल, और इस दिक्काल के प्रति कविकृत प्रतिक्रियाएँ और उन प्रतिक्रियाओं के भीतर झलकते हुए जीवन-मूल्य और जीवन-दृष्टि; चतुर्थ, उस जीवन-तथ्य का प्रसादकृत आलोचन और इन सब बातों पर स्वयं की टिप्पणी।

यदि मैं इस तरह की योजना के अनुसार प्रस्तुत प्रबन्ध लिखता तो वह पुस्तक न मालूम कब तैयार होती। ज़िन्दगी ने मुझे कभी इतनी सुविधा ही न दी कि मैं अपने समय का सुन्दर उपयोग कर सकूँ। इस कारण मन की बातें मन में ही धरी रह जाती हैं। प्रस्तुत अध्ययन के अन्तर्गत, जैसा मन में उतरता

चला गया, लिखता गया। यदि वैसा न करता, तो व्यवस्थित रूप से लिखने की व्यवस्था का इन्तज़ार करते हुए मैं खत्म हो जाता।

पिछले बीस वर्षों से मैं 'कामायनी' का पठन-पाठन और अध्ययन करता आया हूँ। मुझे बार-बार लगा कि प्रसादजी फैण्टेसी द्वारा, जीवन-ज्ञान, इच्छित विश्वास और अपनी मूल्य-भावनाओं के अतिरिक्त, एक जीवन-समस्या प्रकट कर रहे हैं—ऐसी जीवन-समस्या जो प्रसाद के आभ्यन्तर लोक में छटपटाती रही है, ऐसी वह कि जो उनकी अपनी है, और जिस पर वे चिरकाल से मनन और चिन्तन करते आये हैं, उन्हें वैसा करना पड़ा है। प्रतीत होता है कि वह जीवन-समस्या प्रसादजी की आभ्यन्तर ग्रन्थि है। चूँकि वह जीवन-समस्या फैण्टेसी के भीतर उपस्थित की गई है, इसलिए वह अपने मूल वास्तविक प्रकृत रूप में तो उपस्थित हो ही नहीं सकती थी। वह समस्या तो फैण्टेसी की अपनी संगति और असंगति के अनुसार ही प्रकट हुई है। वह जीवन समस्या व्यक्तिवाद की समस्या है, जो एक विशेष समाज और काल में विशेष रूप और प्रकार से उपस्थित हो सकती है। उस समस्या को प्रसादजी के व्यक्तित्व से मिलाकर देखना उचित ही है, क्योंकि 'कामायनी' वस्तुतः एक आत्मपरक काव्य है, उसमें गहन-गूढ़ भावनाएँ प्रतिबिम्बित हुई हैं। उस समस्या को प्रसादजी के व्यक्तित्व से मिलाकर देखने से, और उस व्यक्तित्व को उसके अपने दिक्काल से मिलाकर देखने से ही, 'कामायनी' का अध्ययन हो सकता है, होना चाहिए। यथार्थ अत्यन्त विस्तृत है, वह अविच्छिन्न और एक है। फलतः, विशेष दिक्काल में उपस्थित जीवन-जगत् लेखक के आभ्यन्तर लोक में किस प्रकार का रूप धारण करता है, यह एक मनोरंजक विषय है।

संक्षेप में, 'कामायनी' जीवन की पुनर्रचना है—ऐसे जीवन की पुनर्रचना, कि जिस जीवन के प्रति लेखक अत्यन्त दीर्घकाल से संवेदनात्मक प्रतिक्रियाएँ करता आया, जिसे वह अपने अन्तस्तल में अनुभूत करता रहा, मानो वह उसकी निजी गोपनीय सम्पत्ति हो। लेखक ने उन संचित प्रतिक्रियाओं और अनुभूतियों द्वारा एक फ़िलॉसफ़ी तैयार की। लेखक के संवेदनात्मक उद्देश्यों ने स्वानुभूत जीवन का कथासार एक फैण्टेसी के रूप में बाँध दिया, और अपने इच्छित विश्वासों को दार्शनिक रूप देते हुए, फैण्टेसी में प्रस्तुत जीवन-समस्या का, उन इच्छित विश्वासों के आधार पर, समाधान उपस्थित किया। फलतः, उस फैण्टेसी में लेखक का पूरा व्यक्तित्व, पूरा स्वानुभूत जीवन-सार, पूरा इच्छित दर्शन, उतर आया, और साथ ही मानव-सम्बन्धों का वह क्षेत्र द्योतित हुआ, कि जिस मानव-सम्बन्ध-क्षेत्र में लेखक ने साँसें लीं, अपना जीवन जिया, और जिसके मूल्यों और आदर्शों को सम्पादित कर उस मानव-सम्बन्ध-क्षेत्र की, अर्थात् अपने वर्ग की दृष्टि ही को दार्शनिकत्व प्रदान किया।

उर्वशी : दर्शन और काव्य*

भगवतशरणजी उपाध्याय ने 'कल्पना' के अप्रैल 1963 अंक में 'उर्वशी' की जो आलोचना प्रस्तुत की है, वह बाहर से भीतर की ओर यात्रा है, और इस प्रकार की यात्रा के जो ख़तरे होते हैं वे भी उसमें हैं। सामाजिक प्रतिष्ठा के ज़ोर से साहित्यिक प्रतिष्ठा प्राप्त करने के जो आडम्बरपूर्ण दृश्य हमें यत्र-तत्र दिखाई देते हैं, उनसे विचलित होकर वह आलोचना प्रस्तुत की गयी है। इसीलिए भगवतशरणजी के लेख का अपना अतिरिक्त महत्त्व है।

लेख अत्यन्त रोचक, पाण्डित्यपूर्ण और प्रखर है। उसकी मूल आत्मा से मेरी अनायास सहमति हो जाती है। किन्तु अपने विचारों को या अभिमत को सिद्ध करने के लिए जो उदाहरण या प्रमाण उन्होंने प्रस्तुत किये हैं, वे सब जगह सही नहीं मालूम होते। वे अनुचित भी मालूम होते हैं। भगवतशरणजी बाहर से भीतर की यात्रा के पूर्व या अनन्तर यदि सावधानी से भीतर से बाहर की यात्रा भी कर लेते तो उनकी आलोचनो में कमज़ोरियाँ न आ पातीं।

उदाहरण के लिए, 'उर्वशी' के कथा-तत्त्व या, कहिये, ऐतिहासिक पक्ष को हम लें। माना कि दिनकर ने बहुत समारोहपूर्वक अपनी कृति 'उर्वशी' के चारों ओर एक ऐतिहासिक-सांस्कृतिक आलोकवलय स्थापित करने का प्रयत्न किया है। किन्तु इससे 'उर्वशी' ऐतिहासिक काव्य नहीं हो जाता। दिनकर का प्रयत्न यह है कि वह एक पुरानी सांस्कृतिक परम्परा से अपने को जोड़ें। किन्तु, वेद-पुराण-कालिदास आदि के पास उस काम-रहस्य (मेरा मतलब रहस्यवादी दर्शन से है) के सूत्र नहीं हैं जो 'उर्वशी' में पाये जाते हैं। निःसन्देह प्राचीन संस्कृति के सम्बन्ध में मेरा ज्ञान अत्यन्त सीमित है। किन्तु जहाँ तक मुझे मालूम है, प्राचीन आध्यात्मिक, सांस्कृतिक और कलात्मक जगत् में परम-तत्त्व के साक्षात्कार के लिए काम-मार्ग नहीं चुना गया, और यह सिद्धों और तान्त्रिकों की और उनसे प्रभावित अन्य मार्गों की देन है। दिनकर ने कालिदास की कृतियों, पुराणों और वेदों से न केवल कथातत्त्व या ऐतिहासिक पक्ष लिया, वरन् एक काव्य-संस्कृति ग्रहण करने का आभास उत्पन्न किया, और उस प्राचीन सौन्दर्यपूर्ण सांस्कृतिक उन्मेष के साथ-ही-साथ, मध्ययुग के सूर्योदय काल में उपस्थित सिद्धों-तान्त्रिकों की

*'कल्पना' (जनवरी 1964) में प्रकाशित। 'समीक्षा की समस्याएँ' में संकलित।

काम-साधना ली, और फिर इन दोनों को एकीभूत करने का प्रयत्न किया। सिद्ध और तान्त्रिक ऐश्वर्य नहीं चाहते थे। दिनकर ऐश्वर्यपूर्ण विलास चाहते हैं, जिसका सम्मोहक आलोकमण्डल उन्हें प्राचीन काव्य-संस्कृति में दिखायी दिया। किन्तु उन्हें प्राचीन कविमनीषियों के पास साधना का कोई काम-मार्ग नहीं मिला। सिद्धों और तान्त्रिकों में उन्हें वह दिखायी दिया। इसलिए कवि-स्वभावानुसार उन्होंने दोनों को मिलाकर 'उर्वशी' का रूप-स्वरूप तैयार किया।

ऐसा उन्हें क्यों करना पड़ा? कौन-सी वह मूल वृत्ति है, जिसके फलस्वरूप उन्हें प्राचीन और मध्ययुगीन उत्सों की ओर जाना पड़ा? वह है दुर्दम ऐश्वर्यपूर्ण काम-विलास की व्याकुल इच्छा, और उसकी तृप्ति के औचित्य की स्थापना की आकांक्षा। चूँकि इस प्रकार की इच्छा-पूर्ति के औचित्य का सर्वोच्च विधान आध्यात्मिक-रहस्यवादी ही हो सकता है, इसलिए उन्होंने सिद्धों के 'महासुखवाद' का पल्ला पकड़ा।

पुरूरवा-उर्वशी के कथानक ने लेखक की कल्पना को झकझोर दिया। उस कथानक ने एक बृहद् कल्पना-स्वप्न प्रदान किया, जिसमें दिनकर की मूल इच्छावृत्तियों का परितोष होता था। 'उर्वशी' एक बृहद् कल्पना-स्वप्न है, जिसके द्वारा और जिसके माध्यम से लेखक अपनी कामात्मक स्पृहाओं का आदर्शीकरण करता है, और उन्हें एक सर्वोच्च आध्यामिक औचित्य प्रदान करता है। कथानक की ऐतिहासिकता केवल एक भ्रम है।

यहाँ यह आपत्ति की जाएगी कि पुरूरवा-उर्वशी की कथा वस्तुतः एक चौखटा है, एक ढाँचा है। उसे कल्पना-स्वप्न कहना निराधार है। किन्तु मैं अपने पाठकों का ध्यान इस तथ्य के प्रति आकर्षित करना चाहता हूँ कि कोई भी कथा—अपने कथा रूप में—लेखक को (अपने विशेष उपयोग के लिए) आकर्षक तब प्रतीत होती है, जब वह एक कल्पना-स्वप्न बनकर उसके मनश्चक्षुओं के सामने तैर उठती है—एक ऐसा कल्पना-स्वप्न जिसमें उसकी (लेखक की) आत्म-वृत्तियों को तृप्ति और सन्तोष प्राप्त होता हो। इस विशेष अर्थ में, मैं किसी भी कथा को—विशेषकर आत्मपरक काव्य के रचयिता द्वारा अपने उपयोग के लिए चुनी गयी कथा को—एक बृहद् कल्पना-स्वप्न कह देता हूँ, भले ही 'कामायनी' [की] कथा हो, या पुरूरवा-उर्वशी की। हाँ, यह सही है कि काव्य में उसी कथा को उपस्थित करते हुए उसे स्व-बाह्य वस्तुपरक रूप और आभा प्रदान की जा सकती है, की जाती है। किन्तु, मूल रूप में, वह केवल एक कल्पना-स्वप्न ही रहता है, जिसमें लेखक की आत्मवृत्तियों का परितोष और परितोष तथा विश्व-बोध प्रकट होता है। और, लेखक उस कल्पना-स्वप्न (या कथा) के द्वारा अपना अन्तर्जगत् और उस अन्तर्जगत् में संचित विश्व-बोध प्रकट करता है।

उर्वशी की रचना इतिहासशास्त्रीय दृष्किोण से नहीं की गयी है। उसका उद्देश्य प्राचीन आनन्द-जीवन के वस्तु-तथ्यों के भूगोल-इतिहास को, दिक्काल को, उपस्थित

करना नहीं है। वह एक ऐसा काव्य है, जिसमें प्राचीन जीवन के मनोहर वातावरण की कवि-प्रणीत कल्पना को बृहद् रूप देने का प्रयत्न किया गया है।

ऐसी स्थिति में भगवतशरणजी की यह आपत्ति कि उसमें 'अयस्कान्त' और 'शरभ' जैसे शब्द, जो उस समय प्रचलित नहीं थे, प्रयुक्त क्यों किये गये, हमें युक्तियुक्त प्रतीत नहीं होती। इस आपत्ति का आधार केवल यही हो सकता है कि 'उर्वशी' का कवि, 'संस्कृति के चार अध्याय' नामक पुस्तक का लेखक होने के कारण, अपने को इतिहासशास्त्री बनाने का आडम्बर भी तो करता है। 'उर्वशी' में स्वाभाविकता के स्थान पर शब्द-जाल और आडम्बर होने के कारण दिनकर के प्रति इस प्रकार के सन्देह की पुष्टि होती है। सामाजिक प्रतिष्ठा और प्रभाव के परिचालन द्वारा साहित्यिक प्रतिष्ठा और प्रभाव के विकास और प्रसार के दृश्य हिन्दी में खूब ही हैं, रहे हैं। ऐसी स्थिति में, दम्भ और आडम्बर का उद्घाटन और निराकरण करना भी एक कार्य हो जाता है। मैंने सुना है, 'उर्वशी' किसी विश्वविद्यालय के पाठ्यक्रम में भी गौरवपूर्ण स्थान प्राप्त करने जा रही है। अगर यह सच है तो उसे ऐतिहासिकता की दृष्टि से सुसंगत काव्य माननेवाले भी कम नहीं रहेंगे। इस सम्भावना को ध्यान में रखकर हम इसी नतीजे पर पहुँचते हैं कि 'उर्वशी' के तथाकथित ऐतिहासिक पक्ष की भगवतशरणजी ने जो आलोचना की है वह महत्त्वपूर्ण और अत्यन्त उपयोगी है।

'उर्वशी' का मूल दोष यह है कि वह एक कृत्रिम मनोविज्ञान पर आधारित काव्य है। कामात्मक इन्द्रिय-संवेदनाओं के जाल में खो जाने के क्षणों में उनका आध्यात्मिकीकरण नहीं किया जा सकता। न किसी दार्शनिक भावना का, न ही धर्म-भावना का, बोध हमें उस समय होता है। हमारा समाज इस समय न मोहनजोदड़ो के युग में है, न वज्रयानियों के युग में, जहाँ यौन अनुभव के क्षणों को धार्मिक-मनोवैज्ञानिक रूप दिया जा सके। हाँ, यह सही है कि एक फ्रांसीसी उपन्यासकार ज़्यूल रोमें के 'बॉडीज़ रैप्चर' (अंग्रेज़ी में अनुवादित) नामक उपन्यास की नायिका सम्भोग की नग्नावस्था में पुरुष की नग्नावस्था के प्रतीक को (भारतीय) शिव-लिंग मानकर रति-विधान करती है। किन्तु, एक क्षण-भर के लिए, उसका वह रहस्यवाद जीवशास्त्रीय प्रगाढ़ सुख का साधन है, न कि साध्य, लक्ष्य या आदर्श। क्षण-भर के लिए उसकी कल्पना का वह खेल था।

किन्तु, यहाँ बात उलटी है। लेखक ने यह स्थापित करना चाहा है कि कुछ 'प्रज्ञावान भोगियों के लिए' ऐन्द्रिक सुख के चरम क्षणों की परिणति अतीन्द्रिय सत्ता की उपलब्धि में होती है। क्या उनका मतलब सिद्धों और तान्त्रिकों से है? इस समय वे कहाँ हैं? क्या इस प्रकार की उपलब्धि पुरूरवा और उर्वशी को हुई थी? क्या सचमुच हुई थी? और यदि हुई थी तो उससे दिनकरजी ने क्या ग्रहण किया? वे क्या स्थापित करना चाहते हैं।

और, यदि ऐसी उपलब्धि सचमुच हुई होती, तो भारत के विभिन्न मार्गों (धर्मों) में जितेन्द्रियत्व का इतना महत्त्व न होता। फिर, प्रश्न यह उठता है कि आखिर दिनकर इस 'लाइन' की पैरवी क्यों कर रहे हैं? क्या उनकी मंशा पर शक करना ग़लत है? कौन हैं वे प्रज्ञावान भोगी, जिन्हें रति-सुख की चरम परिणति में अतीन्द्रिय सत्ता से साक्षात्कार होता है? क्या वे इस समय भारत में उपलब्ध हैं? और, क्या उनके लिए काव्य का सृजन किया जाना चाहिए, किया जा सकता है? राष्ट्रकवि दिनकर जवाब दें।

रति-सुख की समुत्तेजित कल्पना द्वारा, पुरूरवा और उर्वशी कामात्मक संवेदनाओं में पुनः-पुनः खो जाते-से, उन संवेदना-जालों में बार-बार उलझते-से, उद्दीप्त कल्पना के आकाश की रंगीनियों में उड़ते-से, (वे प्रतीकों में भी बात करते हैं) वागाडम्बर द्वारा, शब्द-सुख द्वारा रति-सुख का पुनः-पुनः बोध करते-से, सांस्कृतिक ध्वनियों और प्रतिध्वनियों का निनाद करते हैं, मानो पुरूरवा और 'उर्वशी' के रति-कक्ष में भोंपू लगे हों, जो शहर और बाज़ार में रति-कक्ष के आडम्बरपूर्ण कामात्मक संलाप का प्रसारण-विस्तारण कर रहे हों।

वैसे तो मैं कल्पना भी नहीं कर सकता कि रति-सुख की विविध संवेदनाओं की बारीकियाँ और गहराइयाँ नर और नारी के बीच चर्चा का विषय हो सकती हैं। यही क्या, नर भी सम्भवतः उन्हें भूल जाता होगा। फिर भी, अगर यह मान भी लें कि रति-सुख के स्मरण-चित्र उसके मन में उपस्थित होते हैं, तो उसके साथ यह भी जोड़ना होगा कि उन स्मरण-चित्रों में उसे अतीन्द्रिय सत्ता की प्रतीति नहीं हो सकती। वह उन स्मरण क्षणों में रत रहते हुए इतना विरत नहीं हो सकता कि ऐन्द्रिक सुख के चरम क्षणों के चित्र उपस्थित होते ही उसको अतीन्द्रिय सत्ता की उपलब्धि का मार्ग दिखायी दे। संक्षेप में, न वास्तविक कामोत्कर्ष के क्षणों में, न रति-सुख के स्मरण-चित्रों में डूबे होने की अवस्था में, अतीन्द्रिय सत्ता—परमतत्त्व—का बोध हो सकता है, यह कहना कि कुछ प्रज्ञावान भोगियों के लिए ऐसा होता है या हो सकता है, कोई मतलब नहीं रखता, क्योंकि सामान्य मनुष्य के लिए आज जो स्थिति अप्राकृतिक है वह सम्भवतः केवल अस्वस्थ मनोदशावाले के लिए ही प्राकृतिक हो सकती है।

दूसरे, काम-सुख के उद्दीप्त स्मरण-चित्र इतने सतत-गति, इतने प्रदीर्घ, इतने विस्तृत नहीं रह सकते, उनका अयन-क्रम इतना नहीं रह सकता, कि उनसे उमड़े भाव-समुदायों पर घण्टों बात की जा सके। किन्तु पुरूरवा और उर्वशी समुत्तेजित कल्पना द्वारा रति-सुख के क्षणों की ऐन्द्रिक संवेदनाओं पर प्रदीर्घ वार्तालाप करते रहते हैं, मानो वाक्-सुख द्वारा देह-सुख प्राप्त करते हुए अदेह होना चाह रहे हों। यह कैसी विचित्रता है!

लेखक का संवेदनात्मक उद्देश्य यह बताना है कि (कुछ प्रज्ञावान भोगियों

के लिए ही क्यों न सही) काम-संवेदनाओं का चरम उत्कर्ष अतीन्द्रिय सत्ता के बोध में संक्रमित होता है। अतएव, 'उर्वशी' की रचना के दौरान उसे इन्द्रिय-संवेदनाओं की आतिशयिक सुखात्मकता और तीव्रता के स्तर पर, विधायक कल्पना के स्वर्गीय जगत् में, टिके रहना पड़ता है। किन्तु क्या इस तरह कामात्मक प्रसंगों के मनश्चित्रों की दीर्घकालीनता सम्भव है? क्या वे चित्र बार-बार खो नहीं जाते?

और चूँकि वे बार-बार खो जाते हैं, इसलिए लेखक कल्पना-शक्ति को बलात् समुत्तेजित करता है। किन्तु, इस प्रकार बलात् उत्तेजित कल्पना अधिकाधिक वायवीय और आकाश-विहारी बनती है। कल्पना का आकाश-विहारी होना लेखक के संवेदनात्मक उद्देश्य की पूर्ति के लिए आवश्यक भी है, क्योंकि उसे काम-संवेदनाओं को दिव्य स्पर्श भी तो देना है। नतीजा यह होता है कि कल्पना कभी-कभी इतनी समुत्तेजित हो जाती है कि वह जड़ होकर मात्र अलंकरण बन जाती है। भावोच्छ्वास बार-बार समाप्त हो जाता है, अतएव पुनः-पुनः प्राप्त उस अभाव की पूर्ति के लिए सांस्कृतिक शब्दों के आडम्बर और मनोरत्यात्मक प्रवचन का सहारा लिया जाता है।

सच तो यह है कि लेखक को, सिर्फ़ एक बात को छोड़कर, और कोई ख़ास बात कहनी नहीं है। उसके पास कहने के लिए ज्यादा कुछ है ही नहीं। और जो कहना है वह यही, कि कामात्मक अनुभवों के माध्यम से आध्यात्मिक प्रतीति सिद्ध हो सकती है। किन्तु यह कहने के लिए उसने व्यापक आयोजन किया है, वह उसे पूरे समारोह के साथ, अपना समय लेते हुए, कहना चाहता है।

किन्तु, काव्य-कृति के रूप में यह प्रस्तुत करने के लिए, काम-संवेदनातिरेकों के चित्रों द्वारा, उनके माध्यम से ही, वह यह कह सकता है। इसीलिए उसे अतिरेक के स्तर पर खुद रहना पड़ता है। कोई भी सामान्य मनुष्य अतिरेक के स्तर पर अधिक काल तक रह नहीं सकता। पर लेखक ने तो दीर्घ समारोह का आयोजन किया है और, इसीलिए, उसे बलात् मनोरति का श्रम करना पड़ता है। कल्पना को बलात् समुत्तेजित करना पड़ता है। भावों की पुनरावृत्ति होती है, और प्रतीत होता है कि लेखक किसी मनोवैज्ञानिक काम-ग्रन्थि से पीड़ित है। कामात्मक अनुभवों द्वारा आध्यात्मिक अनुभव की सिद्धि को प्रस्थापित करने के लिए लेखक को जिस अतिरेक के स्तर पर रहना पड़ता है, वही अतिरेक अस्वाभाविक होने के कारण (क्योंकि इस प्रकार का कोई भी मनोरत्यात्मक अतिरेक दीर्घकालीन स्थिति नहीं रख सकता), प्रयास सिद्धि होने के कारण, वह भाषा को भी आयास-सिद्ध और जड़ बना देता है। कवि दिनकर के प्रथम उत्कर्ष काल में उसकी काव्य-भाषा ऐसी जड़ नहीं थी। उसमें स्वाभाविक रूमानी चपलता थी, स्वाभाविक गीतात्मक स्वर था।

भगवतशरणजी ने लेखक की इस मूलभूत मनोवैज्ञानिक कृत्रिमता पर ध्यान नहीं दिया है, यद्यपि उन्होंने कुछ स्थानों पर उसके कुछ भावों का उल्लेख अवश्य

किया है। उन्होंने 'उर्वशी' की तथाकथित दार्शनिकता की भी कठोर आलोचना की है। किन्तु वे इस बात पर प्रकाश नहीं डाल सके कि आखिर दिनकर को दर्शन की आवश्यकता क्यों पड़ गयी। आतिशयिक कामात्मक अहं अपनी औचित्य-स्थापना के लिए दर्शन का सहारा ले रहा है। इस प्रकार वह दार्शनिक भाव-क्रम, वस्तुतः औचित्य-स्थापना का मनोविज्ञान है।

सबसे दुर्भाग्यपूर्ण बात जो भगवतशरणजी ने की, वह 'कामायनी' के सम्बन्ध में है। उन्होंने राह चलते 'कामायनी' की निन्दा कर डाली। उन्होंने कहा कि 'कामायनी' में काव्य-सौन्दर्य नहीं है, उसमें तो केवल दर्शन है। और दर्शन के ग्रहण के लिए कोई भी 'कामायनी' की तरफ़ नहीं जाएगा। उनके कुछ वाक्य इस प्रकार के हैं : 'कामायनी'' काव्य की दृष्टि से घटिया कृति है, और जहाँ तक दर्शन की बात है, मुझे ऐंगेल्स की बात दुहरानी पड़ेगी। वैसे, दर्शन पढ़ने के लिए 'कामायनी' की अपेक्षा दर्शन की दिशा में सर्वथा शून्य व्यक्ति ही करेंगे।

इसके पूर्व भगवतशरणजी ने यह मान्यता प्रस्तुत की थी कि 'मुझे लगता है कि काव्य यदि दर्शन के कारण विशिष्ट है, तो निश्चय ही उसका काव्यत्व निकृष्ट है। वैसे ही यदि दार्शनिक कृति अपने काव्य गुण के कारण विशेष प्रशंसित है तो निश्चय ही उसका दर्शन निकृष्ट है। दर्शन की ही तथाकथित विशिष्टता प्रसाद की 'कामायनी' का मानदण्ड बन गयी है, उसके दर्शन की अधिक, काव्य की कम, चर्चा हुआ करती है।' इसलिए, भगवतशरणजी के मत से, 'कामायनी' काव्य की दृष्टि से घटिया कृति है।

उपर्युक्त सारी स्थापनाएँ असंगत, अनुचित, निराधार एवं दुर्भाग्यपूर्ण हैं। वे दर्शन और कला इन दोनों को परस्पर-पृथक् परस्पर-असम्पृक्त श्रेणियों में बाँटकर चलती हैं, और इन दोनों के बीच पारस्परिक प्रभाव के तथ्य को दृष्टि से ओझल करती हैं।

हाँ, यह सही है कि शास्त्रीय दर्शन, जो कि तर्क के सहारे मूल सत्ता का व्याख्यान करता है, अन्य दार्शनिक धाराओं का खण्डन करता है, मनुष्य के परम लक्ष्य का बोध करता है तथा मूल्य-व्यवस्था प्रस्तुत करता है—वह शास्त्रीय दर्शन अपनी शास्त्रीय दृष्टि के कारण शास्त्रीय रूप में काव्य में प्रस्तुत नहीं हो सकता। काव्य में किसी भी प्रकार की शास्त्रीयता, शास्त्रीय रूप में, चल नहीं सकती। किन्तु उस दर्शन के तात्त्विक निष्कर्ष तथा मूल स्थापनाएँ काव्य में ग्रहण कर ली जाती हैं। मध्ययुगीन भारतीय साहित्य का एक भाग इसका ज्वलन्त प्रमाण है। इस सम्बन्ध में मैं एक बात भगवतशरणजी के सामने रखना चाहता हूँ। वे इस पर सोचें।

'ज्ञानेश्वरी' मराठी का एक प्रसिद्ध काव्य-ग्रन्थ है। वह असल में गीता की टीका है। और, इसलिए, उसमें (एक हद तक) शास्त्रीयता भी है। किन्तु, वह न केवल दार्शनिकता के लिए, वरन् रसमय काव्यात्मकता के लिए भी प्रसिद्ध है। यदि सम्भव हो सके तो मराठी के साहित्य-मर्मियों से वे इस विषय पर चर्चा करें,

और इस विषय की थाह लगायें।

किन्तु यह सही है कि ऊहापोहपूर्ण तर्क-प्रधान शास्त्रीयता काव्य नहीं बन सकती। (भगवतशरणजी शायद यही कहना चाहते हैं)। काव्य में जो दर्शन प्रस्तुत होता है, वह इस प्रकार शास्त्रीय पद्धति से नहीं होता। दर्शन की कुछ स्थापनाएँ कवि अपनी मूल भाव-धारा में अनायास ग्रहण कर लेता है। इस प्रकार वह कवि के आभ्यन्तर संवेदनात्मक ज्ञान का अंग बन जाती हैं। अथवा, यह भी होता है कि जीवन-समस्याओं का काव्यात्मक चित्रण करते हुए, लेखक अनायास उन समस्याओं के निराकरण का मार्ग बताता है--यह निराकरण का मार्ग ही उसका दर्शन है। ('कामायनी' में ऐसा हुआ है)। यह भी सम्भव है कि अपनी किसी विशेष प्रवृत्ति की औचित्य-स्थापना के लिए लेखक दर्शन का सहारा ले (जैसा कि 'उर्वशी' में हुआ है) यह भी सम्भव है कि कोई दर्शन कवि को विशाल विश्व-स्वप्न प्रदान करे, और वह विश्व-स्वप्न उसकी अनुभूति का अंग बन जाए। इस प्रकार का दर्शन कवि की भावना के नेत्र बन जाता है। दूसरे शब्दों में, दर्शन तरह-तरह से काव्य में प्रकट होता है--एक काव्य-कृति में दर्शन एक विशेष बात की पूर्ति के लिए, तो दूसरे में केवल औचित्य-स्थापना के लिए, तीसरे में किसी भिन्न रूप से।

किन्तु सबमें एक बात सामान्य है, और वह यह कि दर्शन जीवन ही के आयाम के रूप में, जीवन ही की एक अनुभूति के रूप में, एक मनोवैज्ञानिक प्रक्रिया के रूप में, प्रकट होता है। वह ऊहापोहपूर्ण खण्डन-मण्डन-प्रधान तर्क-संचालित शास्त्रीयता के रूप में प्रकट नहीं होता। 'कामायनी' में भी वह शास्त्रीय ढंग से प्रकट नहीं हुआ है। जीवन-समस्याओं के निराकरण के रूप में ही उसे स्थापित किया गया है। वह मनोवैज्ञानिक रूप से, अनुभूति के ढंग पर, सत्य-स्पर्शी भावना के रूप में, प्रकट किया गया है, बौद्धिक ऊहापोह के रूप में नहीं।

हाँ, यह सही है कि दार्शनिक भावना भी एक विशेष प्रकार की भावना होती है। और बहुतों को उसमें नीरसता दिखायी देती है। यदि भावना संवेदनात्मक ज्ञान और ज्ञानात्मक संवेदनाओं का प्रकाश-रूप है, तो वह हृदयस्पर्शी होगी ही, बशर्ते कि पाठक उसके ज्ञान-तत्त्व को वास्तविक ज्ञान मानकर चले। यदि ऐसा नहीं हुआ तो उस दार्शनिक भावना में (उस पाठक के लिए) हृदयस्पर्शी गुण का अभाव होगा।

हिन्दी के साहित्य-पण्डित भले ही 'कामायनी' की दार्शनिकता के कारण उसे महत्त्व दें, इससे यह सिद्ध नहीं होता कि 'कामायनी' उत्कृष्ट काव्य न होकर 'निकृष्ट', 'घटिया' काव्य है। (भगवतशरणजी के उक्त कथन को मैं अत्यन्त दुर्भाग्यपूर्ण समझता हूँ)।

'कामायनी' अपनी काव्यात्मकता के लिए, जीवन-समस्याओं के काव्यात्मक चित्रण के लिए, हमेशा प्रसिद्ध रहेगी। उसमें उत्कृष्ट काव्यात्मकता है। उसका दर्शन जीवन-समस्याओं पर अनवरत चिन्तन के फलस्वरूप है। अतएव वह जीवन

समस्याओं के निराकरण के रूप में प्रस्तुत हुआ है। उस दर्शन में, उस दर्शन के चित्रण में, कोई दोष नहीं है। उसमें आडम्बर नहीं है। उसमें दार्शनिक दम्भ नहीं है। और बहुत से स्थानों पर आधुनिक सभ्यता की कुछ मूल विषमताओं पर कठोर और प्रखर काव्यात्मक आक्रमण है। संक्षेप में, प्रसादजी की दार्शनिक अनुभूति उनकी भावना के नेत्र हैं।

प्रसादजी की 'कामायनी' का दोष यह नहीं है कि उसमें दार्शनिकता प्रधान है। दोष यह है कि जीवन-समस्याएँ जिस स्तर और क्षेत्र की हैं, उस स्तर और क्षेत्र का उसका दार्शनिक समाधान नहीं है। (उसकी दूसरी कमजोरियों पर प्रकाश डालने का यहाँ स्थान नहीं है)। किन्तु, यह कहना कि 'कामायनी' में काव्यात्मकता नहीं है, तत्सम्बन्धी अपने घनघोर अज्ञान का ही प्रदर्शन करना है।

'उर्वशी' का दर्शन वस्तुतः कामात्मक संवेदनाओं की आध्यात्मिक परिणति के द्योतन के लिए उपस्थित एक दार्शनिक आडम्बर है। वह कामात्मक अहं की गतिविधियों की औचित्य-स्थापना का प्रयास है। भगवतशरणजी कहते हैं कि वह अप्रासंगिक है वह आप्रासंगिक नहीं, पूर्णतः प्रासंगिक है। वह ऐश्वर्यवान् सम्पन्न श्रेणी की अनर्गल काम-स्पृहाओं को आध्यात्मिक औचित्य प्रदान करना चाहता है। यह आकस्मिक बात नहीं है कि पुरूरवा की विवाहिता स्त्री को केवल तपस्या का उपदेश दिया गया, किन्तु उसके प्रति दिनकर के हृदय में विशेष करुणा नहीं है।

यदि हम उपर्युक्त सभी स्थापनाओं को एक साथ ध्यान में रखें तो पाएँगे कि आख़िर दिनकर की भाषा विचित्र और बोझिल क्यों है। वे कामात्मक मनोरति और संवेदनाओं में डूबना-उतराना चाहते हैं। साथ ही, इस गतिविधि को सांस्कृतिक-आध्यात्मिक श्रेष्ठत्व प्रदान कर, उस श्रेष्ठत्व का प्रतिपादन—हाँ प्रतिपादन—करना चाहते हैं। अतएव, उन्हें काव्यात्मक स्थिति के बाहर जाकर भी सोचना पड़ता है। इसलिए भाषा में बोझिल गुण हैं, विचित्र-विचित्र प्रयोग हैं, शब्दों की तोड़-मरोड़ है, ठूँसठाँस है। भाषा का अनायास प्रांजल, निर्मल, सरल, चपल प्रवाह देखने को भी नहीं मिलता। भाषा भी समारोहपूर्वक चलती है बृहत् आयोजन के साथ। इसीलिए उसकी प्रदीर्घ पंक्तियों में सांस्कृतिक ध्वनियों और प्रतिध्वनियों का निनाद है, और बहुत-से स्थानों पर अर्थ की वायवीय शून्यताएँ हैं। कामात्मक ऐकान्तिक क्षणों की आत्मीयता का स्वर तो भाषा में है ही नहीं। वहाँ तो हर चीज़ प्रदर्शनीय है, भड़कीली है।

भगवतशरणजी के आलोचनात्मक लेख में, 'उर्वशी' में दिये चित्रों पर जो टिप्पणी की गयी है, उसके बारे में मैं कुछ नहीं कह सकता। मुझे मूर्तिकला और चित्रकला का विशेष ज्ञान नहीं है। व्यक्तिशः मुझे वे चित्र निर्जीव और जड़वत् प्रतीत हुए। किन्तु देवदत्तजी (पाण्डिचेरी) के इस दृष्टिकोण से मैं सहमत नहीं हो पाता कि 'उर्वशी' में 'भारतीय सीमाओं के पूर्ण विलास का आनन्दमय दृष्टिकोण'

प्रस्तुत हुआ है। काव्यकृति में आनन्दमय दृष्टिकोण प्रस्तुत होना एक बात है, काव्यकृति में स्वाभाविक सौन्दर्य होना बिलकुल दूसरी बात।

श्री गोपालराय (पटना) की टिप्पणी मुझे बड़ी मज़ेदार लगी। भगवतशरण उपाध्याय ने कठोर व्यंग्य-भाव से, 'एक घाट पर किस राजा का रहता बँधा प्रणय है', अथवा 'रोमांचित सम्पूर्ण देह पर विगत चिह्न चुम्बन के', अथवा 'भरी चुम्बनों की फुहार' की जो आलोचना की है, वह सिर्फ़ उन्हें पसन्द नहीं आएगी जिन्हें व्यंग्य-भाव ही पसन्द नहीं है, अथवा जो दिनकर के अन्ध भक्त हैं। उसी प्रकार, 'ओ शून्य पवन में मुझे देख चुम्बन अर्पित करनेवाली' की जो आलोचना भगवतशरणजी ने की, वह मुझे सार्थक प्रतीत होती है। श्री गोपालराय लिखते हैं कि वह आलोचना भगवतशरणजी का अनर्गल प्रलाप है। मुझे तो उक्त काव्य-पंक्ति में दिनकरजी का ही प्रलाप दिखायी देता है। 'चट्टान सी मेरी भुजाएँ' वाली पंक्तियों को लेकर भगवतशरणजी ने दिनकरजी की जो हँसी उड़ायी है, वह मुझे योग्य मालूम होती है। इसलिए कि पुरूरवा की इस आत्मश्लाघापूर्ण उक्ति का समर्थन करने वाले प्रबल तथ्यात्मक आधार का कोई प्रभाव पाठक के मन में उत्पन्न नहीं होता, क्योंकि वैसा ठोस तथ्यात्मक प्रमाण 'उर्वशी' में अनुपस्थित-सा है। हाँ, गोपालरायजी के इस मत से मैं सहमत होता हूँ कि 'अयस्कान्त' और 'शरभ' जैसे शब्दों के बारे में भगवतशरणजी की टिप्पणी युक्तियुक्त प्रतीत नहीं होती।

श्री शैलेन्द्रनाथ श्रीवास्तव ने भगवतशरणजी की स्वयं की गद्य-भाषा पर जो टिप्पणी की है, वह मुझे बिलकुल सही मालूम होती है। भगवतशरणजी ने हिन्दी में जो बहुत-सी पुस्तकें लिखी हैं, उनको पढ़ना बहुत बार सिर्फ़ इसीलिए मुश्किल मालूम होता है कि उनकी भाषा बड़ी अजीब और ऊबड़-खाबड़ है। उनके शब्दप्रयोग बहुत विलक्षण हैं। मैं शैलेन्द्रनाथजी की पूरी टिप्पणी के साथ अपनी सहमति प्रकट करता हूँ किन्तु एक स्थान पर मेरा मतभेद है। 'सन्नारी' शब्द का प्रयोग कुछ उचित नहीं जान पड़ता। वह काव्य में प्रयोग करने लायक़ है, यह मुझे नहीं लगता। फिर भी, शैलेन्द्रनाथजी की टिप्पणी मुझे बहुत न्यायोचित मालूम होती है।

मैं विष्णुकिशोरजी बेचन (भागलपुर) के प्रति अपना आभार प्रदर्शित करता हूँ कि उन्होंने दिनकर के 'परशुराम की प्रतीक्षा' नामक नवीन काव्य-ग्रन्थ की ओर हमारा ध्यान खींचा है। भारतीय जनतन्त्र के विकास के लिए, परशुराम की प्रतीक्षा की मनोवृत्ति घातक ही कही जाएगी।

अन्त में, मैं भगवतशरणजी के प्रति अपना ऋण भी स्वीकार करूँगा। उनके लेख के तीखे व्यंग्यात्मक स्वर के अतिरिक्त उनकी ज्ञानसम्पदा हमें बहुत कुछ दे जाती है। यदि उनके पास इतनी प्रभावशाली सम्पदा न होती तो 'उर्वशी' की आलोचना अधूरी ही रह जाती। उनके लेख के प्रकाशन के लिए मैं 'कल्पना' के सम्पादकों को धन्यवाद देता हूँ।

शमशेर : मेरी दृष्टि में*

शमशेर का काव्य अनेक दृष्टियों से मुझे आकर्षित करता रहा है--शिल्प के कारण, काव्य-व्यक्तित्व के कारण। प्रश्न यह है कि काव्य-व्यक्तित्व के भीतर की वह कौन-सी सक्रिय आवश्यकता है, जिसने अपनी अभिव्यक्ति के शिल्प का विकास किया? शमशेर के काव्य के सम्बन्ध में यह प्रश्न और भी सही है। कहना न होगा कि शिल्प की दृष्टि से शमशेर हिन्दी के एक अद्वितीय कवि हैं।

अपने स्वयं के शिल्प का विकास केवल वही कवि कर सकता है, जिसके पास अपने निज का कोई ऐसा मौलिक विशेष हो, जो यह चाहता हो कि उसकी अभिव्यक्ति उसी के मनस्तत्त्वों के आकार की, उन्हीं मनस्तत्त्वों के रंग की, उन्हीं के स्पर्श और गन्ध की ही हो। दूसरे शब्दों में, अभिव्यक्ति के लिए आतुर हो उठने वाला मौलिक-विशेष आत्मचेतस् भी होना चाहिए। यदि यह मौलिक-विशेष आत्मचेतस् न हुआ, तो उसका तो यह आग्रह नहीं रहेगा कि उसके मनस्तत्त्वों की अभिव्यक्ति उसी के आकार और काट की हो। ऐसा कवि नये शिल्प का विकास न कर सकेगा।

इस मौलिक-विशेष के दो आयाम हैं--एक, मनोरचना अर्थात् आत्मा का भूगोल; और दूसरे, मनस्तत्त्व अर्थात् आत्मा का इतिहास। इस भूगोल और इतिहास से मौलिक-विशेष का निर्माण हुआ है। यह मौलिक-विशेष आत्मचेतस् होकर उपनी सत्ता स्थापित करता है। उसकी आत्म-प्रस्थापना का एक रूप शिल्प का विकास है। दूसरे शब्दों में, शिल्प का विकास काव्य-व्यक्तित्व से, अटूट रूप से जुड़ा हुआ है, और उस शिल्प में व्यक्तित्व की क्षमता और सीमा, भाव और अभाव, सामर्थ्य और कमज़ोरी, ज्ञान और भ्रम, सभी प्रत्यक्ष-अप्रत्यक्ष रूप से प्रकट होते हैं।

मनोरचना की शैली-विशेष जिस प्रकार कवि के काव्य-व्यक्तित्व को एक रूप देती है, उसी प्रकार कवि के जीवन और चरित्र का विकास उसके आग्रहशील अनुरोधपूर्ण काव्यमनस् और उसके तत्त्वों को निर्धारित करता है। इस दिक् और काल, भूगोल और इतिहास, के परस्पर प्रतिक्रियान्वित रूप का अध्ययन काफ़ी मनोरंजक और महत्त्वपूर्ण है। किन्तु इस मार्ग पर चलने से शमशेर के काव्य

*'कृति' (अक्टूबर 1958) में प्रकाशित। 'नयी कविता का आत्मसंघर्ष' में संकलित।

के विश्लेषण का कर्तव्य बहुत लम्बा हो जाएगा, और, सम्भवतः, उस कर्तव्य को सफलतापूर्वक पूरा कर भी न सकूँगा।

अतएव, शमशेर के सम्बन्ध में मैं अपनी कुछ बुनियादी प्रतिक्रियाओं को ही यहाँ रखना चाहूँगा। शमशेर एक समर्पित कवि हैं। उन्होंने अपने जीवन का सर्वोत्तम भाग और प्रदीर्घ काव्यक्षण काव्यसाधना में बिताये हैं—निःस्वार्थ भाव से, यशःप्रार्थी न होकर। शमशेर की आत्मा ने अपनी अभिव्यक्ति का एक प्रभावशाली भवन अपने हाथों तैयार किया है। उस भवन में जाने से डर लगता है—उसकी गम्भीर प्रयत्नसाध्य पवित्रता के कारण! भाषा के विकास-स्तर का नीचापन, अपने अनुकूल सिद्ध हो सकनेवाली और सहायता दे सकने वाली किसी परम्परा का अभाव, रसज्ञ आलोचकों और मर्मज्ञ पाठकों के स्थान पर विरोधी वातावरण, आदि अनेक असुविधाओं और कठोर उपेक्षाओं के बीच, जिस आत्मा ने दुर्निवार रूप से, दुनिया की परवाह न करते हुए, सस्ती ख्याति के चक्कर में न पड़कर, जो अभिव्यक्ति-शिल्प तैयार किया वह हिन्दी साहित्य को एक अनूठी देन है। शमशेर, निःसन्देह, एक अद्वितीय कवि हैं। उनकी काव्य-आत्मा नितान्त स्वाभाविक है, बिलकुल खरी है, साथ ही वह रसमय होते हुए उलझी हुई है—उतनी ही उलझी हुई, जितनी कि, और जैसी कि, प्रत्येक वास्तविकता, अपनी मौलिक विशिष्टता में, उलझी हुई होती है।

शमशेर की मूल मनोवृत्ति एक इम्प्रेशनिस्टिक चित्रकार की है। इम्प्रेशनिस्टिक चित्रकार अपने चित्र में केवल उन अंशों को स्थान देगा जो उसके संवेदनाज्ञान की दृष्टि से, प्रभावपूर्ण संकेत-शक्ति रखते हैं। वह दृश्य-चित्र में उन्हीं अंशों को स्थान देता है, कि जो उसके संवेदना-ज्ञान की दृष्टि से उस दृश्य के अत्यन्त महत्त्वपूर्ण, अतः प्रगाढ़, प्रभावपूर्ण, अंग हैं। केवल कुछ ही ब्रशेज़ में वह अपना काम करके दृश्य के शेष अंशों को दर्शक की कल्पना के भरोसे छोड़ देता है। दूसरे शब्दों में, इम्प्रेशनिस्ट चित्रकार दृश्य के सर्वाधिक संवेदनाघात करने वाले अंशों को प्रस्तुत करेगा, और यह मानकर चलेगा कि यदि यह संवेदनाघात दर्शक के हृदय में पहुँच गया तो दर्शक अचित्रित शेष अंशों को अपनी सृजनशील कल्पना द्वारा भर लेगा।

शमशेर ने अपने हृदय में आसीन चित्रकार को पदच्युत कर कवि को अधिष्ठित किया है। इससे एक बात यह हुई है कि कवि का कार्यक्षेत्र (स्कोप) बढ़ गया है। इम्प्रेशनिस्टिक ढंग का चित्रकार जीवन की उलझी हुई स्थितियों का चित्रण नहीं कर सकता—वह उसके किसी दृश्य-खण्ड को ही प्रस्तुत कर सकता है। उस विचित्र दृश्य-खण्ड में भी, वह दृश्य के सूक्ष्म पक्षों को प्रस्तुत नहीं कर सकता। किन्तु कवि वैसा कर सकता है।

शमशेर ने अपने कवि को यही टेकनीक प्रदान किया है, मनोवृत्ति प्रदान

की है, शैली प्रदान की है। और इस प्रकार उसे न्यस्त करते हुए, जीवन का अथाह समुन्दर मापने के लिए उसे छोड़ दिया है। दूसरे शब्दों में, पदच्युत चित्रकार के जिस सिंहासन पर कवि विराजमान है, वह सिंहासन अपनी जादुई शक्ति से कवि को बाध्य करता है कि वह इम्प्रेशनिस्टिक टेकनीक और मनोवृत्ति अपनाये, और इस प्रकार इम्प्रेशनिस्टिक चित्रकला के मूल नियमों को काव्यकला में गुप्त रूप से संस्थापित करे। किन्तु चित्रकार से कवि का कार्यक्षेत्र बड़ा है। केवल इम्प्रेशनिस्टिक कला उसके लिए अधूरी है। फिर भी, चूँकि वह पदच्युत चित्रकार के सिंहासन पर बैठा है, इसलिए उसका टैक्स तो देना ही होगा, फ़ीस तो चुकानी ही होगी, उस सिंहासन की परम्परा को आगे बढ़ाना ही होगा। संक्षेप में, इम्प्रेशनिस्टिक कला ने शमशेर से त्याग करवाया है, साथ ही उन्हें बहुत कुछ मौलिक और विशिष्ट गुण भी दिये हैं, जो किसी अन्य कवि में नहीं पाये जाते।

कभी-कभी पदच्युत चित्रकार के सिंहासन और उस पर विराजमान कवि में झगड़ा हो जाता है। कवि चाहने लगता है कि सिंहासन के चंगुल से छूटकर स्वतन्त्र जीवन व्यतीत करे। और तब शमशेर, एकदम कुलाँट खाकर, क्लासिकल पूर्णता की तरफ़ अग्रसर होते हैं, और बहुत बार वे सफल होते से नजर आते हैं। उनकी 'शान्ति' कविता इसका अत्यन्त महत्त्वपूर्ण और सफल उदाहरण है। वे अपने से कितना अधिक हट सकते हैं, इसका वह एक प्रभावशाली प्रमाण है। यह बिलकुल निश्चित है कि शमशेर क्लासिकल पूर्णता के प्रति हमेशा आकर्षित रहेंगे और इस पूर्णता से प्रभावित होते रहेंगे। इसका कारण ही यह है कि वह आकर्षण और प्रभाव भीतर की एक अपूर्णता की पूर्ति करते हैं।

फिर भी, चित्रकार के सिंहासन ने काफ़ी हद तक कवि के काव्य-व्यक्तित्व का निर्माण किया है और उसे अभिनव सफलताओं से ज्योतिर्मान बना दिया है। किन्तु साथ ही, उसने शमशेर की सीमाएँ भी निर्धारित कर दी हैं। क्षमता और सीमा का यह मनोहर योग शमशेर को अत्यन्त मौलिक और अद्वितीय कवि के रूप में प्रस्तुत करता है। शमशेर का निरालापन बहुत ही स्वाभाविक और अन्यत्र दुर्लभ है।

सबसे बड़ी बात यह है कि इम्प्रेशनिस्टिक स्वभाव ने शमशेर को 'विशिष्ट' के प्रति प्रेरित किया है। ऐसा चित्रकार वस्तु-दृश्य को प्रस्तुत करता है। किन्तु शमशेर बाह्य दृश्य के भीतर, भाव-प्रसंग को उपस्थित करते हैं। अन्य कवि केवल भावना व्यक्त करते हैं। यह भावना अनेक भावनाओं की, वस्तुतः, एक श्रेणी अर्थात् एक सामान्यीकृत भावना होती है। इसके विपरीत शमशेर वास्तविक भावप्रसंग में उपस्थित संवेदनाओं का चित्रण करते हैं। संवेदनाएँ वास्तविकता का एक भाग हैं—जो एक वास्तविक परिस्थिति के अन्तर्गत वास्तविक भाव-प्रसंग में उद्बुद्ध होती हैं। वे संवेदनाएँ वास्तविक अर्थात् जीवन-प्रसंग से बद्ध हैं। यह जीवन-प्रसंग

वास्तविकता का एक मूर्त और शक्तिशाली भाग है।

इसके विपरीत, अन्य कवियों में होता यह है कि मन के कोने में पड़ी हुई प्रसुप्त भावनाएँ जाग्रत होकर एक भाव-तरंग बन जाती हैं। ये भावनाएँ मन के कोने में पड़े हुए संचित अनुभव से जुड़ी रहती हैं। कविता लिखते समय, उन अनुभवों का सामान्यीकरण होकर, भावनाएँ भी सामान्यीकृत हो जाती हैं। दूसरे शब्दों में, यह आवश्यक नियम नहीं है कि वे भावनाएँ अपने-अपने विशिष्ट वास्तविक प्रसंगों के ताने-बाने में बिंधी हुई ही प्रकट हों, प्रसंगबद्ध रूप में उपस्थित हों। संचित अनुभव के अंगरूप में होने के कारण, वे प्रसंग के बजाय, एक रुख (एटीट्यूड) के साथ प्रकट होती हैं। यह रुख भावनाओं का सामान्यीकरण कर देता है। वे विशिष्ट प्रसंगबद्ध भावनाएँ नहीं हैं, वरन् सामान्यीकृत भावनाएँ हैं। सामान्यीकरण से मेरा मतलब रस-सिद्धान्त के साधारणीकरण से नहीं है। यह नहीं कहा जा सकता कि ऐसी भावना अमुक विशेष प्रसंग में उपस्थित वास्तविक भावना है।

परिस्थिति के भीतर प्रसंग उपस्थित होते हैं। परिस्थिति एक विशिष्ट चीज़ है, सामान्यीकृत नहीं। उसमें अनेक प्रभावों और प्रवृत्तियों के सूत्र, व्यक्ति-चरित्र और परिस्थिति के सूत्र, आपस में उलझे हुए होते हैं। इस परिस्थिति के अन्तर्गत जीवन-प्रसंग विशिष्ट होते हैं, सामान्यीकृत नहीं। इन प्रसंगों में जीवन-कथा के अनेक तत्त्व आपस में उलझे हुए होते हैं। इन प्रसंगों के विभिन्न तत्त्व एक-दूसरे पर प्रतिक्रिया करते रहते हैं। प्रसंग एक वास्तविक जीवित चीज़ हैं। वे प्रसंग आत्मप्रेरक कवि के लिए भाव-प्रसंग हो उठते हैं । बाह्य जीवन-प्रसंगों की भाँति ये भाव-प्रसंग वास्तविक होते हैं। ये भाव-प्रसंग, जीवन-प्रसंग के अन्तर्गत उसका एक अटूट अंग हैं। वे वास्तविकता का अखण्डनीय भाग हैं। वास्तविकता के ताने-बाने में वे बिंधे हुए हैं। वास्तविकता हमेशा अनिवार्य रूप से अटूट नियम की भाँति उलझी हुई होती है। उसमें दिक् और काल, भूगोल और इतिहास, व्यक्ति और समाज, चरित्र और परिस्थिति, आलोचक मन और आलोचित आत्म-व्यक्तित्व, आदि-आदि घनिष्ठ रूप से बिंधे हुए होते हैं।

वास्तविकता एक फ़ार्मूला नहीं है। जीवन-प्रसंग अनेक सूत्रों से, अनेक तत्त्वों से, उलझे हुए होते हैं । उनके अन्तर्गत, भाव-प्रसंग उलझे हुए सूत्रों और परस्पर प्रतिक्रियाशील तत्त्वों से बने हुए ज्वलन्त अग्निखण्ड हैं। उनमें स्वपक्ष और परपक्ष के परस्पराघात से एक मनःस्थिति और परिस्थिति बन जाती है। ये भाव-प्रसंग शमशेर के काव्य-विषय हैं। ये भाव-प्रसंग विशिष्ट हैं। ये काव्य-विषय विशिष्ट हैं। भाव-प्रसंग की मौलिक विशिष्टता के भीतरी ताने-बाने शमशेर को अकुलाते रहते हैं। शमशेर सामान्यीकृत भावनाओं, और सामान्यीकृत रुखों के कवि नहीं हैं।

शमशेर पर लगाया गया यह दोषारोप कि वे उलझे हुए हैं और उनकी बात समझ में नहीं आती, उस आदत को सूचित करते हैं, जिसे हम सामान्यीकरण की आदत कह सकते हैं। चिन्तन के अनुशासन से विहीन व्यक्ति भी बहुत आत्मविश्वास के साथ सामान्यीकरण करता रहता है। सामान्यीकरणों की इस आदत को ही हम यान्त्रिक विचार-शैली कहते हैं। यान्त्रिक विचारणा विशिष्ट के आन्तरिक ताने-बाने, उसकी मौलिक विशेषताओं, और उसके समृद्ध रूप-तत्त्वों की उपेक्षा करके चलती है। यान्त्रिक विचारणा से अनेक हानियाँ हुई हैं। साहित्य-चिन्तन में यान्त्रिक विचारणा की कमी कभी नहीं रही। विशिष्ट की मौलिकता की क़ीमत पर, अर्थात् उसकी मौलिकता की उपेक्षा करते हुए, जो सामान्यीकरण होगा, वह छिछला, सतही और यान्त्रिक होगा।

कविता, विशेषकर आत्मपरक कविता, ने हिन्दी साहित्य-चिन्तन-धारा को अत्यधिक प्रभावित किया है। हिन्दी की आत्मपरक कविता, व्यक्तिनिष्ठ भले ही हो, उसमें वास्तविक भाव-प्रसंगों की मौलिक विशिष्टता का बहुत कम चित्रण किया गया है। यही कारण है कि आधुनिक हिन्दी काव्य में वास्तविक प्रणय-भावना बहुत थोड़ी जगह और बहुत अल्प मात्रा में है। प्रणय-जीवन के वास्तविक मनोवैज्ञानिक चित्रण की कमी बहुत खेदजनक है। प्रणय-जीवन के सर्वोत्तम कवि आज भी मीरा और सूर हैं। उनके उद्‌गार हमें भीतर से हिला देते हैं, इसलिए कि वे विशिष्ट भाव-प्रसंगों का सहारा लिये हुए हैं। विशेष भाव-प्रसंगों की रूपरेखाओं की विस्मृति और प्रणय-जीवन के वास्तविक मनोवैज्ञानिक चित्रों की कमी यह सूचित करती है कि विशुद्ध व्यक्तिनिष्ठता अपने ही उद्देश्य को पराजित कर देती है। वास्तविक भाव-प्रसंगों में क्रमबद्ध और सक्रिय संवेदनाओं के चित्रण के अभाव में, केवल सामान्यीकृत भावना, प्रकृति पर मन के रंगों का आरोप, केवल एक मूड और एक भावनात्मक रुख, और लगभग गणितशास्त्रीय यान्त्रिक शिल्प—यही तथाकथित आधुनिक रोमैण्टिक कविता की उपलब्धि हैं। वास्तविक प्रणय-जीवन काव्य का 'ह्युमनाइज़िंग इफ़ैक्ट' हमें आधुनिक रोमैण्टिक कविता में अधिक प्राप्त नहीं होता। यह एक महत्त्वपूर्ण तथ्य है।

ऐसे काव्य-साहित्य ने साहित्य-चिन्तन-धारा को बहुत अधिक प्रभावित किया है। फलतः, 'चिन्तकों' को सामान्यीकृत भावनाएँ चट से समझ में आ जाती हैं—चाहे वे दुरूह छायावादी शैली में ही क्यों न लिखी गयी हों। किन्तु, प्रसंग-विशिष्ट संवेदनाएँ जो एक कथानक और नाटक उपस्थित करती हैं, वे उन्हें समझ में नहीं आतीं। इसीलिए कहा जाता है कि शमशेर के काव्य में उलझन है। वह अस्पष्ट और दुरूह है। इसके लिए, कुछ हद तक, स्वयं शमशेर ज़िम्मेदार हैं और कुछ हद तक बिलकुल नहीं हैं। बाख़ के संगीत पर उनकी कविता अत्यन्त सुन्दर, बिलकुल स्पष्ट और दुरूहताहीन है। फिर भी एक पत्रिका में उस पर बहुत बुरा 'अटैक'

किया गया और कहा गया कि वह दुरूह है।

शमशेर की संवेदनशील दृष्टि भाव-प्रसंग के 'विशिष्ट' पर टिकती है। यह 'विशिष्ट' वास्तविकता का अटूट अंग है। वास्तविकता के सूत्रों में वह गुम्फित और ग्रथित है। इस विशिष्ट में एक नाटक है, एक कथानक है, कुछ पात्र हैं, एक पार्श्वभूमि है।

शमशेर इस भाव-प्रसंग की वास्तविकता पर अपने मन का रंग नहीं चढ़ाते। वे मनोवैज्ञानिक यथार्थवादी हैं। उनकी मनोवैज्ञानिकता भाव-प्रसंग के चुनाव में, तथा अपनी मानसिक प्रतिक्रियाओं और बाह्य के संवेदनाघातों के चित्रण में, है। उनकी यथार्थवादिता भाव-प्रसंग में, मानसिक प्रतिक्रियाओं की प्रसंगबद्धता के निर्वाह में, है। ऐसी स्थिति में, यदि मानव-प्रसंग भीतर से बहुत हिला देनेवाला और महत्त्वपूर्ण हुआ, तो शमशेर की प्रतिक्रियाएँ भी तीव्र व्याख्यात्मक रूप से प्रकट होती हैं। शमशेर की प्रतिभा वहाँ अत्यन्त मौलिक और उज्ज्वल रूप में प्रकट होती है। किन्तु यदि वास्तविकता ने भाव-प्रसंग ही कम महत्त्वपूर्ण पेश किया तो वहाँ शमशेर का काव्य भी फीका हो जाएगा। कवि-स्वभाव की दृष्टि से ही यह निश्चित होगा कि कौन-सा भाव-प्रसंग उनके लिए विशेष महत्त्वपूर्ण और कौन-सा कम महत्त्वपूर्ण है। दूसरे शब्दों में, विषय की प्रेरणाशक्ति पर, काव्य की ऊँचाई-निचाई निर्भर करती है। कई कवियों के सम्बन्ध में यह बात सही है। अतएव, शमशेर की मामूली कविताओं को लेकर, उनके विरुद्ध आघात करने से कुछ नहीं होगा। हर कवि साधारण और साथ ही असाधारण कविताएँ लिखता है।

शमशेर मनोवैज्ञानिक यथार्थवादी कवि होते हुए भी आत्मपरक हैं। उनकी आत्मपरकता उन्हें भाव-प्रसंग के भीतर उपस्थित अपनी संवेदनाओं के चित्रण के लिए बाध्य करती है। उनकी संवेदना वास्तविक है। वह प्रसंगबद्ध है। प्रसंग उस संवेदना के रूप को निर्धारित करता है। शमशेर संवेदनाओं के प्रसंग-विशिष्ट गुणों का बहुत सफलतापूर्वक चित्रण करते हैं। इस चित्रण के बिना इस भाव-प्रसंग का ताना-बाना प्रस्तुत नहीं किया जा सकता। सामान्यीकृत भावनाएँ प्रकट करना बहुत आसान है, किन्तु भाव-प्रसंग में साक्षात् संवेदनाओं के वास्तविक चित्रण के लिए अनेक नये प्रयोग अत्यन्त आवश्यक हो उठते हैं।

इम्प्रेशनिस्टिक चित्रकार तथा अन्य चित्रकारों की भाँति, शमशेर संवेदनाओं के गुण आत्मचेतस् रूप से जानते हैं। वे न केवल रूप, स्पर्श, रस, गन्ध की संवेदनाएँ पहचानते हैं—यह मामूली बात है—वरन् वे संवेदनाओं के रूप-स्पर्श, रसगन्ध का चित्रण करते हैं। वास्तविक संवेदनाओं का चित्रण हिन्दी में बहुत ही कम हुआ है। एक भाव-प्रसंग में विभिन्न संवेदनाओं के प्रभावकारी गुणों के चित्र प्रस्तुत करना शमशेर ही का काम है। वे एक संवेदना की कोमलता को

दूसरी संवेदना की कोमलता से पृथक् कर दोनों की विभिन्न कोमलताओं के चित्र प्रस्तुत करते हैं। शमशेर का संवेदन-ज्ञान और संवेदन-चित्रण अद्वितीय है।

शमशेर संवेदन-चित्रण मुख्यतः दो प्रकार से करते हैं। संवेदन की तीव्रता बताने के लिए वे बहुत बार नाटकीय विधान प्रस्तुत करते हैं। संवेदन के विभिन्न गुण-चित्र प्रस्तुत करने के लिए वे मनःप्रतिमाओं का, इमेजेज़ का, सहारा लेते हैं। ये इमेजेज़ में उनके अवचेतन-अर्धचेतन से उत्पन्न होती हैं। उन इमेजेज़ में उनके अवचेतन का गहरा रंग होता है। इसके अलावा, शमशेर का शब्द-संकलन अत्यन्त सचेत, और संवेदनानुगामी होता है।

लोगों को शमशेर का काव्य शिल्पग्रस्त प्रतीत होता है तो इसका एक कारण शमशेर के कथ्य की नवीनता है। अभी तक पाठकों और आलोचकों की आत्मचेतना इतनी विकसित नहीं हुई है कि वे अपने जीवन में प्राप्त विभिन्न भावनाप्रसंगों के अन्तर्गत स्वयं द्वारा भोगी गयी संवेदनाओं के विभिन्न उलझे हुए रूप, गुण और प्रभाव पहचान पायें। एक चित्रकार होने के नाते, शमशेर की संवेदनाशक्ति और संवेदना-ज्ञान अत्यन्त विकसित है।

उन्हें बारीक-से-बारीक संवेदनाओं के सूक्ष्म प्रभावों की पहचान है। प्रसंग-विशिष्टता के कारण संवेदनाओं की भिन्नता और विशिष्टता का चित्रण कर वे यह सोच लेते हैं कि संवेदनाओं की इस विशिष्टता के चित्रण से प्रभावित होकर, पाठक तथा आलोचक उन संवेदनाओं के प्रेरक भाव-प्रसंगों का पूर्ण चित्र मन-ही-मन तैयार कर लेंगे। किन्तु पाठक और आलोचक अभी तक सक्षम और समर्थ नहीं हैं कि संवेदनाओं की विशिष्टता से प्रसंगों की विशिष्टता का आसानी से अनुमान कर सकें। हमारे पाठकों और आलोचकों की आत्म चेतना अभी काफ़ी कुहरिल है। उनकी आत्मचेतना के भौगोलिक प्रदेश पर कुहरा होने से, उन्हें अपने मन के ही पहाड़ और घाटियाँ, जंगल और मैदान, धुन्ध के रूप में ही दिखायी देते हैं। कलाकारों का यह कर्तव्य है कि वे उस आत्म-चेतना को अधिक भिन्नीकृत स्पष्ट और मूर्त बनायें। पाठकों और आलोचकों की वैसी प्रतिक्रिया होना स्वाभाविक ही है।

इस आत्म-चेतना को विकास के प्रश्न की दृष्टि से देखा जाए, तो यह कहना होगा कि शमशेर आत्मपरक साहित्य की यूरोपीय परम्परा से काफ़ी प्रभावित हैं। इस प्रकार, वस्तुतः, वे नयी कविता के साहित्य की श्रीवृद्धि में बड़ा योग दे रहे हैं। इसका अर्थ यह नहीं है कि उनकी कला या उसके मनस्तत्त्व, प्रतिमाएँ और मुहावरे, कथन की शैली अथवा चित्रण की भंगिमा, यूरोप से उधार ली गयी है। इसका अर्थ यह है कि उनकी आत्मा पर, उनकी भावात्मक संस्कृति पर, यूरोपीय आत्मपरक उपलब्धियों का रचनात्मक और प्रशंसनीय प्रभाव पड़ा है। और अगर, शमशेर के काव्यशिल्प से किसी को आपत्ति हो सकती है, या होगी, तो

उसका कारण यूरोपीय प्रभाव में नहीं खोजना चाहिए, वरन् शमशेर की मनोरचना के भीतर चित्रकार के सिंहासन पर आसीन कवि [की] सीमाओं में ही खोजना होगा।

शमशेर के आभ्यन्तर सिंहासन से पदच्युत चित्रकार, इम्प्रेशनिस्टिक चित्रकार है। वह एक विशेष प्रकार का, विशेष स्वभाववाला, विशेष सीमाओंवाला चित्रकार है। इम्प्रेशनिस्टिक चित्रकला के अनुसार, शमशेर पार्श्वभूमि को महत्त्व नहीं देते। वे केवल उन्हीं संवेदनाघातों का चित्रण करते हैं, जो अत्यन्त प्रभावकारी तो हैं ही, साथ ही जो कवि की समझ से विशेष संकेत-महत्त्व रखते हैं।

किन्तु, इम्प्रेशनिस्टिक कला की कुछ अपनी ऐसी विशिष्ट सीमाएँ हैं, जो समुद्र-मन्थन के सारे अनुभूत सत्यों को एक साथ प्रकट नहीं होने देतीं। कवि का कार्य-क्षेत्र चित्रकार से अधिक विस्तृत है। इसलिए शमशेर चित्रकार के सिंहासन पर बैठकर, उस सिंहासन की जादुई शक्ति से संचालित होकर, अर्थात् चित्रकला से प्राप्त संस्कारों के वशीभूत हो, कविकर्म करते हुए, उन विशेष क्षेत्रों में विचरण करने जाते हैं, जहाँ उनकी चित्रकलात्मक संवेदना और दृष्टि अधिक कारगर साबित नहीं हो सकती। उदाहरण के लिए, शब्द-ध्वनि रंग-शक्ति नहीं है। केवल एक शब्द की एक ध्वनि तुरन्त ही मनस्पटल पर रंगों, आकारों और रूपों में प्रकट नहीं हो सकती। शब्द, वस्तुतः, अमूर्त्त होते हैं। वे प्रकृति की सूचनाओं की प्रथम संकेत-व्यवस्था के भाग न होकर, द्वितीय संकेत-व्यवस्था के भाग हैं। बाह्य (जो भी हो, चाहे दर्शक मन का मनस्तत्त्व ही सही) और प्रकृति से प्राप्त संवेदनाएँ और उनकी विभिन्न गुत्थियाँ और प्रकार, प्रथम संकेत-व्यवस्था हैं। इस प्रथम संकेत-व्यवस्था को सम्पूर्ण सामाजिक रूप में, अर्थात् साधारणीकृत रूप में, सूचित करने वाली व्यवस्था द्वितीय संकेत-व्यवस्था है। भाषा द्वितीय संकेत-व्यवस्था है। वह मूलभूत सूचनाओं की सूचना है। यह सूचना प्रथम की तुलना में काफ़ी अमूर्त है, ऐब्स्ट्रैक्ट है। इसलिए, जब तक विशेष और विस्तृत तथा जटिल उपाय अमल में न लाये जाएँ, तब तक द्वितीय संकेत-व्यवस्था द्वारा दी गयी सूचनाएँ प्रथम संकेत-व्यवस्था का उद्दीपन और उत्तेजन नहीं कर सकतीं। अतएव, चित्रकला में, रंग-संकेत जितने कारगर हों उतने केवल शब्द-संकेत काम न कर सकेंगे, जब तक कि विशेष उपाय अमल में न लाये जाएँ। फलतः, केवल रंगों अथवा केवल ध्वनियों द्वारा सूचित और संकेतित अर्थों को उत्तेजित करने के लिए, जटिल उपाय अमल में लाना आवश्यक हो जाता है। केवल एक-एक शब्द को एक-एक वाक्य का अर्थ देकर संक्षेपीकरण करते रहने से बहुत बार बात नहीं बन पाती। मेरा ख्याल है कि शमशेर शब्द-संकेत को रंग-संकेत का स्थानापन्न मान बैठते हैं। कवि को चित्रकार का स्थानापन्न बना देने से, और उस स्थानापन्न कवि के सम्मुख कार्यक्षेत्र विस्तृत कर देने से, शमशेर की

रचनात्मक प्रतिभा ने बहुत बार घोटाला कर दिया है—ऐसा मेरा ख्याल है। शायद यह अनुमान ग़लत हो। ग़लत हो तो अच्छा ही है। इस सम्बन्ध में मैं भी अपना समाधान करने का इच्छुक हूँ।

दूसरे, शमशेर के शिल्प के सम्बन्ध में यह बात भी मुझे कहनी है कि प्रसंगबद्ध भावना की प्रसंग-विशिष्टता सुरक्षित रखकर, प्रसंग को पार्श्वभूमि में हटाते हुए उसको बिलकुल ही उड़ा देने से, काव्य के रसास्वादन में कुछ तो बाधा होती ही है। जीवन विभिन्न प्रसंग उपस्थित करता है। केवल संवेदना-चित्रों के सहारे पाठक को प्रसंग-कल्पना करनी पड़ती है। वह बहुत बार, सुनिश्चित मूर्त संकेत चित्रों के अभाव में, प्रसंग-कल्पना ठीक-ठीक ढंग से नहीं कर पाता। यदि पार्श्वभूमि कुछ अधिक रेखांकित [न] हो तो पाठक को कवि की संवेदना, जो बिलकुल विशिष्ट है सामान्यीकृत नहीं, सहज रूप से हृदयगम्य नहीं होती है। यदि प्रसंग अत्यधिक विशिष्ट है तो पार्श्वचित्र और भी अधिक महत्त्वपूर्ण हो उठते हैं। पार्श्वभूमि के सहारे, पाठक प्रसंग-कल्पना बहुत आसानी से कर सकता है। किन्तु शायद शमशेर बेपर्दगी बरतना नहीं चाहते।

शमशेर, मुख्यतः, प्रणय-जीवन के प्रसंगबद्ध रसवादी कवि हैं। शायद इसीलिए, वे आधुनिक दृष्टिकोण के फलस्वरूप बेपर्दगी नहीं कर सकते। सम्भवतः, संक्षेपीकरण की उनकी प्रवृत्ति विशेष तत्त्वों के बारे में अधिक सक्रिय है। यह संक्षेपीकरण सामाजिक, राजनीतिक तथा प्रणय-जीवन से हटे हुए अन्य विषयों के क्षेत्र में अधिक सक्रिय नहीं रहता। वहाँ वे क्लासिकल पूर्णता की ओर अधिक झुकते हैं। ऐसे क्षेत्रों में, यदि उन्होंने संक्षेपीकरण किया भी, तो भी वह युक्ति-युक्त होता है।

इसका अर्थ केवल यह है कि शमशेर के सृजन-प्रक्रियात्मक सेंसर्स काफ़ी महत्त्वपूर्ण हैं। जो बातें वे नहीं कहते, वे सन्दर्भ की दृष्टि से प्रधान हैं। उनकी प्रधानता गोपन रखने के लिए संक्षेपीकरण की व्यवस्था है।

किन्तु इन कमियों की पूर्ति शमशेर बहुत कुशलता से करते हैं। संवेदनाओं की तीव्रता बताने का उनका नाटकीय विधान और इमेजेज़ (प्रतिमाएँ) तथा अत्यन्त सचेत शब्द-संकलन प्रभावशाली रूप से सफल होता है।

असल में, शमशेर की आत्मा एक रोमैण्टिक क्लासिकल प्रकार की है। किन्तु इम्प्रेशनिस्टिक होने के कारण, उनका ज़ोर संवेदन-विशिष्टता और संवेदनाघात [पर]—और केवल इसी पर—होने से, वे नयी कविता के एक अद्वितीय कवि के रूप में हमारे सामने आते हैं। महत्त्व की बात यह है कि यह इम्प्रेशनिज़्म केवल कुछ ही विषयों—प्रणय-जीवन सम्बन्धी बातों—के सम्बन्ध में अधिक तीव्रता से सक्रिय रहता है।

प्रश्न यह है कि शमशेर की प्रधान उपलब्धियाँ कौन-सी हैं? मेरे मत से,

प्रणय-जीवन के जितने विविध और कोमल चित्र वे प्रस्तुत करते हैं, उतने चित्र, शायद, और किसी नये कवि में दिखायी नहीं देते। उनकी भावना अत्यन्त स्पर्श-कोमल है। प्रणय-जीवन में भाव-प्रसंगों के आभ्यन्तर की विविध सूक्ष्म संवेदनाओं के जो गुण-चित्र वे प्रस्तुत करते हैं, वे न केवल अनूठे हैं, वरन् अपने वास्तविक खरेपन के कारण प्रभावशाली हो उठे हैं। सूक्ष्म संवेदनाओं के गुण-चित्र उपस्थित करना बड़ा ही दुष्कर कार्य है। किन्तु शमशेर उसे अपनी सहानुभूति से सम्पन्न कर जाते हैं। विशिष्ट भाव-प्रसंगों की मौलिक विशिष्टता के अन्तर्गत, इन सूक्ष्म, कोमल किन्तु महत्त्वपूर्ण संवेदनाओं के ये वास्तव-चित्र कहीं ढूँढ़ने पर भी नहीं मिलेंगे। बाख के संगीत की स्वर-लहरियों द्वारा उत्तेजित संवेदनाओं का चित्रण जो शमशेर ने किया है, वह उनके अनुपम काव्य-सामर्थ्य तथा वास्तवोन्मुख भावना का एक श्रेष्ठ उदाहरण है। शमशेर ने संवेदनाओं के गुण-चित्र उपस्थित करने के क्षेत्र में जो महान सफलताएँ प्राप्त की हैं, वे उस क्षेत्र में अन्यत्र दुर्लभ हैं।

मैं यहाँ शमशेर की उन कविताओं को नहीं भूल सकता जिन्हें हम, व्यापक अर्थ में सामाजिक, और संकुचित अर्थ में राजनीतिक, कह सकते हैं। मनोवैज्ञानिक वस्तुवादी कवि जब सामाजिक भावनाओं तथा विश्व-मैत्री की संवेदनाओं से आच्छन्न होकर मानचित्र प्रस्तुत करता है, तब वह उसी प्रकार अनूठा और अद्वितीय हो उठता है, जैसे कि किसी क्षेत्र में भिन्न तथा अन्य कवि कदापि नहीं। 'शान्ति' पर लिखी शमशेर की कविता क्लासिकल ऊँचाइयों की उपलब्धि कर चुकी है। इससे यह सिद्ध होता है [कि] शमशेर की वास्तवोन्मुख दृष्टि और वास्तव-प्राप्त संवेदनाएँ और भी अधिक साहित्यिक उपलब्धियाँ प्राप्त कर सकती हैं। सच तो यह है कि शमशेर के पास जादुई कीमियागीरी नहीं है, वास्तव का संवेदनात्मक ग्रहण है। इन वास्तव-संवेदनाओं के सूक्ष्म की पकड़ इतनी ज़बर्दस्त है कि उनकी शक्ति को देखते हुए यह अपेक्षा की जानी चाहिए कि शमशेर आधुनिक अन्तर्राष्ट्रीय भावना और राष्ट्रीय प्रगतिशील चेतना के और भी उत्तमोत्तम भावप्रसंग प्रस्तुत करेंगे। शमशेर का काव्य एकदम खरा है, अपने विशेष गुणों के कारण मौलिक है, अपने शिल्प के कारण अद्वितीय है, और ये ही बातें उन्हें श्रेष्ठ कवि सिद्ध करती हैं।

अन्धायुग : एक समीक्षा*

स्वाधीनता-संघर्ष के बाद, दुनिया में एक ओर भारत की प्रतिष्ठा बढ़ती गयी, तो दूसरी ओर, घर में सामाजिक ह्रास के चिह्न दिखायी देने लगे। इस सामाजिक ह्रास के कई लक्षणों में से एक है चरित्र के क्षेत्र में व्यक्तिगत धरातल पर नैतिक भावना और व्यवहार की बढ़ती हुई कमज़ोरी। इन कमज़ोरियों के सामाजिक परिवेश में व्यक्ति के संवेदनात्मक आघात-प्रत्याघात अपना एक इतिहास बनाने लगे। कुछ लोगों को यह नयी सामाजिक परिस्थिति अत्यन्त सुविधाजनक प्रतीत हुई। एक विशेष प्रकार के चरित्र के लोग, आवश्यक मनोवैज्ञानिक उपादान जिनके पास थे ही, साथ ही, प्रस्तुत सामाजिक परिवेश, सामग्री और साधन [भी थे।] चरित्र की अन्य शैली के लोग इस ह्रासग्रस्त परिवेश से अपना सामंजस्य स्थापित न कर सके। वे उन्नति की ओर नहीं प्रगति की ओर बढ़े।

प्रगति की ओर उनकी उन्मुखता ने कई रूप लिये। सामाजिक परिवेश में परिवर्तन सभी का अभीष्ट था। किन्तु प्रगति क्या? उसके आदर्श क्या हैं? आदि-आदि बातों पर अलग-अलग रास्ते अपनाये गये। इन अलग-अलग रास्तों के आपसी झगड़े महत्त्वपूर्ण है, किन्तु वे इस लेख के क्षेत्र के बाहर हैं।

एक बात सर्व-सामान्य है। वह यह कि सामाजिक ह्रास आज के युग की एक महत्त्वपूर्ण वास्तविकता है। इस वास्तविकता की कुछ विशेषताओं को एक फैण्टेसी के ज़रिये श्री धर्मवीर भारती ने पाठकों के सामने प्रस्तुत किया है।

इस फैण्टेसी का भावनात्मक केन्द्र है मौजूदा सभ्यता (यह शब्द भारी-भरकम है, इसलिए यथार्थ कहिए) की समीक्षा जो महाभारत काल के कुछ चरित्रों के अंकन के द्वारा प्रस्तुत की गयी है। इस प्रकार के प्रयत्न के दो पहलू ध्यान में रखने लायक हैं। एक, चरित्रों के आघात-प्रत्याघात द्वारा जो मानव-दृश्य उपस्थित किया गया है, वह दृश्य और उसकी प्रभावकारिता। दूसरे यह कि इस दृश्य द्वारा सभ्यता की जो आलोचना की गयी है उसके सही या गलत होने की स्थिति इन पहलुओं का आपसी सम्बन्ध द्रष्टव्य है।

कुल मिलाकर, जो दृश्य उपस्थित किया गया है उसका मूल भावना-केन्द्र सभ्यता की आलोचना है। 'उत्तररामचरित' के समान, या शेक्सपियर की किसी

---

*'वसुधा' (दिसंबर 1958) में प्रकाशित। 'समीक्षा की समस्याएँ' में संकलित।

ट्रैजेडी की भाँति, यदि उस दृश्य के मूल में आलोचनात्मक भावना न रहकर कोई और भावना रहती, तो उस दृश्य की प्रभावकारिता तथा उस समस्त दृश्य के अंग-रूप पात्रों के सौन्दर्य के विशेष विश्लेषण से ही काम चल जाता। 'अन्धा युग' उस ढंग से चरित्र-प्रधान नहीं है, जैसे कि अन्य नाटक हुआ करते हैं। उसमें चरित्र का कोई विकास नहीं है, वे बने-बनाये हैं। उनका महत्त्व और मूल्य यही है कि वे लेखक के भाव, विचार और भाषा बोलते हैं, तथा तिगड्डों पर खड़े होकर उन तिगड्डों की स्थितियों की दृष्टि से एक यथार्थ के प्रति प्रतिक्रिया करते हैं। लेखक द्वारा यथार्थ के आकलन के चरित्र के वे विभिन्न प्रतीक हैं; उसकी दृष्टि और वाणी प्रकट करने के साधन हैं। इस दृष्टि से, यह दृश्य-काव्य आत्मपरक है, 'सब्जेक्टिव' है।

और उसकी यह सब्जेक्टिविटी आज की पीढ़ी का एक मूड बताती है और साथ ही एक धारणा भी स्पष्ट करती है। इसलिए वह महत्त्वपूर्ण हो उठी है। वह मूड वास्तविक है, वह धारणा वास्तविक है।

मूड यह है कि मौजूदा सभ्यता या समाज या यथार्थ–जैसा कि वह है–से किसी मानव-प्रगति की आशा नहीं की जा सकती। सामाजिक सम्बन्धों के यथार्थ से प्रेरित इस निराशा की भावना की तह में यह धारणा प्रतिष्ठित है कि मौजूदा सभ्यता के मसीहा जिस वर्ग या श्रेणी या तबके से निकले हैं, उनके नेतृत्व में चलने वाली सभ्यता या समाज, कुछ भी कह लीजिए, का नाश अवश्यम्भावी है।

इस मनोवैज्ञानिक केन्द्र से विकसित यह फैण्टेसी समाज की जिन विशेषताओं को प्रकट करती है, वे विशेषताएँ महत्त्वपूर्ण होने के कारण फैण्टेसी और भी महत्त्वपूर्ण हो उठी है। उसका भावनात्मक आघात अचूक हो गया है। उसका रसात्मक प्रभाव केवल भाव या रस तक ही सीमित न रहकर विचारोत्तेजक बन गया है। दूसरे शब्दों में, भावना की राइफ़ल से विचारों के कारतूस कौंधकर निकल पड़े हैं। इस फैण्टेसी की यह सफलता द्रष्टव्य, विचारणीय और मूल्यवान है।

चूँकि यह मौजूदा समाज की एक ढंग से आलोचना है, इसलिए इस प्रश्न को ठुकराया नहीं जा सकता कि उसकी सीमाएँ और क्षमताएँ क्या हैं, यानी प्रस्तुत आलोचना की पर्यालोचना आवश्यक और महत्त्वपूर्ण है।

पहली बात जो बार-बार दिमाग़ से टकराती है, वह यह है कि श्री भारती ह्रास के लक्षणों को उसके कारणों से कन्फ़्यूज़ कर देते हैं। नैतिक गिरावट स्वयं एक लक्षण है, जो अन्य घटना-क्रमों या अन्य मानसिक विकार-दृश्यों का कारण हो सकती है। किन्तु इस गिरावट का कारण व्यक्तिगत और मनोवैज्ञानिक है या ऐतिहासिक-समाजशास्त्रीय? इस प्रश्न पर या तो श्री भारती ने विचार नहीं

किया, या विचार करके उसे छोड़ दिया, उसकी तह में नहीं गये। स्पष्ट रूप से कहा जाए तो श्री भारती सभ्यता की आलोचना तो करते हैं, किन्तु समाजशास्त्रीय जिज्ञासा के अभाव के शिकार होकर। सभ्यता का ह्रास संवेदनात्मक रूप से अनुभव करते हैं; उसे प्रकट करने के लिए उन्हें आलोचना की शरण लेनी ही पड़ती है। किन्तु उनकी आलोचना केवल व्यक्तित्व और व्यक्ति-मानव की शुभेच्छात्मक संवेदनाओं के नैतिक दृष्टिकोण को त्याग नहीं पाती। यह प्रकट करता है कि श्री भारती का वैचारिक अन्तरंग छायावादी है। सभ्यता या समाज अनेक श्रेणियों में सूत्रबद्ध मानव का समुदाय है, जिसके भीतर एक ढाँचा है। इस ढाँचे का एक इतिहास है। इस इतिहास में एक विकास सूत्र है। इस विकास सूत्र के कुछ नियम हैं। इन नियमों के प्रति सच्ची समाजशास्त्रीय जिज्ञासा आवश्यक है। श्री भारती के पूरे मनोलोक में समाजशास्त्रीय जिज्ञासा का नितान्त अभाव है। इस अभाव पर हमें खेद है। खेद इसलिए कि सभ्यता और समाज की प्रचण्ड उपस्थिति श्री भारती के मन में होते हुए भी, वे उस सभ्यता और समाज के स्वरूप के प्रति वैज्ञानिक दृष्टि से सोचने के लिए तत्पर नहीं हैं, जबकि आज विज्ञान किसी भी फ़िलॉसफ़ी के लिए अत्यन्त महत्त्वपूर्ण हो उठा है।

हम यह पहले ही कह चुके हैं कि प्रस्तुत फैण्टेसी यथार्थ की कुछ प्रमुख विशेषताओं को रूपक से प्रकट करती है। यदि श्री भारती में यह समाजशास्त्रीय जिज्ञासा होती, तो इस फैण्टेसी का रूपायन किसी और ढंग से होता, और उसका मूल्य और भी बढ़ जाता।

फिर भी, श्री भारती ने अपनी फैण्टेसी के अन्तर्गत व्यक्तियों द्वारा उभारे गये (उन्हीं के शब्दों में) जिन निष्क्रिय सत्यों, तटस्थ सत्यों और अर्ध-सत्यों को उद्घाटित करने का प्रयत्न किया है, वे सत्याणु, वस्तुतः, कुछ प्रवृत्तियाँ सूचित करते हैं—ऐसी प्रवृत्तियाँ जो संस्कृति और समाज के नेतृ-वर्ग की हैं।

इस वर्ग के शासन-प्रशासन-अनुशासन में चलनेवाली सभ्यता ह्रास-ग्रस्त है। उसका नाश भी अवश्यम्भावी है। किन्तु, सामाजिक रूपान्तरों के घटना-क्रम विकसित करने वाली शक्तियाँ कौन-सी हैं, इसका क्रम-उल्लेख प्रस्तुत काव्य में नहीं है। इसका कारण यह है कि लेखक के मनोलोक में ऐसी किन्हीं शक्तियों की स्थिति की जानकारी या ज्ञान-संवेदना का अभाव है। इस अभाव के फलस्वरूप, मानव-सुलभ आशात्मक भविष्यवाद का एकमात्र आधार वे क्षण हैं जहाँ मनुष्य मनुष्य हो जाता है। यह संवेदनात्मक व्यक्ति-मानव अपनी संवेदनाओं के सामान्यीकरण के द्वारा ही मुक्ति और दायित्व (उन्हीं के शब्दों में) के प्रयास करेगा।

श्री भारती को यह जानना चाहिए था कि भिन्न-भिन्न वर्गों में मुक्ति या दायित्व की कल्पनाएँ भिन्न-भिन्न होती हैं। दायित्व की जो कल्पना एक श्रमिक की है, वह धनिक की नहीं। जो मज़दूर की है वह पूँजीपति की नहीं। मौजूदा

जनतन्त्रात्मक प्रणाली द्वन्द्व प्रणाली है। 'कामायनी' में इड़ा अपने आत्मनिवेदन में, रहस्यात्मक शब्दावली में ही क्यों न सही, इसे स्पष्ट रूप से प्रकट करती है। इस द्वन्द्व में 'दायित्व' और 'मुक्ति' और 'मर्यादा', यहाँ तक कि 'मानवता' की कल्पना भी भिन्न-भिन्न है।

इसलिए, जिस 'दायित्व' और 'मुक्ति' की कल्पना को सभ्यता के अवलम्ब के रूप में श्री भारती प्रकट करते हैं, वह व्यक्ति-मानव की एक शुभेच्छा में एकरूप, किन्तु विभिन्न वर्गावस्थाओं में भिन्न स्वरूप है। श्री भारती का आशात्मक भविष्यवाद एक बहलावा है। वह बहलावा इसलिए है कि उसमें सामाजिक रूपान्तर के किसी ठोस वैज्ञानिक आधार का अभाव है।

डॉ. देवराज को 'अन्धायुग' पढ़कर, 'कामायनी' की याद आयी। यह स्वाभाविक है, किन्तु 'अन्धायुग' का लेखक दार्शनिक नहीं है। 'कामायनी' में विचारों और अनुभवों के सामान्यीकरणों का दर्शन है। उसकी आलोचना एक दार्शनिक की समीक्षाबुद्धि प्रकट करती है।

श्री भारती की आलोचना एक उत्पीड़न-विवेक का विस्फोट है। प्रकृति, दिशा और जीवन-अनुभवों की दृष्टियों से ये दो कवि भिन्न-भिन्न क्षेत्रों और स्तरों के हैं।

'अन्धायुग' नयी साहित्यिक पीढ़ी का एक अत्यन्त मूल्यवान और महत्त्वपूर्ण प्रयास है--ऐसा प्रयास जिस पर व्यापक बहस होना आवश्यक है। हम इस कृति के लिए श्री भारती का अभिनन्दन करते हैं।

सन्दर्भ-सामग्री

'मुक्तिबोध रचनावली' (छह खण्ड)

'चाँद का मुँह टेढ़ा है' ('एक विलक्षण प्रतिभा' शीर्षक से शमशेर बहादुर सिंह की भूमिका)

'नये साहित्य का सौन्दर्यशास्त्र'

'नयी कविता का आत्मसंघर्ष'

'समीक्षा की समस्याएँ'

'मुक्तिबोध की आत्मकथा', ले. विष्णुचन्द्र शर्मा

'नयी कविता और अस्तित्ववाद', ले. रामविलास शर्मा

'कविता के नये प्रतिमान', नामवर सिंह

'मुक्तिबोध', ले. नन्दकिशोर नवल